JESUS
UMA PEQUENA BIOGRAFIA

Martin Forward

JESUS
UMA PEQUENA BIOGRAFIA

Tradução
MERLE SCOSS

EDITORA CULTRIX
São Paulo

Título original: *Jesus, a Short Biography*.

Copyright © 1998 Martin Forward.

Publicado mediante acordo com Oneworld Publications Oxford England

Todos os direitos reservados. Nenhuma parte deste livro pode ser reproduzida ou usada de qualquer forma ou por qualquer meio, eletrônico ou mecânico, inclusive fotocópias, gravações ou sistema de armazenamento em banco de dados, sem permissão por escrito, exceto nos casos de trechos curtos citados em resenhas críticas ou artigos de revistas.

O primeiro número à esquerda indica a edição, ou reedição, desta obra. A primeira dezena à direita indica o ano em que esta edição, ou reedição, foi publicada.

Edição	Ano
1-2-3-4-5-6-7-8-9-10	01-02-03-04-05-06-07

Direitos de tradução para a língua portuguesa
adquiridos com exclusividade pela
EDITORA PENSAMENTO-CULTRIX LTDA.
Rua Dr. Mário Vicente, 368 — 04270-000 — São Paulo, SP
Fone: 272-1399 — Fax: 272-4770
E-mail: pensamento@cultrix.com.br
http://www.pensamento-cultrix.com.br
que se reserva a propriedade literária desta tradução.

Impresso em nossas oficinas gráficas.

Sumário

Agradecimentos 7
Introdução 9
Perspectivas 9
Intenção 11
Convenções 13

1. FONTES PARA O ESTUDO DA VIDA DE JESUS 17
Fontes romanas 17
Fontes judaicas 20
Uma fonte estóica 22
Os primeiros escritos cristãos remanescentes 23
Evangelhos apócrifos e material similar 25
Os três primeiros Evangelhos 27
Metas e intenções dos Evangelhos 32
Mateus, Marcos, Lucas e João: a arte de escrever Evangelhos ... 34
Lucas: a igreja peregrina 38
A imaginação criativa 45
Jesus: uma vida fora do cristianismo 47
Notas 49

2. "QUEM VÓS DIZEIS QUE EU SOU?" 50
A busca pelo Jesus histórico 50
A vida de Jesus: um esboço 54
Os relatos do nascimento de Jesus 59
O batismo e o chamado dos discípulos 63
Jesus e os títulos cristológicos 67
Jesus: Filho de Deus? 68
Jesus: O Messias? 72
Jesus: Filho do Homem? 76
"De onde lhe vem tudo isso?" 79
Notas 80

3. O REINO DE DEUS ESTÁ PRÓXIMO 82
O pai-nosso 82
O Reino: agora ou então? 85
As histórias de Jesus 90

6 / Jesus – uma pequena biografia

Os milagres de Jesus	96
Jesus e as mulheres	102
Jesus e a família	104
A morte	109
A ressurreição	111
Notas	115

4. JESUS, O JUDEU	116
As origens da Shoah	116
A diversidade do judaísmo na época de Jesus	122
Jesus, a igreja primitiva e os fariseus	125
A morte de Jesus e os saduceus	131
Respostas judaicas ao antijudaicismo cristão	137
Respostas cristãs ao antijudaicismo cristão	143
Notas	144

5. JESUS ENTRE AS RELIGIÕES	146
Cristãos e muçulmanos	146
Jesus no Alcorão	148
O Jesus corânico ou o Jesus sinóptico?	152
Jesus entre cristãos e muçulmanos	157
Avaliações de Jesus por dissidentes muçulmanos	159
O futuro de Jesus no Islã	161
Avatar e encarnação	161
Apropriações hinduístas de Jesus	164
Jesus e Buda	166
Aqui neste mundo	170
Notas	172

6. JESUS NO TERCEIRO MILÊNIO	173
Um mundo como este	174
Um mundo pluralista: Jesus à margem?	175
Jesus salva?	178
Jesus no centro?	183
Há uma missão?	188
Jesus e uma ética global	190
O futuro de Jesus: uma perspectiva cristã	192
Notas	195

Bibliografia	196

Agradecimentos

Agradeço aos muitos amigos e colegas que me ajudaram a formular os pontos de vista registrados neste livro. Ivor Jones, hoje meu colega e diretor da Wesley House, ajudou-me a desenvolver minha imaginação criativa em supervisões das quais me encarregou há muito tempo, quando eu era um estudante e ele, professor do Colégio Teológico Metodista Hartley Victoria, em Manchester. Muitos dos meus atuais alunos ofereceram comentários inspirados, os quais não hesitei em furtar. Agradeço em especial a Chris Chivers, Samuel McBratney e Philip Turner. Também quero agradecer a Anders Bergquist e Eric Lott pelas conversas a respeito de Jesus. Mark Goodacre ofereceu comentários sábios e úteis na fase inicial deste livro, os quais muito me ajudaram e pelo que estou muito grato. Mas eu não gostaria que nenhum desses amigos e colegas fosse censurado por eu ter-me apropriado de suas idéias.

Lembro-me com freqüência de muitas sábias palavras do falecido Paulos Mar Gregorios, bispo metropolitano da Igreja Católica Ortodoxa Malankarese, de Déli e norte da Índia. Professor extraordinário, ele me ajudou a visualizar Jesus através dos olhos de um cristão pertencente a uma das antigas Igrejas Ortodoxas do Oriente. Que ele descanse em paz e desperte em glória. Alegra-me poder expressar meus agradecimentos aos amigos das igrejas cristãs nas quais fui, um dia, sacerdote e pastor, em Secunderabad (Índia), Londres e Leicester; e aos membros da igreja de Carterton, Oxfordshire, à qual pertenci na adolescência. Aprendi muito com eles e espero que a experiência tenha sido mútua.

Minhas reflexões sobre o significado de Jesus afastaram-me da interpretação cristã padronizada e me levaram até o amplo mundo do pluralismo religioso. Tenho um débito especial com David Craig. Quando ele exercia o cargo de produtor-executivo de transmissões religiosas para o World Service da BBC, viajamos juntos pelo mundo e fizemos programas de rádio que ajudaram a formar grande parte do material dos Capítulos 4, 5 e 6. David me encorajou a buscar sempre a exatidão factual na produção dos programas e a ter em mente a necessidade de uma comunicação simples e clara, mas sem assumir ares paternalistas ante platéias inteligentes mas desinformadas. Espero não ter fracassado em atingir essas metas neste livro.

8 / *Jesus – uma pequena biografia*

Amigos de diferentes religiões, na Índia, no Paquistão, na África do Sul e em muitas outras partes do mundo, têm-me estimulado a perguntar a mim mesmo: por que Jesus de Nazaré continua a fascinar todo tipo de homens, mulheres e crianças de todas as idades, religiões e culturas? Este livro me permitiu esclarecer alguns dos emaranhados fios dessa pergunta, que há anos vêm dando voltas em minha mente.

Mais uma vez, estou em débito com Novin Doostdar e Juliet Mabey, da Oneworld Publications. Numa ocasião anterior, eles me encorajaram a escrever sobre Maomé, a figura central do islamismo, e agora permitiram que eu refletisse sobre o foco central da fé cristã. Helen Coward, Judith Wilson, Meg Davies e seus colegas da editora Oneworld certamente produzirão este livro com sua presteza habitual, seu bom humor e seus olhos de águia para os detalhes. Feliz é o escritor que entrega sua criação a mãos tão competentes! A eles todos, a minha gratidão.

Minha mulher Udho e minha filha Naomi ajudaram-me a escrever este livro: Udho, com seu apoio firme e sereno; Naomi, ficando fora do meu estúdio o tempo suficiente para eu poder terminá-lo. Também agradeço a David Primrose, que me encorajou a escrever este livro e ajudou-me a pôr ordem na minha vida para que eu pudesse fazê-lo.

Três amigos judeus se mostraram muito úteis neste trabalho. Jocelyn Hellig é professora no Departamento de Estudos Religiosos da Universidade de Witwatersrand, em Johannesburgo, África do Sul. Há alguns anos, uma frase lançada ao acaso numa conversa com ela me fez perceber quanto trabalho ainda precisa ser feito para construir uma imagem de Jesus, livre das nódoas do anti-semitismo e que seja convincente, honesta e autêntica. Também estou em débito com Jocelyn e seu marido, Mike, por sua maravilhosa hospitalidade. Edward Kessler, diretor-executivo do Centro de Relações Judeu-Cristãs em Cambridge, encorajou-me com deliciosas refeições e longas conversas. Estou particularmente grato a ele por oferecer diversos pontos de vista que ajudaram a moldar o Capítulo 4. Ele não concordará com tudo o que escrevi nesse capítulo ou no livro como um todo (quem concordaria?!), mas é a Edward que dedico este livro, uma pequena prova de amizade e admiração.

Introdução

PERSPECTIVAS

É um nunca acabar a quantidade de livros sobre Jesus. Para justificar mais este livro, eu gostaria de explicar a minha perspectiva e a minha intenção ao escrevê-lo.

Sou cristão, diácono ordenado pela Igreja do Sul da Índia e presbítero da Igreja Metodista Britânica. Embora tenha freqüentado ocasionalmente as aulas de catecismo e mesmo a igreja, durante grande parte da minha infância e adolescência tive pouca ou nenhuma ligação com a vida religiosa. Desde os 5 anos de idade, porém, tenho um forte compromisso emocional e mesmo espiritual com a pessoa de Jesus. Naquela tenra idade, li *O menino Jesus – Coleção Crianças na Bíblia* (*The Children's Life of Christ*, Londres, Methuen & Co., 1943), um livro de Enid Blyton, mais famosa por suas histórias sobre Noddy e os *Famous Five* do que por temas devocionais. Fui cativado pela figura de Jesus, e assim me mantenho até hoje.

Li esse livro em Cingapura. Na verdade, passei minha infância em muitas partes diferentes do mundo, porque meu falecido pai pertencia à Royal Air Force. Minhas primeiras lembranças são de festas religiosas chinesas e não de ritos cristãos. Mais tarde, em Áden, no calcanhar da península arábica, conheci muçulmanos antes de ouvir falar em metodistas. Portanto, minhas primeiras lembranças me predispuseram a interpretar o significado de Jesus dentro do mundo mais amplo do pluralismo religioso, em vez do paroquialismo mais estreito — porém certamente necessário — do ecumenismo cristão que viria a dominar grande parte da minha vida. Há muito tempo que aprecio a tradução inspirada, embora um tanto livre, do Salmo 31, versículo 9, da Bíblia: "Colocaste meus pés em campo aberto."

Minha educação seguiu os parâmetros da tradição ocidental, imbuída dos valores (ou, como argumentam alguns, da falta de valores) do iluminismo europeu. Esses valores vêm sendo atacados, nos tempos recentes, por essa mesma tradição; especificamente, pelo pós-modernismo, seu filho bastardo, herdeiro de suas pouco atraentes qualidades de paroquialismo e violento individualismo. Críticas mais indagadoras da herança iluminista têm sido feitas por outras culturas e tradições, embora elas freqüentemente ridicularizem o iluminismo sem reconhecer tudo o que lhes foi dado aprender com ele. Tentei aprender alguma coisa com essas críticas, sem esquecer os comentários do Islã, que, no melhor dos casos, partem de uma visão profunda, comovente, sutil e majestosa de uma única comunidade humana na qual as questões políticas, sociais e econômicas se mantêm unidas por ser essa a vontade do Deus Uno para a humanidade.

Verdade seja dita: muitos aspectos do modernismo ocidental têm sido arrogantes e presunçosos. O modernismo freqüentemente reduziu o mundo a um objeto de pesquisa tecnológica; de hábito, mostra-se irracionalmente orgulhoso de sua perspectiva estreita diante de mistérios que a mente humana, por si só, não consegue sondar. Mesmo assim, sua busca da verdade e do conhecimento — em vez da superstição e do conflito de interesses — parece-me meritória e valiosa. Sua disposição para aplicar o método histórico-crítico até mesmo aos livros sagrados não necessariamente é um ato irreligioso, mas antes um meio de revelar os significados deles, apropriados às pessoas no raiar do terceiro milênio. Os fundamentalistas talvez estejam avançando em muitas religiões, mas eles são um produto do modernismo, embora numa reação a este, tanto quanto aquelas pessoas que aceitam e utilizam as ferramentas do modernismo para descobrir verdade e significado.

Assim, embora nascida no seio da fé cristã, esta pesquisa sobre Jesus de Nazaré leva em conta a diversidade religiosa e mesmo a secular, e recorre à moderna erudição histórica ocidental com gratidão, mas com um olhar crítico.

Introdução / **11**

INTENÇÃO

Qualquer biografia moderna de Jesus, no sentido de um relato que ofereça importantes informações factuais sobre ele, pode ser escrita em espaço bastante curto, como mostro no Capítulo 2. Isso não é tão surpreendente ou desconcertante quanto possa parecer. Todos os líderes religiosos do mundo tornaram-se o foco de mitos e lendas. É compreensível e (como discutirei no Capítulo 1) mesmo desejável que o impacto de Jesus (assim como o de Buda, Maomé e outras figuras amplamente veneradas) tenha se refratado pela imaginação criativa e, por isso, sujeitando-se a exageros perdoáveis. É impossível separar a interpretação histórica dos fatos históricos. No mundo antigo, a História era um ramo da Retórica, ou seja, ela era contada tanto quanto era escrita. Heródoto (485-424 AEC), o "pai da História", não hesitava em pôr discursos na boca de seus personagens. Seus textos não são reproduções exatas, mas antes avaliações interpretativas daquilo que seus heróis e vilões disseram e fizeram. Ainda assim, Heródoto foi um verdadeiro historiador e não um mero cronista, pois ele buscava significado em suas histórias e não se interessava pela narrativa enquanto fim em si mesma.

Jesus, do mesmo modo, chega até nós filtrado por muitas mentes e muitas perspectivas, mas isso não o retira do discurso da História, precisamente pela crucial importância que sua vida e sua morte representam para a história da humanidade. Assim, um livro que apenas oferecesse uma crônica linear da vida de Jesus seria não só muito breve, mas também deixaria de avaliar sua influência sobre tantos seres humanos e sobre tão grande parte da civilização humana. A vida dele mudou a vida de muitas pessoas e, na verdade, a vida do próprio mundo. Este livro preocupa-se basicamente com essa influência. Assim como fiz com meu livro *Muhammad: A Short Biography*, também aqui interpretei livremente o título para descrever não só a importância da vida de Jesus em seu contexto histórico, como também quais aspectos de sua vida tiveram e continuam tendo significado para as gerações subseqüentes, especialmente a nossa.

Escrevo do ponto de vista do estudante de temas religiosos, na virada do terceiro milênio, quando, sob certos aspectos, o mundo está mais "próximo" do que nunca e, no entanto, dividido por muitos fatores, dos quais a intolerância religiosa por certo não é a menor. O objetivo dos estudos religiosos inclui estas reflexões: qual deve ser o relacionamento entre os diversos sistemas religiosos? Qual deve ser o papel da mulher nas religiões do mundo contemporâneo? Como a realidade transcendente invade este mundo de percepção sensorial e discurso racional, e o que ela exige de nós? E qual é o lugar, não só da História mas também da imaginação criativa na compreensão das verdades que as religiões pretendem articular e estruturar? Essas questões serão levantadas ao longo deste livro. O significado de Jesus é mais do que o produto da "pesquisa do Jesus histórico". Em si mesma, a exegese — o processo de esclarecer o significado ou significados dos textos do Novo Testamento — é apenas uma tarefa preliminar do estudante de teologia e de temas religiosos. Nas escrituras cristãs, Jesus nos fala de maneira ambígua, não de maneira unívoca. Ele chega até nós por meio das várias convicções e interpretações de seus primeiros seguidores. Como veremos, muitas vezes esses significados são diversos e polivalentes. Embora os quatro primeiros capítulos deste livro se fixem na pesquisa do Jesus histórico, essa tarefa levanta implicitamente questões como as que foram esboçadas no parágrafo anterior. Por exemplo: o que os raros encontros de Jesus com povos não-judeus indicam sobre a alegação do cristianismo de ser uma religião universal? O que os relacionamentos de Jesus com as mulheres, admiravelmente receptivos e compassivos, oferecem para cristãos e não-cristãos ponderarem, à luz das preocupações deste final de século XX, sobre as relações entre os sexos?

Todo retrato histórico de Jesus que apresente uma credibilidade e coerência sustentável vai buscar muito material nos três primeiros Evangelhos, geralmente chamados de Evangelhos sinópticos. Embora tenha surgido recentemente uma reação contra a chamada "tirania dos Evangelhos sinópticos", é difícil encontrar argumentos convincentes de que um fluxo mais adequado de conhecimentos sobre Jesus possa ser encontrado em outra parte. A questão das fontes para o estudo de sua vida e significado é discutida no Capítulo 1. No Capítulo 2, ofereço um esboço da vida de Jesus com reflexões sobre temas cristológicos: ou seja, quem os outros pensavam que ele era e o que tinha vindo fazer aqui; na verdade, as próprias idéias dele sobre as tarefas e o destino pessoal para os quais Deus o criara. O Capítulo 3 examina os ensinamentos de Jesus sobre o reino de Deus e como interpretá-los de modo relevante para nós nos dias de hoje, além de verificar como o Reino parecia a Jesus e seus contemporâneos. O Capítulo 4 tenta compreender Jesus enquanto judeu e o que isso poderia pressagiar e implicar para os relacionamentos entre judeus

Introdução / **13**

e cristãos no final de um século em que o ensinamento cristão foi explorado para destruir seis milhões de judeus sob a bandeira nazista. Esse capítulo, portanto, levanta questões sobre o significado das afirmações de Jesus nos Evangelhos (e em outras fontes subseqüentes) sobre a vida piedosa e harmoniosa no mundo contemporâneo, onde a tecnologia tem sido utilizada para fins perversos e destrutivos, muitas vezes em nome da religião e mesmo em nome do próprio Jesus.

Os dois últimos capítulos se desvinculam da exegese e teologia do Novo Testamento para levantar questões sobre a importância de Jesus no mundo como um todo. O material parece infindável. Concentrei-me em duas áreas de importância particular para as pessoas que vivem no mundo de hoje. O Capítulo 5 descreve Jesus no mundo das religiões além do cristianismo e mesmo do judaísmo: em especial, no Islã, onde ele sempre esteve em casa; mas também no hinduísmo e no budismo. Esse capítulo questiona a compatibilidade entre esses retratos e a avaliação cristã sobre a importância de Jesus. O último capítulo questiona se as reflexões teológicas contemporâneas do Ocidente sobre a importância de Jesus são apropriadas para o mundo diversificado no qual vivemos, e se outras avaliações cristãs de Jesus poderiam ter mais para dizer a grupos maiores de pessoas.

CONVENÇÕES

Em todo este livro, as datas apresentadas como números simples indicam acontecimentos ocorridos na Era Comum (EC), exceto nos raros casos em que o leitor poderia se confundir. Contudo, as datas seguidas por AEC indicam acontecimentos ocorridos "antes da Era Comum". Desse modo, Jesus nasceu por volta de 4 AEC e morreu por volta do ano 30. Quando dois períodos estão envolvidos, escrevo, por exemplo, 200 AEC-100 EC. A designação "Era Comum" foi criada recentemente, refletindo com muita propriedade a sensibilidade do pluralismo religioso do nosso mundo. Por outro lado, esse sistema de datação é conhecido como a.C. (antes de Cristo) e A.D. (*Anno Domini*: ano do Senhor, em latim). O fato de que o sistema de datação mais amplamente aceito divide o mundo entre o período antes de Jesus e depois dele é uma indicação de seu enorme impacto sobre a história mundial.

É bastante difícil escolher uma palavra exata para descrever adequadamente a carreira de Jesus nas áreas da pregação, da cura, do sofrimen-

14 / *Jesus – uma pequena biografia*

to e da morte; por isso, eu uso inúmeros termos mais ou menos equivalentes. Às vezes recorro à palavra "ministério", embora ela tenha o demérito de fazer Jesus se parecer a um pastor ("ministro") protestante tradicional, o que é uma analogia que não lhe cabe. Seria útil, portanto, descartar essa conotação da palavra "ministério" e focalizar seu útil significado de vocação, ofício, prece e dedicação. Menciono ocasionalmente os "leitores" ou a "leitura" dos evangelistas. Embora seja uma grafia útil, há mais pessoas que ouviram leituras dos Evangelhos, em parte ou no todo, do que pessoas que os leram elas próprias.

As citações das Escrituras [no original em inglês] são quase sempre da *New Revised Standard Version* (Oxford, Oxford University Press, 1989), embora às vezes eu ofereça a minha própria versão. As traduções do Alcorão, no Capítulo 5, são minhas. Quando apropriado, apresento referências escriturais, talvez até o ponto do pedantismo. Minha intenção não é fazer meus leitores confundirem este trabalho introdutório — e inovador, espero — com um livro técnico, mas sim convidá-los a ler as Escrituras para verificar os meus pontos de vista e formular suas próprias opiniões. Usei inicial maiúscula — Evangelho(s) — para me referir aos livros dos quatro evangelistas (Mateus, Marcos, Lucas e João); e inicial minúscula — evangelho(s) — quando quero indicar as "boas-novas" que eles e outras pessoas acreditavam que Jesus estava trazendo.

Tentei reduzir ao mínimo as notas e usei o método de Harvard de me referir a um livro pelo sobrenome do autor, data da publicação e número(s) de página [por exemplo: "Wilson 1986, 92s", onde "s" indica "e seguintes"]. Não consegui ter tanto sucesso em reduzir as notas quanto em *Muhammad: A Short Biography*. Isso se deve principalmente ao fato de que, devido à aplicação pelos estudiosos bíblicos do método históricocrítico aos Evangelhos nos últimos duzentos anos, não existe uma versão aceita e padronizada da vida de Jesus, assim como existe uma da vida de Maomé.[1] As implicações dessa questão serão discutidas no Capítulo 5. Não usei sinais diacríticos em palavras estrangeiras ou mesmo em letras que são representadas por apóstrofos em inglês, exceto na Bibliografia, porque os eruditos as conhecem e os outros talvez só as achassem confusas.

A Bibliografia registra livros que me foram particularmente úteis ao escrever este livro, e também outros que se mostrarão úteis para leituras subseqüentes. De modo arbitrário — mas útil, espero — registrei ocasionalmente o subtítulo de um livro na Bibliografia, quando achei que ele esclarecia o seu conteúdo e, assim, encorajaria os leitores a levá-lo em consideração. Já não tenho mais certeza da origem de muitos dos pontos de vista que hoje tenho sobre Jesus. Peço desculpas por não deixar registradas algumas influências ou perspectivas de outras pessoas sobre as minhas próprias.

NOTA

1. Forward 1997, 98-102.

Capítulo 1

Fontes para o estudo da vida de Jesus

No reinado do imperador romano Tibério, por volta do ano 29, um jovem galileu que vagava pela Palestina pregando e curando, chamado Yehoshua (nome coloquialmente reduzido para Yeshua ou mesmo Yeshu), empreendeu um breve ministério que terminou com sua morte violenta, executado na cruz. Nós o chamamos de Jesus, com base na versão latinizada da forma grega de seu nome, registrada nas páginas do Novo Testamento. O que sabemos sobre sua vida? Este capítulo lançará um breve olhar sobre antigas obras que mencionam Jesus e seus seguidores, começando com material que não consta do Novo Testamento.

FONTES ROMANAS

Jesus viveu e morreu na terra da Palestina, a leste do Mediterrâneo, uma região que naquela época era controlada pelo Império Romano. O imperador Augusto, que morreu no ano 14, dera um fim a um período de guerra civil no Império. Durante o ministério de Jesus, Pôncio Pilatos era o governador da Judéia (do ano 26 ao 36, aproximadamente), que incluía a Samaria e a Iduméia. Todavia, encontram-se pouquíssimas evidências sobre a vida e a carreira de Jesus nas fontes romanas.

É certo que o historiador romano Públio Cornélio Tácito (56?-120?) estava inteirado dos acontecimentos na Palestina, porque ele registrou a rebelião judaica contra Roma, de 66 a 73, em suas *Histórias*. Em

18 / *Jesus – uma pequena biografia*

outra obra, *Anais*, ele escreveu sobre o incêndio de Roma em 64 e fez a seguinte referência aos cristãos e ao mestre deles:

> Nero criou bodes expiatórios — e puniu com todo refinamento os notoriamente depravados cristãos (como costumavam ser chamados). O fundador dessa seita, Cristo, fora executado durante o reinado de Tibério pelo governador da Judéia, Pôncio Pilatos. Mas apesar desse revés temporário, a fatal superstição renasceu, não só na Judéia (onde esse mal tinha começado) mas até mesmo em Roma. Todas as práticas degradadas e vergonhosas florescem na Capital.[1]

Para Tácito, os cristãos pertenciam a uma seita judaica anti-social, nascida dentro de uma religião que, embora tendo recebido consideração especial por parte das autoridades políticas romanas, encorajava seus adeptos à rebelião. O historiador registra que os cristãos foram presos mais por odiarem a raça humana do que por terem ateado fogo a Roma. Isso poderia indicar que a visão dos cristãos negava o mundo; mas talvez queira dizer apenas que eles se recusavam a participar dos ritos pagãos romanos. Há confirmação da impopularidade dos cristãos em Roma no final dos Atos dos Apóstolos (escrito por volta do ano 100, mas referindo-se a acontecimentos ocorridos nos anos 60). Paulo, aprisionado em Roma, chamou à sua presença os líderes judeus locais. Estes disseram: "...sabemos que essa seita [o cristianismo] encontra em toda parte oposição" (Atos 28:22).

Tácito não tinha motivos para simpatizar com os judeus ou com as formas variantes da fé religiosa deles: isso explica sua referência curta e desdenhosa aos cristãos e ao fundador do cristianismo. Mesmo assim, a passagem continua e diz que as pessoas começaram a sentir compaixão pelos cristãos porque Nero os lançava aos animais bravios ou os queimava vivos em cruzes. Tácito ignorava os detalhes de suas crenças e da vida e ensinamentos de Jesus. Tudo o que ele sabia — e nós não sabemos quais eram as suas fontes — é que "Cristo" era um judeu de uma parte distante do Império, que fora executado por Pôncio Pilatos por instigar um novo movimento religioso cujos seguidores receberam o seu nome.

Também nos *Anais*, Tácito menciona uma mulher de nascimento nobre, chamada Pompônia Graecina, que foi acusada ante o Senado romano em 57, talvez como cristã. Pompônia viveu até a época de Tácito, e ele registra que ela "teve uma vida longa, passada em perpétua melancolia".[2]

Outro historiador, Gaio Suetônio Tranqüilo (70-130?), tampouco estava informado dos fatos significativos sobre Jesus ou os primeiros cristãos. Em seu livro *Os Doze Césares*, ele se refere à expulsão dos judeus de Roma por volta de 49 (assim como faz Lucas em Atos 18:2) pelo imperador Cláudio (que reinou de 41 a 54). Essa punição foi infligida porque os judeus "causavam contínuas perturbações por instigação de Chrestus";[3] a expulsão não durou muito tempo, porque logo os judeus estavam de volta a Roma. Embora Suetônio assumisse que Chrestus era uma pessoa física, é mais provável que se referisse ao tumulto causado pelos cristãos que pregavam entre os judeus que Jesus era o Messias. Novamente a fonte dessa informação não nos é conhecida, mas seu tom reprovador sugere que não deveria tratar-se de uma fonte cristã.

Suetônio também confirma o relato de Tácito sobre a punição imposta por Nero aos cristãos depois do incêndio de Roma. Ele escreveu que "os cristãos, um tipo de gente dada a uma nova e maléfica superstição, ele [Nero] torturou e liquidou".[4]

A primeira referência mais interessante a Jesus por parte de um romano não foi feita por um historiador, mas por um político. Ela fala de acontecimentos ocorridos entre 110 e 112, quando Gaio Cecílio Plínio (?61-112), amigo de Tácito, era o legado romano em Betânia e no Ponto, na extremidade sul do Mar Negro. Plínio escreveu cartas a Trajano, imperador de 98 a 116, nas quais esclareceu que punia os cristãos pela sua fé. Se eles ainda insistissem que eram cristãos após três advertências, a penalidade era a morte e ele os executava ou, se fossem cidadãos romanos, enviava-os a Roma para serem punidos. Depois da primeira investigação, Plínio recebeu uma denúncia anônima contra diversas pessoas, acusando-as de serem cristãs. Dos acusados que negaram ser cristãos, exigiu-se que passassem por um teste que provaria a verdade dessa negação. Plínio os fez invocar os deuses e oferecer incenso e vinho a uma imagem de Trajano, obrigando-os também a anatematizar Cristo. (Esse teste só seria aplicado universalmente a cristãos, como ato de lealdade ao imperador, um século mais tarde, sob Décio, em 250.) Plínio definiu a religião dos cristãos como "uma tosca e exagerada superstição". Ele descobriu que os cristãos

costumavam reunir-se num dia determinado, antes do amanhecer, para entoar um hino antifônico ao Cristo, seu Deus, comprometendo-se por meio de um juramento — não a cometer algum crime, mas

20 / Jesus – uma pequena biografia

a não roubar, não assaltar, não cometer adultério, não quebrar os juramentos feitos e nunca se recusar a pagar suas dívidas. Depois disso, eles partiam e mais tarde se reencontravam, para uma refeição comum e inofensiva.[5]

Nenhum desses escritores romanos nos conta o menor detalhe que seja sobre a vida de Jesus, oferecendo apenas uma quantidade limitada de informações sobre a influência crescente de seus seguidores. Todos os três descreveram o cristianismo em termos negativos, como seita supersticiosa e anti-social. Nenhum deles parece ter sabido que "Cristo" era uma designação messiânica e não um nome próprio. Nenhum deles chamou o fundador do cristianismo pelo seu nome correto. Se fôssemos confiar neles para compreender Jesus, nunca saberíamos nada importante a seu respeito.

A principal razão para Jesus não merecer uma atenção particular dos escritores romanos de sua época é sua insignificância política, social e econômica. Homens como Júlio César e o imperador Augusto foram figuras importantes, de modo que se escrevia muito sobre eles. (Júlio César, inveterado amante da autopromoção, escreveu sobre si mesmo.) No caso de Jesus, nenhum escritor secular da raça dominadora se incomodaria em escrever sobre uma figura obscura de um canto longínquo e problemático do Império.

FONTES JUDAICAS

Jesus era judeu. Poderíamos, portanto, supor que seu ministério atrairia muita atenção entre os políticos e historiadores judeus do período. O fato é que isso não aconteceu. Durante o ministério de Jesus, Herodes Antipas era o tetrarca da Galiléia e Peréia; governou, como vassalo de Roma, de 4 AEC até 39. Herodes mandou matar João Batista (Flávio Josefo, de quem falaremos a seguir, menciona esse acontecimento); Mateus e Marcos chegam a alegar que Herodes via Jesus como João renascido dos mortos (Marcos 6:14; Mateus 14:2; em Lucas 9:7, Herodes fica perplexo porque outras pessoas tinham dito que João ressuscitara). Lucas registra que ele tomou parte no julgamento de Jesus (23:6-12).

Não há nenhuma evidência de que Jesus tenha tido contato com Felipe, que de 4 AEC até 34 foi tetrarca dos territórios ao norte e leste da Galiléia. Lucas menciona Felipe quando localiza o ministério de Jesus

Fontes para o estudo da vida de Jesus / 21

num contexto histórico, mas provavelmente se equivocou ao alegar que Felipe governava a Ituréia (3:1).

Filo, teólogo e filósofo que viveu em Alexandria de 15 AEC até 50 aproximadamente, não menciona Jesus. Os escritos da caverna de Qumran (rolos de pergaminho encontrados no Mar Morto, provavelmente escritos pela comunidade religiosa dos essênios) não mencionam Jesus. Esse silêncio não significa muito: por exemplo, Filo não menciona João Batista e os Pergaminhos do Mar Morto não fazem nenhuma referência a Herodes Antipas, embora essas duas figuras tenham indubitavelmente vivido e tivessem certa importância.

José ben Matias, o historiador e polemista judeu que adotou o nome de Flávio Josefo, não menciona Jesus. Filho de um sacerdote e de uma fariséia, ele nasceu em Jerusalém em 37 ou 38. Foi comandante na Galiléia durante a Guerra Judaica. Capturado em 67, salvou a vida profetizando corretamente que Vespasiano, cujo filho Tito comandava os exércitos romanos, se tornaria imperador. Quando isso aconteceu, em 69, ele foi libertado. A partir daí, viveu em Roma até sua morte, pouco depois do ano 100.

Josefo não menciona Jesus nem ós cristãos em seu relato *A Guerra Judaica*, publicado em 73. Um trabalho posterior, datado dos anos 90, *Antigüidades Judaicas*, menciona "Tiago, o irmão de Jesus, aquele chamado Cristo", que foi executado em 62 (XX, 200). Essa parece ser uma referência autêntica e digna de fé, embora irritantemente breve. O que dizer, porém, de uma seção anterior sobre Jesus, o chamado *Testimonium Flavianum?*

> Por volta daquela época viveu Jesus, um homem sábio, *se na verdade é possível chamá-lo homem*. Pois foi ele quem realizou feitos surpreendentes e era o mestre de pessoas que aceitam alegremente a verdade. Ele venceu muitos judeus e muitos gregos. *Ele era o Messias.* Quando Pilatos, após sabê-lo acusado por homens da mais alta posição entre nós, condenou-o a ser crucificado, aqueles que primeiro o amaram não abandonaram sua afeição por ele. *No terceiro dia, ele lhes apareceu restituído à vida, pois os Profetas de Deus tinham profetizado essas e outras incontáveis coisas maravilhosas sobre ele.* E a tribo dos cristãos, assim chamada em honra de seu nome, até o dia de hoje ainda não desapareceu. (XVIII, 63; grifo meu)[6]

22 / Jesus – uma pequena biografia

Desde o século XVI, os estudiosos vêm questionando corretamente a autenticidade dessa passagem. Josefo não era cristão e não teria escrito qualquer afirmação religiosa de fé. Tampouco foi um observador impressionado, registrando aquilo em que não acreditava; a pobreza de informações sobre Jesus e os cristãos em todo o resto de seus escritos ilustra como aqueles tinham pouca importância para ele. Pode ser que toda a seção acima tenha sido inserida por um apologista cristão. O mais provável é que tenha sido "aperfeiçoada". Uma sugestão é que somente a frase "Ele era o Messias" foi acrescentada ao texto original. Nesse ponto de vista, a referência a "se na verdade é possível chamá-lo homem" refletiria a crença de Josefo de que Satã inspirara Jesus, e não de que ele era divino,[7] mas isso parece improvável. O mais provável é que as partes que coloquei em itálico sejam interpolações no texto original. Mesmo se houver um núcleo original nessa passagem, ele não acrescenta muitas informações.

Outras referências judaicas a Jesus são abusivas e malévolas, sendo encontradas em coleções surgidas bem depois do primeiro século. As referências a Jesus no Talmude (compilado depois de 400, embora contendo material anterior cuja data é difícil estabelecer) são poucas e depreciativas. O *Toledot Yeshu* (História de Jesus) é um relato obsceno da vida de Jesus, que começou a circular mais ou menos a partir do século XIII, embora possa ter como base uma obra aramaica anterior. Esse texto descreve Jesus como o filho ilegítimo de Maria e de um soldado romano chamado Pantera (essa alegação remonta à denúncia contra os cristãos, feita pelo pagão Celsus no final do segundo século). A idéia é que os poderes de Jesus se originavam na magia negra e que ele teve uma morte vergonhosa. Com toda probabilidade se trata de uma resposta polêmica às desonrosas calúnias que os cristãos espalhavam sobre os judeus, suas atividades e suas crenças.

UMA FONTE ESTÓICA

Um filósofo pagão chamado Mara bar Sarapion refere-se enigmaticamente a Jesus (embora não o cite pelo nome) numa carta, provavelmente escrita logo depois de 73. Ele escreveu a seu filho de uma prisão romana, recomendando a sabedoria como única dádiva nesta vida. Usou Jesus como exemplo do fato de que execuções injustas não trazem nenhuma bem a quem as perpetra. Ele comentou, "Que proveito tiveram os judeus ma-

Fontes para o estudo da vida de Jesus / **23**

tando seu sábio rei, já que desde então perderam seu reino?", e observou que o sábio rei não estava morto "devido à nova lei que legara".[8] Esse estóico sírio de Samatosa certamente não era cristão, pois menciona os "nossos deuses". Sua referência é positiva, ecoando a visão que Mateus tinha de Jesus. Muitos estudiosos acreditam que os Evangelhos tiveram origem na Síria e, desse modo, talvez Mara conhecesse as tradições que, pouco mais tarde ou até ao mesmo tempo, foram incorporadas pelos evangelistas ao trabalho dele. Contudo, a avaliação positiva de Mara era necessária para seu auto-retrato de homem que estava numa situação semelhante à do sábio rei, preso e talvez à espera de uma morte que não poderia destruir a sabedoria fundamental do trabalho de toda a sua vida.

Todos esses escritos não-cristãos, sejam romanos, judeus ou estóicos, oferecem vislumbres atormentadoramente breves do fundador do cristianismo. A limitada significação desses escritos, para quem estuda a vida de Jesus, tem duas facetas. Primeiro, eles não duvidam de que Jesus tenha existido e exercido sobre seus contemporâneos um impacto que se espalhou bem além das fronteiras da Judéia. Em segundo lugar, eles oferecem informações que vêm confirmar algumas das primeiras tradições cristãs sobre Jesus. Por exemplo, Josefo conta que Jesus tinha um irmão chamado Tiago; tanto Josefo quanto Tácito e Mara afirmam que a morte de Jesus foi violenta. Josefo e Mara se referem a Jesus como "sábio". Esses são comentários interessantes e úteis. Mas, se fossem tudo o que temos, não bastariam para explicar a importância exercida ao longo dos dois últimos milênios pelo homem de Nazaré.

OS PRIMEIROS ESCRITOS CRISTÃOS REMANESCENTES

Não causa surpresa que sejam os primeiros escritos cristãos os que mais revelam sobre Jesus. Nossa primeira testemunha é Paulo. A primeira de suas cartas que sobreviveu como parte do Novo Testamento é provavelmente a Primeira Epístola aos Tessalonicenses, datada aproximadamente do ano 50. E sua última carta foi escrita poucos anos depois. É provável que Paulo tenha sido executado durante o reinado de Nero (54-68), em algum momento no início dos anos 60. Desse modo, ele transmite os fatos apenas uma geração depois da morte de Jesus.

24 / *Jesus – uma pequena biografia*

No entanto, Paulo transmite pouquíssimas informações sobre Jesus. A partir de suas cartas, descobrimos que Jesus era judeu, um ser humano real "que nasceu de uma mulher" (Gálatas 4:4), morreu e ergueu-se dentre os mortos, e depois apareceu a mais de quinhentos de seus seguidores, seu irmão Tiago, todos os apóstolos e ao próprio Paulo (I Coríntios 15:3-8). Sabemos que Jesus proibiu o divórcio (I Coríntios 7:10) e temos um relato da última ceia de Jesus com seus discípulos (I Coríntios 11:23-25). Mas isso é tudo que as cartas de Paulo nos dizem a respeito de Jesus. Na verdade, se a Primeira Epístola aos Coríntios não tivesse sobrevivido, Paulo não teria nos transmitido nada substancial sobre a vida e os ensinamentos de Jesus.

As cartas de Paulo são mais importantes pelas informações sobre quem foi Jesus (em suma, pela sua "cristologia") do que pelo relato da vida de Jesus. Paulo acreditava que Jesus era o representante de Deus, que daria início à Era Messiânica (na verdade, já o fizera), na qual as promessas divinas de salvação se estenderiam aos pagãos. Como resultado, alguns estudiosos argumentaram que Paulo estava demasiado interessado no Cristo da fé para se preocupar com o Jesus da História, mas essa é uma opinião discutível. Afinal de contas, tudo o que temos são algumas poucas cartas sobreviventes pelas quais julgar o ensinamento e as grandes preocupações de Paulo. Ele bem pode ter assumido que seus correspondentes conheciam a vida de Jesus; ou talvez (embora isso seja bem menos provável) ele tenha escrito mais amplamente sobre Jesus em cartas que se perderam. É provável que a experiência de conversão de Paulo, depois da Páscoa, o tenha inclinado a enfatizar a morte e ressurreição de Jesus, e não sua vida terrena. Numa passagem comovente, Paulo escreveu que "e mesmo Cristo, se antes o encaramos segundo a carne, agora já não o encaramos assim" (II Coríntios 5:16). Em outra parte ele afirma: "Anseio pelo conhecimento de Cristo e do poder de sua ressurreição, pela participação de seus sofrimentos, tornando-me semelhante a ele na morte, com a esperança de conseguir a ressurreição dos mortos" (Filipenses 3:10-11).

Isso de modo algum significa que Paulo não se interessava pelo Jesus histórico. Ele sabia da existência de compilações de palavras e ações de Jesus. Nos Atos dos Apóstolos, Paulo diz aos líderes religiosos de Éfeso para lembrarem as palavras de Jesus: "Maior felicidade é dar do que receber" (20:35). Essas palavras não são encontradas em parte alguma do

Novo Testamento. (Em que medida o Paulo autêntico está no Livro dos Atos, contudo, é tema de muito debate.)

Nas outras epístolas do Novo Testamento há poucas referências à vida de Jesus. Sua transfiguração é mencionada numa obra posterior, a Segunda Epístola de São Pedro, capítulo 1, versículos 17-18. (É provável que nenhuma carta associada a Pedro tenha sido escrita pelo apóstolo. Esse hábito de associar obras anônimas a autores importantes foi seguido por muitos escritores do mundo antigo. Para nós, seria talvez um hábito desonesto; para eles, não.) O autor da Primeira Epístola de São Pedro oferece o relato de um acontecimento que não encontramos em parte alguma dos Evangelhos: sofrendo a morte na carne mas vivo no Espírito, Jesus "foi pregar aos espíritos que estavam na prisão" (3:19). O sentido é incerto, mas essa passagem parece ter um contexto batismal.

EVANGELHOS APÓCRIFOS E MATERIAL SIMILAR

Um texto difícil como a Primeira Epístola de São Pedro capítulo 1, versículo 19, prepara o terreno para a proliferação de material estranho que teria sido criado e posto em circulação nos primeiros tempos, principalmente depois do período pelo qual estamos interessados. Muito embora os Evangelhos canônicos (isto é, aqueles que foram aceitos no cânone do Novo Testamento, fixado nas igrejas gregas em 356 e pouco mais tarde nas outras igrejas) contenham realmente o secreto, o miraculoso e o mágico, o restante do material desenvolve bastante essa perspectiva.

Esse material freqüentemente transforma os milagres de Jesus em truques de mágica que não lhe fazem nenhuma honra. Por exemplo, o Evangelho da Infância, de Tomé, registra o Jesus de 5 anos criando pássaros de barro. Grande parte desse material reflete as formas variantes da fé cristã que proliferaram no século II e seguintes. Alguns Evangelhos apócrifos retratam a filosofia dos gnósticos, os quais acreditavam possuir um conhecimento (do grego *gnosis*) especial de Deus, que os iluminava e garantia a sua salvação. Os gnósticos eram "esnobes" espirituais que depreciavam o carnal e o físico. Um possível exemplo das palavras que eles atribuíam a Jesus pode ser encontrado no Logion 42 do Evangelho de Tomé (outra obra que não o Evangelho da Infância; ambas foram atribuídas ao mesmo apóstolo, embora ele não tenha escrito nenhuma delas). O Logion 42 registra que "Jesus disse: 'Tornai-vos os que passam' ". O interessante

26 / *Jesus – uma pequena biografia*

é que, num relato mais completo dessas palavras, elas teriam sido ditas por um sábio e místico muçulmano medieval que ensinava em Bagdá, al-Ghazali (1058-1111): "Portanto, vivei vossa vida aqui [neste mundo] como homens que estão passando pelo mundo e não como homens que nele construíram a sua morada, e sabei que a raiz de todos os pecados é o amor pelo mundo" (citado em Jeremias 1964, 113). Al-Ghazali atribuía essas palavras a Jesus, embora outros autores muçulmanos a tenham atribuído ao Profeta Maomé. Em 1559, o imperador Akbar, que governava grande parte do norte da Índia, começou a construir a cidade de Fatehpur Sikri, perto de Agra. Visitando o local em 1601, ele fez uma inscrição em árabe na grande porta do lado sul da mesquita. Parte dela diz: "Jesus, que a paz esteja com ele, disse: 'Este mundo é uma ponte. Atravessai-a. Mas não construais ali vossa morada.'"[9] Vemos, assim, que essas palavras tiveram uma longa e variada história. Elas poderiam estar baseadas em palavras originais de Jesus. Talvez não, mas remetem a uma visão negadora do mundo que é um tanto estranha ao homem de Nazaré. Claro que também é possível que não haja nenhuma ligação entre o Logion 42 do Evangelho de Tomé e a inscrição na cidade de Akbar, uma vez que se trata de uma advertência espiritual bastante comum, até mesmo uma platitude. Mas é fascinante imaginar que poderia haver essa ligação.

De todo modo, recentemente tem-se debatido muito se o Evangelho de Tomé registra realmente as crenças dos gnósticos, como antes se acreditava. Se há uma tendência majoritária, ela está indo contra essa opinião.[10] O Jesus Seminar, organizado em 1985 por um grupo radical de estudiosos norte-americanos, enfatizou a importância do Evangelho de Tomé para a compreensão de Jesus; seria uma quinta fonte evangélica, ao lado dos Evangelhos canônicos.[11] Esse grupo e alguns outros estudiosos acreditam que o Evangelho de Tomé é realmente dos primeiros tempos. Dominic Crossan supõe que ele seja um documento dos anos 50, contemporâneo das cartas de Paulo e da fonte Q (desta falaremos mais adiante).[12] Todavia, ao contrário de outros colegas nesse Seminário, Crossan não dá muito valor a Tomé na construção de seu relato de Jesus como um cínico camponês judeu.[13]

Talvez o trabalho de Tomé não seja dos primeiros tempos, mas derivado de outro material evangélico. Seu valor independente pode ter sido exagerado por aqueles que acreditam que os três primeiros Evangelhos tiveram uma influência demasiado grande na nossa percepção de quem Jesus foi e do que ele fez. Mesmo que haja certa verdade na visão deles (veremos, mais adiante, que os três primeiros Evangelhos estão longe de ser histórias ou biografias diretas), não é sábio contar com muitas informações confiáveis sobre Jesus em fontes extrabíblicas.

Mesmo assim, alguns membros do Jesus Seminar e outros estudiosos tiveram a utilidade de chamar a nossa atenção para aquilo que alguns norte-americanos chamariam de "propensão pró-canônica" na pesquisa histórica sobre Jesus. Por exemplo, Dominic Crossan e Helmut Koester chamaram a atenção para outras obras além dos quatro Evangelhos, as quais, acreditam eles, seriam dos primeiros tempos e transmitiram importantes informações sobre o impacto da vida e do ministério de Jesus.[14]

Mas, como veremos no Capítulo 2, até mesmo os membros do Jesus Seminar concordam que Tomé não nos diz quase nada a respeito de Jesus que já não conheçamos dos outros Evangelhos. Ainda assim, eles sustentam que Tomé é importante para proporcionar uma autenticação independente de cerca de trinta frases dos Evangelhos, as quais, de outro modo, teriam somente a chancela de seus autores. Por exemplo, a sexta frase do *Oxyrhynchus Papyrus I* (fragmento grego do Evangelho de Tomé, descoberto por dois arqueólogos britânicos no Egito central em 1897 e datando aproximadamente do ano 200) contém uma explanação de Lucas 4:24: "Jesus disse: 'Eu vos asseguro: nenhum profeta é bem-recebido em sua terra, nem o trabalho do médico age sobre aqueles que o conhecem.'" A segunda frase, acrescida ao relato de Lucas, poderia ser alguma forma original, encurtada por Lucas. O mais provável é tratar-se de uma glosa inautêntica, baseada na referência ao médico no versículo anterior do Evangelho (Lucas 4:23: "médico, cura-te a ti mesmo".)[15]

É bem possível que, nos anos vindouros, o material de Tomé e outros trabalhos dos primeiros tempos ganhem credibilidade entre os estudiosos e penetrem mais amplamente na consciência pública. Neste momento, os quatro Evangelhos do Novo Testamento ainda formam a idéia que se tem de Jesus entre a maioria dos cristãos.

OS TRÊS PRIMEIROS EVANGELHOS

O Evangelho mais antigo é, provavelmente, o de Marcos; as referências que ele faz à destruição do Templo de Jerusalém, ocorrida em 70, sugerem que foi escrito logo depois desse acontecimento (Marcos 13:1-4; ver também Mateus 24:1-3 e Lucas 21:5-7). É provável que os outros três Evangelhos tenham surgido antes do ano 100. O último Evangelho a ser

28 / *Jesus – uma pequena biografia*

escrito, o de João, provavelmente acabou de ser compilado na década final do primeiro século. Os quatro Evangelhos foram difundidos lentamente e, pouco a pouco, ganharam posição de autoridade nas igrejas. Por volta de 170, Taciano compôs seu *Diatesseron,* ou compilação dos quatro Evangelhos. O mais provável é que todos os quatro fossem amplamente conhecidos e utilizados no final do segundo século.

É muito freqüente que uma pessoa, quando deseja enfatizar que não está mentindo mas comunicando a realidade literal, afirme que está dizendo a verdade evangélica (ou dos Evangelhos). Mas que espécie de verdade transmitem os Evangelhos? Embora Jesus esteja no centro de sua mensagem, os Evangelhos não representam biografias dele, no sentido moderno, com interesse em prestar informações exatas sobre vida e carreira, geralmente na ordem cronológica. Por exemplo, não fazemos idéia se Jesus era casado ou viúvo; seria incomum, embora não impossível, um homem judeu permanecer solteiro.

De todo modo, os três primeiros Evangelhos contêm muitas semelhanças. Em certos pontos, suas palavras são semelhantes. Por exemplo, a história da cura do leproso (em Marcos 1:40-5, Mateus 8:1-4 e Lucas 5:12-6) tem partes que são idênticas palavra por palavra. Alguns relatos que só se encontram em dois Evangelhos também são narrados da mesma maneira: por exemplo, a cura do homem com o espírito impuro (registrada em Marcos 1:21-5 e Lucas 4:31-5) e o lamento de Jesus sobre Jerusalém (em Mateus 23:37-9 e Lucas 13:34-5). Mas, no restante, os três primeiros Evangelhos são bem diferentes. Por exemplo, Mateus e Lucas registram a história do nascimento de Jesus a partir de perspectivas diversas que não se harmonizam facilmente, enquanto Marcos mantém silêncio absoluto sobre o jovem Jesus. Também as genealogias de Mateus e Lucas sobre as origens de Jesus (respectivamente, 1:1-17 e 3:23-38) têm conteúdos totalmente diferentes, irreconciliáveis enquanto relatos históricos.

As semelhanças e dessemelhanças entre os três primeiros Evangelhos produzem o chamado Problema Sinóptico (*synopsis,* em grego, significa "ver ao mesmo tempo"). Como se pode explicar esse problema de semelhanças e dessemelhanças? Sabe-se com certo grau de certeza que existe uma pré-história dos Evangelhos e que parte do primeiro material é compartilhada pelos três, ou por dois, pelo menos, dos Evangelhos sinópticos. Em outras palavras, cada Evangelho dependia de fontes anteriores a ele, algumas das quais foram compartilhadas. Se cada Evangelho

Fontes para o estudo da vida de Jesus / **29**

fosse escrito em colunas paralelas, de modo que colocasse lado a lado o material comum a dois ou aos três deles, teríamos a confirmação do que foi dito sobre suas semelhanças e dessemelhanças.[16] Mas tudo de que dispomos para localizar o material anterior são os próprios Evangelhos. Quais seriam essas fontes e como elas foram arranjadas e transmitidas são temas que têm produzido uma abundância de especulações fascinantes e criativas. Muita tinta se gastou procurando respostas para esse problema e vários autores transformaram em firmes convicções suas soluções hipotéticas, às vezes dúbias, sobre as partes componentes dessas fontes mais primitivas. Há aqui uma sutil ironia, pois esses estudiosos, embora céticos quanto à possibilidade de fazer contato com o Jesus histórico, parecem estar totalmente seguros da validade de suas pressuposições, muitas vezes idéias extravagantes fantasiadas de certezas.

Falando em termos gerais, a solução mais amplamente aceita para o Problema Sinóptico admite: (1) que o Evangelho de Marcos foi o primeiro a ser escrito; (2) que havia outra fonte (ou fontes) chamada de "Q" pelos estudiosos modernos (do alemão *Quelle*, "fonte"), a qual teria sido utilizada por Mateus e por Lucas; (3) que Mateus e Lucas tiveram acesso a um material (geralmente chamado de M e L, respectivamente) que os outros autores sinópticos não conheciam ou, pelo menos, não utilizaram.

A razão para admitir que o Evangelho de Marcos teria sido o primeiro a ser escrito é que Mateus e Lucas dão a impressão de aperfeiçoar o texto de Marcos, geralmente expressando de forma mais gramatical e concisa aquilo que ele escreve. Somente cerca de trinta dos 609 versículos são encontrados em Marcos, mas não em Mateus ou Lucas, ou em ambos. Além disso, sempre que Mateus e Lucas concordam com Marcos, a tendência é um acordo quanto ao relato de Marcos sobre o ministério de Jesus; quando não concordam, eles seguem suas próprias linhas de narrativa. Faz mais sentido supor que Mateus e Lucas dependiam do texto de Marcos, e o aprimoraram e ampliaram para falar às comunidades para as quais escreviam, do que postular que Marcos teria resumido, às vezes com pouca habilidade, os dois outros Evangelhos. É interessante notar que Lucas omite duas seções significativas de Marcos 6:17-29, e ainda mais extensamente o trecho que vai de 6:45 até 8:26. Isso poderia indicar que Mateus e Lucas usaram diferentes versões de Marcos. Todavia, talvez indique apenas que Lucas era um "editor de texto" mais criativo ou, talvez, menos rigoroso do que Mateus.

30 / Jesus – uma pequena biografia

Mateus e Lucas também compartilham outro material, que Marcos não inclui em seu Evangelho. É possível deduzir esses dados (Q) dos dois Evangelhos. Alguns estudiosos supõem que Q seria originalmente um documento escrito. Algumas passagens, sem dúvida, apresentam tamanho acordo verbal que sugerem uma origem escrita. Por exemplo, a passagem referente aos lírios do campo, mais gloriosos do que Salomão, é textualmente semelhante nos dois Evangelhos (Mateus 6:28-30 e Lucas 12:27-8). Mas é certo que, se algumas passagens em comum são quase idênticas palavra por palavra, o mesmo não acontece com outras. Diversos estudiosos acreditam que Lucas editou Q menos do que Mateus e, por isso, seguem a versão de Lucas quando querem remontar à sua forma original. Devemos ter em mente, no entanto, que nem todo o material comum a Mateus e a Lucas procedeu necessariamente de Q, caso Q tenha sido uma fonte escrita. Como não possuímos esse documento, não podemos saber o que havia nele.

Alguns autores sugeriram que Q é uma hipótese totalmente desnecessária. Por exemplo, João Spong, discutindo a obra de Michael Goulder, acredita que Mateus criou aquilo que chamamos de Q ao expandir o texto de Marcos para adaptá-lo ao ano litúrgico judaico. Spong também sugere que Lucas usou os textos de Mateus e Marcos; usar Mateus explicaria a presença do chamado material Q no seu livro.[17]

Não resta a menor dúvida de que grande parte dos estudos sobre as fontes por trás dos Evangelhos não passa de especulação construída sobre uma hipótese; é algo fascinante e contudo, suspeita-se, também pura fantasia. No meu entender, Spong e outros escritores radicais, ao tentarem simplificar as fontes, acabam oferecendo soluções ainda mais implausíveis. Provavelmente R.M. Grant estava certo ao sugerir que Q não seria um livro específico ou um documento similar; em vez disso, "Q nada mais é do que um símbolo conveniente para designar materiais comuns a Mateus e Lucas, e não pertencentes a Marcos".[18] Se assim for, então, esses materiais comuns seriam quase certamente uma mistura de fontes orais e escritas. A possibilidade de que Mateus e Lucas tiveram acesso a algumas tradições escritas semelhantes, ou mesmo idênticas, explicaria os estreitos acordos entre eles. Os desacordos, porém, surgiriam quando eles adaptaram, de maneira livre e diferente, esse material escrito comum; e também das formas diferentes de material oral que eles recebessem sobre acontecimentos comparáveis.

Igualmente fascinante nessas várias fontes não é o que havia nelas, mas o que não havia. Não há nelas nenhum relato do nascimento de Jesus, nem de seu julgamento e execução, nem da ressurreição. A ausência desses acontecimentos proporcionou aos pensadores cristãos, nos séculos seguintes, muito material a partir do qual eles elaboraram respostas para as questões de quem foi Jesus e o que ele realizou. Mas a ausência desse material em Q não quer dizer que Q consistia em importantes tradições primitivas, oferecendo um retrato do Jesus histórico em que se pudesse acreditar e livre de acréscimos teológicos. É admirável o fato de esse material primitivo, datando dos primeiros anos após a crucificação de Jesus, não chegar até nós inalterado. Q oferece uma importante reflexão teológica, ao lado de informações históricas. Em Q, Jesus aparece como um mestre e como agente da lei de Deus e seu chamado aos seres humanos para se tornarem discípulos. Assim como os próprios Evangelhos, isso vem testemunhar o papel de Jesus no destino que Deus quer para a humanidade.

À parte Marcos e Q, também há material usado apenas por Mateus ou por Lucas. Muitos estudiosos também analisaram cuidadosamente esse material. O fato de grande parte da fonte especial (ou fontes) de Mateus estar interessada tanto na religião e na igreja judaicas, como na escatologia e no juízo final, alerta o leitor para as principais preocupações do evangelista, em torno das quais ele molda o material que compartilha com Marcos, com Lucas ou com ambos. Do mesmo modo, a mina de informações de Lucas seleciona e enfatiza certos temas, incluindo (como veremos abaixo) a universalidade do amor divino. Parece mais provável que Mateus e Lucas tenham herdado e moldado essa tradição, do que inventado a maior parte dela (embora alguns estudiosos acreditem que eles realmente a inventaram, em parte ou mesmo no todo). Lucas, certamente, afirmou ter escrito um relato ordenado do que lhe fora transmitido por testemunhas oculares e ministros da Palavra (Lucas 1:1-4).

Mas os Evangelhos Sinópticos e as fontes nas quais eles se baseiam não são relatos literais da vida de Jesus. Eles procuram falar da importância dele como mensageiro definitivo de Deus. Isso fica bem claro já na abertura do Evangelho de Marcos: "Início do evangelho de Jesus Cristo, Filho de Deus." Marcos quer contar a boa-nova (é isso que "evangelho" — em grego, *euangelion* — significa). Jesus seria o portador da última revelação de Deus. É por isso que os evangelistas têm um programa teológico. Não que eles não estivessem interessados nos fatos que realmente

32 / *Jesus – uma pequena biografia*

aconteceram, de modo que nada importante se pudesse encontrar neles sobre o Jesus histórico; o que ocorre é que, nos relatos evangélicos, a teologia e a História estão num relacionamento simbiótico. Na verdade, se Jesus era o Filho de Deus (discutiremos o significado desse título no Capítulo 2), então sem dúvida as pessoas para quem Marcos e os outros evangelistas escreviam desejariam saber alguma coisa sobre sua vida, morte e ressurreição.

METAS E INTENÇÕES DOS EVANGELHOS

As imensas mudanças que recentemente ocorreram no processo de investigar a pré-história do material evangélico tiveram efeitos profundos sobre a nossa compreensão das metas e intenções dos Evangelhos. Um bom exemplo são os três comentários sobre o Evangelho de Marcos, escritos na segunda metade do século XX. Vincent Taylor escreveu *The Gospel According to St Mark* (Londres, Macmillan, 1952) do ponto de vista da crítica de sua fonte. A crítica das fontes é o estudo dos antecedentes a partir dos quais os autores do Novo Testamento elaboraram seu material: incluem testemunhas oculares como fontes importantes dos acontecimentos. Como resultado do uso dessa técnica, Taylor acredita que Marcos conseguiu oferecer respostas a questões tais como o que Jesus disse e fez, e qual a ordem dos acontecimentos no seu ministério. Marcos conseguiu oferecer essas respostas porque (no entender de Taylor, embora o fato seja discutível) havia sido amigo do apóstolo Pedro.

Onze anos mais tarde, no comentário *The Gospel of St Mark* (Harmondsworth, Penguin, 1963), Dennis Nineham adotou a posição diametralmente oposta de crítica da forma. Ele não negou que as primeiras tradições continham algumas lembranças históricas, mas dedicou-se principalmente a indagar como Jesus tinha sido interpretado pelas primeiras comunidades que se reuniram e interpretaram as várias formas literárias nas quais a tradição era transmitida. A crítica da forma, que surgiu na Alemanha depois da Primeira Guerra Mundial, e cujas descobertas levaram algum tempo para ser amplamente aceitas na Inglaterra, costumava interpretar os evangelistas mais como coletores de material do que como teólogos criativos. É por isso que o comentário de Nineham vê Marcos descrevendo as idéias da igreja de sua época, provavelmente localizada em Roma ou em Antioquia por volta do ano 75.

Depois da Segunda Guerra Mundial, o instrumental da crítica da redação foi criado na Alemanha (e só começaria a ser utilizado na Inglaterra vários anos mais tarde). A crítica da redação se ocupa com a maneira pela qual o material primitivo teria sido manuseado e mudado pelos evangelistas; ocupa-se com o que foi inserido e com o que foi omitido dos Evangelhos, e por quê. Se os textos de Mateus e Lucas são realmente posteriores ao de Marcos, então seria mais fácil usar a crítica da redação sobre o trabalho daqueles dois do que sobre o de Marcos, porque o uso que os dois fazem do Evangelho de Marcos ilustra suas omissões e acréscimos, levando o leitor a perguntar o que eles esperavam conseguir com isso. Não há nenhum documento anterior pelo qual se possa avaliar o texto de Marcos. Mesmo assim, o comentário de Eduard Schweizer, *The Good News of Mark* (edição alemã, 1967; edição em língua inglesa, Atlanta, John Knox Press, 1975), se concentrou no modo pelo qual Marcos mostrou a boa-nova de Jesus para sua comunidade. Isso não só afirma Marcos como um intérprete criativo, mas também como um pastor que adaptava sua narrativa às necessidades de sua comunidade.

A Profª Morna Hooker refere-se às

muitas maneiras diferentes pelas quais, no decorrer de poucos anos, um comentário pode ser escrito: o foco da atenção se deslocou do Jesus histórico, passando pela história inicial das tradições, pela do evangelista Marcos, pela da comunidade para a qual ele escreveu, chegando até aquilo que os leitores modernos entendem do texto.[19]

Na verdade, há muito mais "críticas" surgidas nos anos recentes do que as três acima mencionadas: o estruturalismo e seu rebento, a desconstrução ou pós-estruturalismo, e também poderíamos acrescentar a crítica da narrativa e da retórica e várias outras. Mas o meu propósito é apenas indicar — não nomear e descrever exaustivamente — a espantosa variedade de recursos usados para encontrar significado dentro dos Evangelhos.

De todo modo, quaisquer que fossem as rotas (seja entrevistando os primeiros cristãos, seja a partir do trabalho dos intérpretes em suas comunidades, seja pela prática da reflexão imaginativa da fé em Jesus ou por outros caminhos), por volta do ano 70 surgiu um novo gênero literário: o Evangelho.[20] Ele assume a forma de um relato do ministério e

34 / *Jesus – uma pequena biografia*

significado de Jesus; mas é um relato seletivo e reflexivo, não uma exata narração cronológica.

O surgimento desse gênero de escrita evangélica elimina aparentemente toda possibilidade de localizar o Jesus histórico, porque depende do processo criativo e interpretativo de diferentes fontes, editores e autores. Contudo, foi precisamente por meio dessa simbiose da memória comunitária, combinando história e teologia, que se revelou o verdadeiro significado de Jesus. Isso, pelo menos, é o que acreditavam os evangelistas. Por exemplo, o autor ou editor do Evangelho de João afirmou seus objetivos no fim (original) de sua obra: "Estas coisas foram escritas para que creiais que Jesus é o Messias, o Filho de Deus, e para que, crendo, tenhais a vida em seu nome" (20:31).

É significativo que o gênero evangélico apareça por volta do ano 70. A década anterior testemunhara a morte de muitos líderes da primeira geração da igreja cristã, os quais haviam conhecido Jesus em primeira mão ou conheciam outros que o fizeram. Foi também nos anos 70 que a rebelião judaica contra Roma alcançou seu auge, com o trauma da destruição do Templo nesse ano. Isso encorajou os cristãos a produzir retratos de Jesus que não só eram compatíveis com as lembranças de uma geração de cristãos que desaparecia, mas também podiam persuadir as autoridades romanas de que a universalizadora interpretação cristã da fé judaica não era, em essência, anti-social e revolucionária.

MATEUS, MARCOS, LUCAS E JOÃO: A ARTE DE ESCREVER EVANGELHOS

Há estudiosos do Novo Testamento (mencionamos um deles, Vincent Taylor) que querem enfatizar o valor histórico dos Evangelhos. Alguns deles insistem que os escritores dos Evangelhos tiveram um importante acesso a testemunhas oculares do ministério de Jesus. Será verdade? O fato é que nenhum dos Evangelhos menciona o nome de seu autor. Os nomes hoje conhecidos foram ligados a cada Evangelho no segundo século. Não é certo, de modo algum, ou sequer provável, que os apóstolos Mateus e João tenham escrito os Evangelhos associados aos seus nomes. Por isso não se pode afirmar que esses dois Evangelhos preservam as lembranças dos dois mais íntimos seguidores de Jesus. Tampouco se tem certeza das tradições que afirmam que Marcos conhecia Pedro e que Lucas conhecia Paulo. A primeira referência a Marcos foi feita por Papias, bispo de Hierápolis, por volta de 130; essa referência foi preservada por Eusébio de Cesaréia, escritor do quarto século, em sua *História Eclesiástica*. Papias afirmou que Marcos, "tendo sido o intérprete de Pedro, escreveu acuradamente, mas não em ordem, tudo o que recordava das palavras e feitos do Senhor".[21] Talvez tenha sido assim. Mas é possível que essa tradição seja equivocada. O certo é que uma associação de Pedro com os Evangelhos levanta tantos problemas quantos resolve, pelo menos: por exemplo, por que os Evangelhos são tão vagos quanto ao conhecimento geográfico da Palestina? Já se questionou seriamente se o Evangelho de Lucas teria sido escrito por um companheiro de Paulo, como alegam o Cânone Muratório e, mais tarde, diversas autoridades da Igreja. Esse cânone provavelmente reflete as visões da Igreja de Roma por volta de 170, embora alguns estudiosos o considerem um documento surgido bem depois do quarto século.

O Evangelho de João, referindo-se ao bem-amado discípulo a quem menciona em inúmeras ocasiões, afirma em seu final que "Este é o discípulo que dá testemunho dessas coisas e as escreveu. E sabemos que é digno de fé o seu testemunho" (21:24). Não se dá o nome desse discípulo. A tradição associou-o a João, filho de Zebedeu. Muitos acreditam que o capítulo 21 foi um acréscimo mais tardio a esse Evangelho. Também se acredita que o Evangelho de João é trabalho de uma escola de escritores que haviam tido ligações com o discípulo João. Desse modo, não está claro quanta confiança se pode dar a qualquer alegação de que esse Evangelho preserva as lembranças de um dos primeiros seguidores de Jesus.

Seu estilo diferente indica que, se o discípulo bem-amado era de fato o apóstolo João, suas lembranças foram filtradas através de uma teologia altamente interpretativa. Mesmo assim, têm havido muitas tentativas de enfatizar a confiabilidade histórica das fontes de João, mas está claro que ele, se lançou mão de outras tradições que não as dos sinópticos (algumas das quais também são confiáveis), utilizou-as de uma maneira bem diferente. A pessoa que lê o Evangelho de João percebe que ele é muito diferente dos outros. Nele, Jesus usa símbolos universais para si mesmo e os outros, tais como luz e vida. Tende a falar de modo reflexivo e majestoso, com frases longas, em vez do estilo vigoroso e simples dos Evangelhos sinópticos. Muitos chamam o livro de João de "O Evangelho Espiritual"; quem primeiro sugeriu essa denominação foi Clemente de Alexandria (?150-215?).

36 / *Jesus – uma pequena biografia*

Mesmo se (o que parece improvável) Marcos preserva as lembranças de Pedro e João mantém as do discípulo epônimo, elas são filtradas por uma memória interpretativa bem diferente. Dentre os que duvidam dessa hipótese, tem havido muito debate sobre se João conheceu um ou mais dos outros Evangelhos canônicos ou, então, algumas das tradições por eles registradas. Na verdade, há claros ecos de uma tradição comum, ou pelo menos intimamente ligada, entre os Evangelhos de João e de Marcos. Comparemos, por exemplo, João 12:25-6 e Marcos 8:34-5. João escreve:

Quem ama sua vida, vai perdê-la; mas quem odeia sua vida neste mundo, vai guardá-la para a vida eterna. Se alguém me quiser servir, siga-me. Onde eu estiver, estará também o meu servo. Se alguém me quiser servir, o Pai o honrará.

E Marcos escreve:

Se alguém me quiser seguir, renuncie a si mesmo, tome sua cruz e me siga. Pois aquele que quiser salvar a vida há de perdê-la, mas aquele que perder a vida por amor de mim e pela causa do Evangelho, há de salvá-la.

Um elo entre os Evangelhos de João e Marcos explicaria por que encontramos em cada um deles, até certo ponto, os mesmos acontecimentos e a mesma ordem em sua cronologia. Contudo, às vezes um mesmo acontecimento aparece em localização diferente; o mais famoso deles (Jesus expulsando os vendilhões do Templo) é encontrado no início do Evangelho de João (2:13-22), mas nos primeiros dias da última semana de vida de Jesus nos Evangelhos sinópticos (Marcos 11:15-9 e paralelos). O ponto importante aqui não é, como afirmam alguns estudiosos, que João colocou esse episódio no início para enfatizar um aspecto teológico do relacionamento de Jesus com a religião judaica da sua época. O mais significativo é que Marcos, Mateus e Lucas também estão enfatizando aspectos teológicos. Parece mais provável que o momento histórico desse episódio seja o citado nos Evangelhos sinópticos, já que esse episódio teria despertado nos romanos suspeitas de que Jesus era um agitador e teria apressado sua prisão e execução. Mas a simbiose entre as reflexões históricas e teológicas é verdadeira para todos os quatro Evangelhos, não só o de João. (Há também em João e Lucas passagens que partilham os mes-

Fontes para o estudo da vida de Jesus / **37**

mos sentimentos, o que levou alguns estudiosos a pensar que João, ao escrever, tinha diante de si o Evangelho de Lucas.) É muito útil imaginar a criação dos vários Evangelhos como uma arte, não como uma ciência. Com isso, quero dizer que os escritores dos Evangelhos foram artistas, no sentido positivo de terem imaginação, estética e serem hábeis editores das informações que possuíam. Eles fizeram esse trabalho, como fazem muitos artistas (sejam das artes plásticas, da música, da dramaturgia ou das outras áreas), não apenas para agradar e distrair, mas para revelar a verdade. Como a maioria dos artistas, eles buscaram um público para deslumbrar e instruir. Parece bem provável que as primeiras platéias de cada um dos escritores dos Evangelhos, ou evangelistas, fossem as diversas comunidades em que eles viviam e às quais prestavam testemunho.

Quais eram essas comunidades e onde se localizavam? Também aqui as evidências são escassas e daríamos melhor emprego ao nosso tempo analisando as evidências internas dos Evangelhos do que confiando nas "memórias" piedosas dos Padres da Igreja, no século II e seguintes, embora essas evidências internas às vezes venham confirmar ou, pelo menos, concordar com essas memórias. Outro ponto importante é que não devemos ser totalmente céticos — mas com certeza cautelosos — quanto às descobertas dos estudiosos do século XX que tentam reconstruir o ambiente sociológico, antropológico, psicológico ou litúrgico no qual, supõem eles, os Evangelhos teriam sido escritos. Algumas dessas reconstruções constituem brilhantes exercícios de imaginação, embora possam parecer, do ponto de vista histórico, mais plausíveis do que críveis.

Os evangelistas utilizaram criativamente as várias tradições que herdaram sobre Jesus. Eles escolheram, organizaram, editaram, elaboraram e talvez tenham até criado algum material a fim de evocar a fé em Deus, conforme revelada em Jesus de Nazaré. Os evangelistas exercitaram uma imaginação criativa. Marcos escreveu seu Evangelho para louvar "o evangelho [do grego *euangéllo*, boa-nova] de Jesus Cristo, Filho de Deus" (1:1), que era também "o Filho do Homem, (que) não veio para ser servido mas para servir e dar a vida pela redenção de muitos" (10:45). Mateus descreve Jesus como um mestre que consumou a Lei e os profetas (5:17). A posição do discípulo é um tema importante para Mateus. No final de seu Evangelho, o Senhor ressuscitado concede a seus onze discípulos originais (tirando Judas, que o traíra) a autoridade para fazer "todos os povos discípulos meus" (28:16-20). O Evangelho de João foi pro-

38 / *Jesus – uma pequena biografia*

duto de uma comunidade que acreditava que "todo o mundo está em poder do maligno" (Primeira Epístola de João, 5:19). Mesmo assim, o mundo continua a receber o amor de Deus (João 3:16). Deus enviou Seu Filho ao mundo para que todos os que nele acreditassem pudessem vir a ser filhos de Deus (João 1:12-13, 3:16-21).

LUCAS: A IGREJA PEREGRINA

Para exemplificar as metas e conquistas "artísticas" dos Evangelhos, vou agora examinar mais detalhadamente um deles: o Evangelho de Lucas e, também, o segundo volume de sua obra, os Atos dos Apóstolos. Quais foram as metas e as conquistas de Lucas?

É importante que não nos deixemos desviar da rota pela questão da autoria. Saber se Lucas foi companheiro de Paulo, médico ou artista é assunto de importância secundária. Sequer podemos saber com segurança, a partir de seus escritos, se ele foi um judeu ou um não-judeu cristão. Lucas não conhecia a geografia da Palestina, o que poderia nos levar a pensar que ele era um não-judeu. Por outro lado, seus escritos revelam um conhecimento considerável da Septuaginta, a antiga tradução grega do Pentateuco e, mais tarde, de toda a Bíblia hebraica. Uma possível solução é que Lucas fosse um judeu da Diáspora, sem conhecimentos detalhados das terras palestinas. Outra solução, bem mais viável, é que ele era um homem temente a Deus; os "tementes a Deus" eram gentios que admiravam grandemente a religião e a ética judaicas. Lucas conta histórias sobre alguns deles: no Evangelho, o centurião cujo servo foi curado por Jesus (7:1-10); nos Atos, o eunuco etíope e Cornélio (8:26-40 e 10:11-8). Esses dois últimos tornaram-se seguidores de Jesus. É agradável especular, embora nada mais possamos fazer, que Lucas investiu grande parte de sua própria experiência para recontar essas histórias.

Seu Evangelho provavelmente foi escrito durante os anos 90. Nessa época, a corrente dominante do judaísmo estava se redefinindo depois do traumático episódio da destruição do Templo de Jerusalém pelos romanos no ano 70. Essa redefinição levou a um antagonismo entre judeus e cristãos, o qual se expressa fortemente no Evangelho de Lucas. Além disso, se aceitarmos — como faz a grande maioria dos estudiosos — que o Evangelho de Lucas e os Atos dos Apóstolos foram escritos pela mesma mão, então o tema da difusão do Evangelho nessa obra em dois volumes indica não só a data em que a mensagem cristã chegou a Roma, e ali

Fontes para o estudo da vida de Jesus / **39**

se enraizou firmemente, como também um período de reflexão sobre o significado do fato grandioso de que a crença em Jesus enquanto Messias chegou ao coração do mundo civilizado.

Muitos estudiosos sugeriram que Lucas estava interessado na "história da redenção" ou "história da salvação".[22] A esse mundo secular, de impostos, recenseamentos, governantes e líderes religiosos (Lucas 2:1), Deus envia Seus anjos aos seres humanos, Seu espírito desce e Seu Filho vem combater as forças do mal. Assim, a história secular tem muito que ver com a história da salvação; era uma época em que os seres humanos podiam responder sinceramente à graça divina. Lucas traça a origem de Jesus até Adão, o primeiro homem (Lucas 3:38). Primeiro, há um período de tempo que vai até João Batista, inclusive, o período da Lei e dos Profetas. E então vem a época em que Jesus proclama o reino de Deus (Lucas 16:16). Um terceiro período, o da pregação apostólica da Igreja, terminará com a Parúsia — o retorno glorioso de Jesus — em alguma data não revelada no futuro (Lucas 21:9 e Atos 1:7).

De outra perspectiva, a leitura que Lucas faz da História pode ser vista como uma jornada de fé, uma peregrinação. Essa interpretação do significado da busca religiosa tem uma longa tradição no cristianismo. Na Grã-Bretanha, por exemplo, até as gerações mais recentes, o livro mais lido pelas pessoas devotas e instruídas, depois da Bíblia, era o *Pilgrim's Progress*, de John Bunyan, puritano do século XVII. Nesse livro, o herói Pilgrim [Peregrino] viaja ao longo de sua vida atribulada até atravessar para o outro lado. Esse tema da peregrinação está baseado no Evangelho de Lucas e na sua seqüência, os Atos dos Apóstolos.

O Evangelho de Lucas e os Atos registram muitas jornadas. À parte os relatos de seu nascimento, a única outra história contada sobre a infância de Jesus (em qualquer dos Evangelhos canônicos) registra que ele, aos 12 anos de idade, subiu com os pais até Jerusalém para festejar o Pessach [a Páscoa judaica]. Jesus afastou-se dos pais, e três dias depois "o encontraram no Templo sentado no meio dos doutores [da Lei], ouvindo e fazendo perguntas" (2:41-51). O Evangelho de Lucas é o único que contém as duas mais conhecidas e amadas parábolas de Jesus: a do bom samaritano (10:25-37) e a do filho pródigo (15:11-32). Na primeira delas, um homem que descia de Jerusalém a Jericó é assaltado e espancado por ladrões; esse homem, bem como os ouvintes de Jesus, descobrem quem agiu realmente como o "próximo" em vez daqueles de quem se esperava a atitude misericordiosa. Na segunda parábola, o filho mais novo

40 / Jesus – uma pequena biografia

parte para uma terra distante e, depois de muito sofrimento, retorna em busca do amor paterno; seu irmão mais velho permaneceu em casa, não fez nenhuma jornada e, portanto, nada aprendeu sobre a fé, a esperança e o amor. Essas duas histórias sugerem que a viagem contém em si a possibilidade de uma mudança radical na compreensão de nós mesmos, dos outros e de Deus. Outra história transformadora é contada no último capítulo do Evangelho de Lucas (24:13-35). No mesmo dia em que Jesus ressuscitou dentre os mortos, dois discípulos (Cléofas e um companheiro cujo nome não é mencionado), sem saberem da Ressurreição, caminhavam os onze quilômetros de Jerusalém até Emaús. Jesus juntou-se a eles, mas eles não o reconheceram. Jesus lhes disse que "era necessário que o Messias sofresse todas essas coisas e entrasse na glória". A convite deles, Jesus compartilhou de sua refeição e só o reconheceram quando ele tomou o pão, partiu-o e lhes deu, rezando a bênção. Temos aqui uma alusão evidente à Eucaristia. Talvez o evangelista tenha deixado deliberadamente de mencionar o nome do segundo viajante, para que o leitor pudesse imaginar a si mesmo como o peregrino sem nome, fazendo parte da história contínua da Igreja, envolvido pela presença de Jesus que viaja com todos os que crêem nele e, com a palavra e o sacramento, torna clara a vontade e a presença de Deus. Finalmente, os seguidores de Jesus (esses são os peregrinos da fé, sem descrentes entre eles, ao contrário do que registra Mateus 28:17) viajaram para Betânia, onde ele foi levado aos céus. E então retornaram, jubilosos, a Jerusalém e ao Templo.

A ênfase em Jerusalém é um tema particularmente crucial nos Evangelhos. Lucas 9:51 diz que "Jesus dirigiu-se resolutamente para Jerusalém", jornada essa que toma grande parte do Evangelho, pois Jesus só chega lá no final do Capítulo 19! Isso é significativo. A história começa na pequena e humilde aldeia de Nazaré (nem mesmo na vizinha e próspera cidade de Séforis, que Lucas, assim como os outros Evangelhos, nem sequer menciona) e, contudo, termina no Templo de Jerusalém, centro da religião judaica.

A partir dali, os Atos continuam a saga. O Evangelho de Lucas afasta-se rapidamente de Jerusalém. Com efeito, pouco antes de ser elevado aos céus, Jesus diz aos seus apóstolos: "...e sereis minhas testemunhas em Jerusalém, em toda a Judéia e Samaria, até os confins da terra" (1:8). Saulo, o perseguidor, transforma-se no apóstolo Paulo depois de uma visão na estrada de Damasco, onde pretendia eliminar os seguidores "daquele caminho" (9:2); quando se refere desse modo aos primeiros cristãos, Lu-

Fontes para o estudo da vida de Jesus / **41**

cas transmite uma idéia de movimento e jornada. Nesse meio-tempo, Filipe convertera um eunuco etíope que voltava de Jerusalém, aonde fora rezar (8:25-40). Também Pedro partira para Cesaréia a fim de batizar outro temente a Deus, o centurião romano Cornélio, e toda a sua família (10:11-18). Essa história termina com Pedro em Jerusalém, contando a outros judeus cristianizados a descida do espírito de Deus sobre toda a família de Cornélio. Esses cristãos responderam: "Logo, também aos pagãos concedeu Deus o arrependimento que converte para a vida." No entanto, o principal instrumento de Deus para levar o Evangelho aos pagãos seria Paulo e não Pedro (15:7). O Concílio de Jerusalém ratificou essa missão, insistindo apenas que os pagãos se abstivessem de carnes sacrificadas aos ídolos e que não fosse *kosher* [pura] e da fornicação (15:1-29). (Lucas provavelmente simplificou e depurou um debate — ou uma série de debates — bem mais complicado e litigioso, na Igreja primitiva, sobre a admissão dos pagãos nas mercês da Aliança com Deus e, se aceitos, em que termos.)

Foi assim que Paulo, numa série de jornadas missionárias (que provavelmente também foram um tanto esquematizadas e simplificadas por Lucas), levou a boa-nova de Jesus, o Messias, a vários pontos do mundo mediterrâneo. Em Antioquia, os seguidores do caminho de Jesus começaram a chamar-se cristãos (11:26). Na parte final dos Atos, Paulo retorna à cidade de Jerusalém, mas seu ato provocativo de levar pagãos ao Templo fez que ele fosse preso. Na qualidade de cidadão romano, ele apelou a Roma. Os Atos terminam com Paulo em Roma, centro político do mundo (Atos 28:16).

O Evangelho de Lucas começa num ambiente obscuro e religioso, numa região distante do centro político dos acontecimentos, mas sugere que esse ambiente está dentro das grandes preocupações do mundo como um todo. Por exemplo, Jesus nasce durante a viagem feita por Maria e José para se inscreverem no recenseamento geral do mundo romano (Lucas 2:1-19). No final dos Atos, a boa-nova se transferiu das origens humildes e obscuras para o centro religioso de Jerusalém e dali, num período de mais ou menos trinta anos, para Roma, a capital secular do Império.

Desse modo, o Evangelho de Lucas e os Atos são livros que falam de viagens. É claro que há uma dimensão histórica nessa ênfase. O evangelho de Jesus difundiu-se com surpreendente rapidez durante o primeiro século, ajudado pela unificação do Império Romano que, de modo ge-

42 / *Jesus – uma pequena biografia*

ral, mantinha a paz dentro de suas fronteiras e construía boas estradas nas quais se podia viajar. As viagens por mar eram mais perigosas, porém ainda possíveis. Todavia, a ênfase de Lucas sobre o tema da viagem não era apenas uma tentativa de ser historicamente exato; vimos que seu relato, embora pintando um retrato razoavelmente coerente e crível do que aconteceu, é um tanto esquematizado e simplificado. Isso é compreensível, porque ele conta a sua história de maneira concisa e breve. Mas também é verdade que Lucas chama a atenção para outros pontos além dos históricos. Ele queria enfatizar que o fiel como indivíduo deve estar pessoalmente envolvido nas histórias que ele conta, porque cada indivíduo é um peregrino no caminho de Jesus. Toda pessoa deve pegar sua cruz cada dia e seguir Jesus (Lucas 9:23). A expressão "cada dia" é um acréscimo de Lucas à frase. Ela não dilui, por meio da generalização, uma referência difícil e específica à cruel morte de Jesus na cruz. Em vez disso, é parte integrante da convicção de Lucas de que a vida cristã (para ele é importante a imitação de Cristo por parte do fiel) constitui uma viagem diária do coração, da alma, das forças e da mente. Se ele próprio foi um pagão "temente a Deus" que se tornou seguidor do caminho de Jesus, então sua peregrinação pessoal foi longa e complexa: do paganismo, passando pela admiração e por certo tipo de compromisso com a fé judaica, até chegar finalmente a acreditar em Jesus como o Messias. Todavia, mesmo esse compromisso final não foi simplesmente uma questão de encontrar repouso, contente e seguro, na fé em Jesus, fazendo as "jornadas terminarem no encontro dos amantes, como bem o sabe todo sábio filho do homem". Em vez disso, os peregrinos no caminho de Jesus precisam viver sua fé até o fim de seus dias, e o Evangelho e os Atos oferecem alusões às dificuldades enfrentadas pelos fiéis e aos recursos com os quais eles podem contar.

Uma grande dificuldade enfrentada pelos fiéis é a falsa atitude diante da riqueza. Lucas teria concordado com o autor da Primeira Epístola a Timóteo: "o amor ao dinheiro é a raiz de todos os males" (6:10). Mas o que Lucas analisou foi o uso do dinheiro, não necessariamente sua posse. Em seus livros, há muitos personagens ricos, alguns dos quais louvados pelo apoio à obra de Jesus ou dos membros da igreja primitiva. Talvez Teófilo, para quem os dois livros de Lucas foram escritos, fosse uma pessoa desse tipo e não apenas uma figura literária. (Teófilo, em grego *théo-phílo*, significa "quem ama a Deus"; desse modo, os dois livros poderiam destinar-se a toda pessoa que amasse a Deus e desejasse conhecê-

Lo melhor. Talvez Lucas estivesse na privilegiada posição de poder oferecer a seus leitores um trocadilho: embora dedicando seus livros a um homem de carne e osso, ele teria percebido as potencialidades do nome desse homem para uma referência mais ampla.) Outras pessoas prósperas — como Ananias e sua mulher Safira, que guardaram para si parte do dinheiro ganho e depositaram o resto aos pés dos apóstolos — sofreram morte violenta e sobrenatural como castigo de sua avidez e desonestidade (Atos 5:1-11); ou como Simão, o mago, que foi amaldiçoado por pensar que o dinheiro poderia comprar a graça divina (Atos 8:9-24). O principal recurso com que os fiéis podem contar é o Espírito. Jesus foi ungido e o poder do Espírito Santo desceu sobre ele (ver, por exemplo, Lucas 3:22, 4:1 e 14). Os discípulos se tornam peregrinos e testemunhas de Jesus quando o Espírito Santo desce sobre eles (Atos 1:8 e 2:1-4). Há outras indicações, no Evangelho de Lucas e nos Atos, de recursos adicionais aos quais se pode recorrer. Relembrar os atos e o caráter dos primeiros seguidores de Jesus era uma fonte de inspiração para os outros: o Concílio de Jerusalém, formado pelos apóstolos e pelos anciãos, com o consentimento de toda a igreja aprovou a missão de conversão dos pagãos, incluindo as palavras "porque ao Espírito Santo e a nós pareceu bem" (Atos 15:28). Lucas nem chega a chamar Paulo de apóstolo (Atos 14:4 e 14:14 são raras exceções), embora muito o admirasse, e estabelece divisões entre Paulo e outros líderes da igreja. Lucas sequer sugere as tensões lembradas por Paulo sobre a reunião em Jerusalém e as divisões entre ele, Pedro, Tiago e João sobre os termos em que os pagãos poderiam se tornar herdeiros das promessas feitas aos judeus da aliança com Deus (Gálatas 2:1-14). E Lucas, embora registrando algumas tensões na Igreja primitiva (como a condenação de Ananias, de Safira e de Simão, o mago), sequer sugere em suas afirmações acerca do caráter e comportamento cristão as disputas e imoralidades que Paulo ingenuamente admite e condena na Igreja de Corinto. Além disso, quando fala de Pedro fazendo sua confissão de fé em Jesus, o Messias, Lucas omite duas referências subseqüentes: Pedro negando a necessidade do sofrimento de Jesus e Jesus chamando Pedro de "satanás" (Lucas 9:18-27; ver também Marcos 8:27-33 e Mateus 16:13-28). Para Lucas, o Espírito une a vida e a missão dos cristãos com Cristo.

Outro recurso à disposição dos fiéis, além do caráter cristão dos apóstolos, são os sacramentos do batismo e da Santa Ceia. Embora o significado mais profundo desses dois sacramentos seja fruto de reflexões

44 / Jesus – uma pequena biografia

posteriores e mais detalhadas dos teólogos da Igreja, ambos constituem, para Lucas, importantes marcas da vida cristã. Os Atos registram muitos batismos, associados ao dom do Espírito Santo. Os cristãos, portanto, podem considerar que seu batismo os identifica com o batismo de Jesus (Lucas 3:21-2). Já vimos as conotações eucarísticas do relato da viagem para Emaús, quando Jesus foi reconhecido ao partir o pão.

Embora seja um truísmo, vale a pena enfatizar que as preocupações de Lucas (como as dos outros evangelistas) são basicamente cristológicas. Desse modo, os recursos de que dispõe o fiel para sua peregrinação cristã estão fortemente relacionados com Jesus: o batismo que ele compartilhou, o Espírito que lhe deu poder, a refeição que ele fez com seus primeiros seguidores, a vida do Reino que ele viveu e ensinou e que foi imitada por seus primeiros seguidores.

Segundo Lucas, toda pessoa que se arrependa e seja assim perdoado pode se tornar um seguidor do caminho de Jesus. Às palavras de Jesus no Evangelho de Marcos, "Não vim chamar os justos mas os pecadores" (2:17), Lucas acrescenta o arrependimento: "Não vim chamar para o arrependimento os justos mas os pecadores" (5:32). O significado básico de "arrependimento" é mudar a mente da pessoa ou sua maneira de ver as coisas. Para Lucas, o arrependimento é uma dádiva de Deus; ele permite, por exemplo, que o rico coletor de impostos Zaqueu decida-se a mudar radicalmente de vida (19:1-10). Na verdade, Pedro ensina que "Deus o elevou [Jesus] como Príncipe e Salvador, a fim de dar a Israel o arrependimento e o perdão dos pecados" (Atos 5:31). Mas, como veremos quando analisarmos a parábola do Filho Pródigo (Capítulo 3), o Jesus do Evangelho de Lucas às vezes também ensina a noção, bem mais subversiva, de que a graça divina perdoa até mesmo o pecador impenitente que já chegou aos limites. O arrependimento continua a ser um ideal da vida do Reino, não uma precondição para ela.

Lucas vê Jesus como o Salvador cheio do Espírito, que proclama a salvação para os pobres, os indefesos e os oprimidos. O chamado Manifesto de Nazaré, colocado no início do ministério de Jesus, cita Isaías 58:6 e 61:1-2. O Manifesto ilustra a imagem que Lucas faz de Jesus como alguém preocupado com os pobres (ver, por exemplo, 14:12-4 e 16:19-31), com os pecados (por exemplo, 5:1-11 e 7:36-50), com os coletores de impostos (por exemplo, 18:9-14), com as mulheres (por exemplo, 7:11-7 e 10:38-42) e com os samaritanos (por exemplo, 9:52-6 e 10:25-37). (Os samaritanos eram descendentes do povo estabelecido na Samaria, no Rei-

Fontes para o estudo da vida de Jesus / 45

no do Norte, depois que o rei da Assíria deportou as dez tribos de Israel em 722 AEC. Eles desenvolveram práticas religiosas apartadas da corrente dominante do judaísmo e muitas vezes eram tratados como se fossem idólatras.) Era natural que Lucas enfatizasse uma tendência universalista na mensagem de Jesus, uma vez que optou por desenvolver a história das igrejas difundidas entre os pagãos. É bem provável que seu retrato de Jesus tenha sido feito a partir de lembranças históricas reais, mas foi também o talento artístico de Lucas que preservou uma imagem de Jesus como compassivo, protetor dos oprimidos e autor das maravilhosas fábulas que "exaltaram os humildes" (Lucas 1:52).

A IMAGINAÇÃO CRIATIVA

Para Lucas, o retrato de Jesus e da igreja primitiva constitui uma interpretação criativa das fontes para mostrar a difusão do Evangelho durante as duas primeiras gerações do cristianismo. Os temas que Lucas escolheu tinham a intenção de encorajar, de alertar e inspirar os peregrinos que trilhavam o caminho da fé em Jesus enquanto Messias.

Podemos exemplificar a imaginação criativa de todos os evangelistas examinando as diferentes maneiras pelas quais cada um deles conta a mesma história. Tomemos o relato da entrada triunfal de Jesus em Jerusalém, focalizando algumas semelhanças e diferenças interessantes (Marcos 11:1-10, Mateus 21:1-11, Lucas 19:29-40 e João 12:12-19). Todos os quatro Evangelhos sinópticos começam essa narrativa com Jesus enviando dois discípulos a uma aldeia próxima para pegar um jumentinho (Mateus inclui uma jumenta ao lado do jumentinho). Jesus lhes diz para pegarem o animal e, se alguém lhes perguntar alguma coisa, responderem que "o Senhor precisa dele" (deles, em Mateus). Uma interpretação moderna e racional seria a de que Jesus tinha alugado o jumento e providenciado a entrega naquela aldeia. Mas, muito provavelmente, os primeiros leitores dos Evangelhos se impressionaram com o fato de Jesus saber de antemão que lá estaria um jumentinho (ou uma jumenta e um jumentinho) e que alguns passantes perguntariam aos discípulos o que eles estavam fazendo (como acontece em Marcos e Lucas).

A razão para a curiosa referência de Mateus aos dois animais torna-se clara quando ele (ao contrário de Marcos e Lucas) cita as Escrituras hebraicas (Zacarias 9:9, de uma forma ligeiramente diferente daquela da Septuaginta que temos, juntando-as com frases de Isaías 62:1). O versí-

46 / Jesus – uma pequena biografia

culo de Zacarias menciona um "rei montado numa jumenta, num jumentinho, filho da jumenta". Ao usar esse exemplo do paralelismo hebraico, o profeta referia-se apenas a um único animal. Mateus equivocou-se nessa fonte e no uso que ela faz daquela convenção literária. Sua inclusão e sua interpretação um tanto literal do texto de Zacarias fazem parte de sua ênfase sobre Jesus como aquele que faz com que se cumpra a Lei e os Profetas. Com isso Mateus, de maneira implausível e até cômica, faz Jesus montar tanto sobre o jumentinho e como sobre a jumenta! Mas talvez o texto, quando diz "trouxeram a jumenta e o jumentinho, puseram sobre eles as capas, e Jesus montou" (21:7), refira-se às capas e não aos animais.

João não inclui a história sinóptica da presciência de Jesus, mas, como Mateus, inclui Zacarias 9:9 de forma abreviada. No entanto, ao contrário de Mateus, João caracteristicamente enfatiza que os discípulos não compreenderam o significado daquelas palavras, ou mesmo do próprio acontecimento, até depois de Jesus ter sido glorificado.

As palavras dos circunstantes são bem diferentes em cada um dos Evangelhos sinópticos (e aliás, também em João). Em Mateus (que é semelhante mas não idêntico ao relato de Marcos, ambos trazendo implícito o pano de fundo do Antigo Testamento para esse episódio), a multidão diz claramente: "Hosana ao Filho de Davi! Bendito aquele que vem em nome do Senhor! Hosana nas alturas." A referência ao Rei Davi, caracteristicamente em Mateus, liga Jesus ao passado de Israel. O relato de Lucas apresenta a multidão dos discípulos (não uma multidão de pessoas, como em Marcos e Mateus) dizendo: "Bendito o Rei que vem em nome do Senhor! Paz no céu e glória nas alturas." Há aqui uma ressonância com as palavras dos anjos aos pastores no relato de Lucas sobre o nascimento de Jesus (2:14). Entre outras diferenças de Marcos e Mateus, Lucas não inclui a expressão "hosana", provavelmente porque a língua hebraica não faria sentido para o grande público pagão que ele tinha em mente.

Instrutivamente diferente é também o contexto no qual a história é narrada nos Evangelhos, embora cada um deles a inclua no final da vida de Jesus. Tomemos como exemplo a posição de Marcos e Mateus quanto ao material. Marcos narra a entrada triunfal em Jerusalém, seguida pelo retorno a Betânia, pela maldição da figueira, a expulsão dos vendilhões do Templo e a mensagem da figueira. Mateus narra a entrada em Jerusalém a purificação do Templo e as curas milagrosas e, depois, o retorno a Betânia. Essa diferença na ordem pode parecer insignificante, mas talvez mostre Mateus como um editor mais reconfortante e positivo do seu material do que Marcos:

Fontes para o estudo da vida de Jesus / **47**

Em Marcos, temos a impressão de que se iniciou uma proclamação profética do castigo de Jerusalém. A figueira foi amaldiçoada e já começou a fenecer. Em Mateus, o acréscimo das curas messiânicas, depois da purificação do Templo, introduz um novo fator: acrescenta à profecia da destruição uma profecia de esperança.[23]

Assim, o relato da entrada de Jesus em Jerusalém e seu lugar dentro da narrativa de cada evangelista mostra a imaginação criativa de Mateus, de Marcos, de Lucas e de João. Repetindo: eles selecionaram, organizaram, editaram, elaboraram e talvez até tenham criado material para evocar a fé em Deus, como é revelada em Jesus de Nazaré. Nesse sentido, eles podem ser descritos como teólogos criativos. Mas isso não significa necessariamente que eles não tinham interesse pela exatidão histórica. Certas características em comum podem ser encontradas nesse episódio, uma das quais é o contexto em que se encerrou a vida de Jesus. Podemos, é claro, ser céticos quanto a isso, porque os outros evangelistas talvez tenham apenas seguido as pegadas de Marcos. Outro ponto em comum é a premissa implícita (explícita, em Mateus) de que Jesus é o Messias, muito embora Lucas e, particularmente, João se mostrem ansiosos em enfatizar que ele veio em paz e não como um agente da guerra. Se o próprio Jesus achava que era o Messias é outra questão, que levantaremos no Capítulo 2.

Os atuais leitores dos Evangelhos também devem exercitar sua imaginação criativa e compará-la com o saldo das probabilidades históricas. Desse modo, alguns leitores intuem que a colocação desse episódio no final da vida de Jesus representa uma lembrança histórica real dos evangelistas. Outros leitores talvez se mostrem mais céticos. De todo modo, a narrativa terá servido ao propósito dos evangelistas se ela atrair o leitor para o episódio e o fizer refletir sobre as alegações de que, em Jesus, Deus realizou Seu propósito para os seres humanos e, na verdade, para todo o mundo que Ele criou.

JESUS: UMA VIDA FORA DO CRISTIANISMO

O fato é que Jesus conquistou a imaginação de grande número de pessoas, não só dos cristãos. Ele conquistou a imaginação do profeta do Islã, Maomé (570-632) e de muitos místicos muçulmanos dos séculos seguintes.[24] Seu rosto está presente nas paredes das casas de muitos hindus piedosos dos dias de hoje, ao lado de outras divindades do panteão hin-

48 / Jesus – uma pequena biografia

duísta. Muitos sikhs, bahá'ís, budistas e membros de outras religiões vêem Jesus como um homem dotado de graça e poder carismáticos, bem diferente das pessoas comuns e medianas, embora vozes contrárias a ele se ergam entre os muçulmanos ahmadis e algumas outras pessoas religiosas e seculares.[25] O ponto de vista dessas pessoas produziu uma refração de Jesus através do prisma de suas próprias visões diferentes do mundo, e eles o têm interpretado de maneiras que visam dar significado aos contextos totalmente diferentes em que vivem.

Alguns membros de outras religiões chegaram até mesmo a pretender uma revelação direta de Jesus ou a respeito dele. Ibn al-Arabi (1165-1240), o grande místico muçulmano da Idade Média, incluiu Jesus entre seus mestres — eles teriam se comunicado por meio de visões que moldaram sua vida e seus ensinamentos sobre a "Unidade do Ser". Ele escreveu que Jesus "foi o meu primeiro mestre, o mestre por meio do qual voltei a Deus".[26] Alguns líderes espirituais da Índia alegam ter tido acesso a Jesus, com revelações. Um exemplo contemporâneo é Baba Virsa Singh, nascido na religião sikh. Na região de Gobind Sadan (uma das muitas fazendas que ele e seus seguidores fizeram nascer na terra estéril do norte da Índia), ele teve uma visão de Jesus. Hoje, uma cruz e uma estátua de Jesus marcam o local em que Jesus teria aparecido a Baba Virsa Singh. Babaji, como seus seguidores o chamam, intui e interpreta palavras de Jesus apropriadas a seu contexto atual.[27]

Nesse processo, Ibn al-Arabi, Baba Virsa Singh e outros estão bem próximos do processo pelo qual os evangelistas compilaram os Evangelhos. Há estudiosos do Novo Testamento que sustentam que algumas das frases atribuídas a Jesus foram originalmente declarações extáticas de profetas cristãos primitivos.[28] Esses profetas e as pessoas que os ouviam acreditavam tratar-se de declarações autênticas do Cristo ressuscitado, embora tivessem sido colocadas pelos evangelistas no contexto do ministério terreno de Jesus. De qualquer modo, todos aqueles que responderam a Jesus precisam exercitar a imaginação criativa para avaliá-lo, para encontrá-lo. Isso acontece quer essas pessoas tenham habitado a Síria ou a Roma do primeiro século, quer residam na Índia ou nas Américas nesta virada do terceiro milênio desde que ele, um obscuro artesão da Galiléia, viveu e morreu.

NOTAS

1. Tácito 1971, 365.
2. Para maiores detalhes, ver Whittaker 1984, 146-9.
3. Suetônio 1957, 197.
4. Whittaker 1984, 149.
5. Grant R. M. 1971, 100-2.
6. Josefo 1965, 49s.
7. Kee 1990, 7s.
8. Theissen e Merz 1998, 76-9.
9. Jeremias 1964, 111-18.
10. Davies 1983, *passim*.
11. Ver, por exemplo, Funk *et al.* 1993, 15s.
12. Crossan 1991, 230.
13. Altizer 1997, 37.
14. Crossam 1991, 427-50. Koester 1990, XXX.
15. Jeremias 1964, 7, 36.
16. Esse trabalho é encontrado em Sparks 1964.
17. Spong 1996, XIV.
18. Grant R.M. 1963, 116.
19. Hooker 1991, 3. Meu resumo no parágrafo anterior deve muito ao trabalho da Prof[a.] Hooker.
20. Estou inclinado a considerar que os Evangelhos são um novo gênero literário. Há um amplo debate a esse respeito. Um bom resumo do tema é encontrado em Brown R. E. 1997, 102-7.
21. Para um relato detalhado da possível associação de Pedro com o Evangelho de Marcos, ver Hooker 1991, 5-8.
22. Ver, por exemplo, Perrin 1974, 200-5.
23. Jones 1994, 127.
24. Os muçulmanos não formulariam a minha frase exatamente da maneira como a escrevi. Para eles, é Deus, não Maomé, o autor da Escritura islâmica — o Alcorão, que contém informações fascinantes sobre Jesus. Para maiores detalhes, ver Capítulo 5.
25. Para maiores detalhes, ver Capítulo 5.
26. Addas 1993, 39.
27. Forward 1998c, 18-21.
28. Perrin 1974, 46s.

Capítulo 2

"Quem vós dizeis que eu sou?"

Certa ocasião, Jesus perguntou aos seus seguidores mais chegados: "Quem o povo diz que eu sou?" Os discípulos lhe ofereceram várias respostas: João Batista,[1] Elias, um dos profetas. Mas Jesus os pressionou, pedindo uma resposta pessoal: "E vós, quem *vós* dizeis que eu sou?" (Marcos 8:27-30; Mateus 16:13-20; Lucas 9:18-20). Esse episódio vem enfatizar que teologia e História estão entrelaçadas nos Evangelhos. Contudo, alguns estudiosos conservam a esperança de que se possa desemaranhar da teologia uma história de Jesus.

Este capítulo examina resumidamente a busca pelo Jesus histórico. Tentamos aqui reconstruir tudo o que se pode saber de sua vida, para depois examinar quais alegações teológicas os evangelistas fazem em nome dele. Nesse processo, vamos verificar se Jesus fez alguma alegação por si mesmo ou se sugeriu, não dentro de si mas no mundo exterior, o caráter de Deus e Sua vontade para a humanidade.

A BUSCA PELO JESUS HISTÓRICO

O iluminismo europeu estimulou alguns estudiosos a tratar a Bíblia da mesma maneira como tratariam qualquer outro livro, submetendo-a à crítica histórica e a outras ferramentas eruditas que na época estavam sendo criadas ou aprimoradas. Em sua fase inicial, a busca pelo Jesus histórico assumia que a pessoa poderia atravessar os labirintos do mito e da

"*Quem vós dizeis que eu sou?*" / 51

lenda para encontrar uma figura livre de acréscimos teológicos e miraculosos. Essa busca dificilmente teve a objetividade alegada por muitos dos que a praticaram. Ela refletia as convicções do iluminismo. Uma dessas convicções era que os milagres não podem acontecer dentro de um universo ordenado e mecânico. Outra era que, embora fosse razoável mostrar Jesus como uma figura heróica de extraordinária integridade, não seria racional associá-lo a Deus da maneira feita nos Evangelhos nem atribuir-lhe feitos miraculosos. Muitas "vidas de Jesus" escritas no século XIX e início do XX simplesmente refletem os valores liberais e iluministas de seus autores. Quando um acadêmico de Cambridge publicou uma dessas obras, um seu colega observou acidamente que ele escrevera sua autobiografia e, por razões inexplicáveis, lhe dera o título de *O Jesus da História*. A principal crítica de todo esse gênero literário foi feito com brilhantismo por Albert Schweitzer (1875-1965) em seu livro *A Busca pelo Jesus Histórico* (1906, original alemão; 1910, primeira tradução inglesa). Schweitzer escreveu que "cada época sucessiva da teologia encontrou seus próprios pensamentos em Jesus (...) Cada pessoa criou Jesus segundo seu próprio caráter".[2]

A seguir, nasceu na Alemanha uma fase de busca por Jesus que enfatizava o Cristo da fé e não o Jesus da História. Essa fase estava ligada ao trabalho de Rudolph Bultmann. Para ele, a fé era um fenômeno pós-Páscoa que matizava os relatos dos evangelistas até o ponto em que se tornava quase impossível vislumbrar qualquer informação substancial sobre Jesus. Não havia ali o suficiente para embasar a fé. Por isso, a fé deveria ter como base o *kerygma* (a proclamação) sobre Jesus feito por Paulo e outras testemunhas dos primeiros tempos. Embora alguns estudiosos tenham tentado bravamente descrever e confirmar as credenciais de Bultmann como historiador, a verdade é que a posição dele parece sugerir que a História não tem maior importância. Isso faz lembrar a frase de Mohandas Karamchand Gandhi (1869-1948), o *Mahatma* ou "grande alma" da Índia moderna, de que o Sermão da Montanha possui valor quer Jesus o tenha ou não pronunciado, ou quer Jesus tenha ou não existido.[3] Os cristãos, de modo geral, não se sentem capazes de tratar a História com esse nível de indiferença.

E é precisamente porque a maioria dos cristãos não consegue fugir da História — seja por razões acadêmicas ou pietísticas — que surgiram, desde o apogeu de Bultmann, várias tentativas cautelosas de embarcar em novas buscas pelo Jesus histórico. Um dos mais notáveis alunos de Bult-

52 / Jesus – uma pequena biografia

mann, Ernst Käsemann, começou a nova busca em 1953 durante uma palestra a outros "bultmannianos" sobre "O problema do Jesus histórico". Käsemann e outros se concentraram em tentar redescobrir o ensinamento de Jesus e sua coerência com as primeiras proclamações da igreja.[4] Desde então, aquilo que poderia ser considerado uma terceira busca (começando nos anos 70 do nosso século, especialmente com os trabalhos de Geza Vermes e Ed Sanders) concentrou-se em recuperar o lado judeu de Jesus. Sanders, em particular, perguntava-se o que Jesus tinha feito; em conjunto, Sanders e Vermes especulavam sobre o tipo de judeu que Jesus teria sido. Trabalhos recentes de outros autores utilizaram muito ferramental antropológico e sociológico. Nos dias de hoje, o rio da pesquisa sobre a vida de Jesus conta com muitos tributários significativos.

Uma interessante maneira recente de examinar a verdade histórica dos Evangelhos é aquela seguida pelo Jesus Seminar. Seus membros decidem sobre o valor histórico das palavras de Jesus ou dos incidentes de sua vida votando com contas feitas de plástico: a conta vermelha significica "eu acredito que esse trecho do Evangelho é autêntico"; a rosa indica "talvez"; a cinza, "provavelmente não"; e a conta preta quer dizer "decididamente não".[5] Esse método não está baseado nos princípios da democracia norte-americana, mas foi tirado da prática dos comitês de tradução, como os comitês da United Bible Society que votam a respeito de edições críticas do texto grego do Novo Testamento.[6] A crítica, sem dúvida, pode ser feita por esse método. Claro que parece estranho pensar que a verdade seja provada ou refutada pelo voto da maioria, mesmo que se trate de especialistas no assunto. De todo modo, chama nossa atenção o fato de cristãos comprometidos estarem dispostos a aceitar a crítica histórica como ferramenta séria com a qual interpretar os Evangelhos.

Os membros do Jesus Seminar duvidam totalmente do valor histórico do Evangelho de João. Nenhuma das palavras de Jesus no quarto Evangelho merece uma conta vermelha; só uma delas (João 4:44) recebe a conta rosa.[7] Por outro lado, numerosas frases do Evangelho de Tomé merecem contas vermelhas ou rosa, embora somente uma única forma supostamente mais autêntica de algo dito por Jesus seja encontrada em Tomé e não nos Evangelhos canônicos — a forma do relato sobre o grão de mostarda em Tomé (Logion 20:2-4) é considerada digna de uma conta vermelha, enquanto todos os relatos sinópticos recebem contas rosa (Marcos 4:30-32; Mateus 13:31-32; Lucas 13:18-20).[8]

"*Quem vós dizeis que eu sou?*" / 53

Talvez muitos estudiosos do Novo Testamento, não só os do Jesus Seminar, se mostrem demasiado prontos a adotar uma atitude cética em relação ao Novo Testamento. É interessante notar que muitos estudiosos da Antigüidade são bem mais generosos quanto ao valor histórico de suas fontes do que os acadêmicos do Novo Testamento. Um desses notáveis estudiosos, Michael Grant, ex-reitor de Cambridge e vice-reitor da Queen's University de Belfast, escreveu recentemente um livro sobre Simão Pedro, o discípulo, que poucos acadêmicos do Novo Testamento se sentiriam capazes de escrever. (Grant já havia escrito livros sobre Jesus, Paulo e sobre outros temas mais seculares do Império Romano.) Ele aceita a exatidão de muitos relatos de Pedro no Novo Testamento com mais facilidade que a maioria dos estudiosos do Novo Testamento. Sempre se pode argumentar, é claro, que Grant confunde os objetivos e preocupações de suas fontes. Em seu livro, todavia, há uma seção intitulada "Como se obtém informações?", na qual ele discute os problemas da pesquisa e das fontes; sua pesquisa dessas áreas não é, de modo algum, um trabalho acrítico.[9] Na verdade, muitos estudiosos do Novo Testamento poderiam ser criticados por leigos inteligentes pelo erro de considerarem pesquisa histórica uma análise textual detalhada — um exemplo clássico de confundir os meios com os fins. Alguns deles até poderiam ser censurados por retrojetarem concepções filosóficas iluministas nas evidências do primeiro século que eles esquadrinham e avaliam. Muitos exegetas bíblicos nem sempre se mostram sensíveis aos costumes, às práticas ou ao "espírito" do mundo no qual entraram como investigadores honestos. (No Capítulo 4, daremos um exemplo disso com referência ao pano de fundo judaico da vida de Jesus. Além disso, o Capítulo 5 discute as reservas dos muçulmanos sobre a suposta irreligiosidade de muitas pessoas envolvidas na crítica histórica das Escrituras.)

Há alguns livros cuja erudição disciplinada, porém imaginativa, permite que o leitor exercite sua própria imaginação criativa. Um dos melhores livros recentes sobre Jesus é *The Shadow of the Galilean*, de Gerd Theissen (1986; tradução inglesa, 1987). Você o lê como se fosse um romance. O narrador é um jovem judeu do primeiro século, chamado Eréias, que se sente atraído por pessoas cujas vidas foram tocadas por Jesus. Jesus nunca aparece no livro, mas sua sombra [*shadow*] está em toda parte. Embora escrito como romance narrativo, a pesquisa e as notas de rodapé são meticulosas. Usando o expediente de se corresponder com

54 / *Jesus – uma pequena biografia*

um fictício Dr. Kratzinger no final de cada capítulo, Theissen consegue justificar o uso de fontes contemporâneas para construir sua narrativa.

O livro de Theissen é um exemplo extraordinário de que é possível localizar certos fatos históricos sobre a vida e a época de Jesus, mesmo que estejam envoltos em teologia, propaganda ou outras vestes. Além disso, localizar esses fatos leva-nos a ser desafiados pelas afirmações teológicas e especialmente cristológicas: o que Deus estaria realizando na vida, morte e ressurreição de Jesus? Isso deixa cada leitor com a pergunta: Quem *você* diz que eu sou?

A VIDA DE JESUS: UM ESBOÇO

O que então se poderia afirmar sobre a vida de Jesus? Esta seção oferecerá um esboço da vida de Jesus, deixando alguns aspectos para serem desenvolvidos mais adiante.

Mateus (2:1) e Lucas (1:5) nos dizem que Jesus nasceu durante o reinado de Herodes, o Grande. Se assim foi, o que parece provável, deve ter sido pouco antes da morte do rei, em 4 AEC.[10] Jesus foi criado na aldeia de Nazaré, na Galiléia (Marcos 1:9; Mateus 2:23; Lucas 1:26; João 19:19). O nome de seu pai era José (Mateus 1:16; Lucas 3:23; João 1:45). Sua mãe se chamava Maria (Marcos 6:3; Mateus 13:55; Lucas 1:27). Ele tinha irmãos: Tiago, Judas e Simão, e algumas irmãs (Marcos 6:3; Mateus 13:55). Jesus era o primogênito (Lucas 2:7) e talvez exercesse, como seu pai José, o ofício de carpinteiro (Marcos 6:3 o descreve como "o carpinteiro"; Mateus 13:55 chama Jesus de "o filho do carpinteiro" e talvez esteja deliberadamente corrigindo Marcos nesse ponto). Embora os Evangelhos (como todo o restante do Novo Testamento) tenham sido escritos em grego, Jesus falava aramaico, como os outros galileus de sua época. Não sabemos se ele chegou a se casar. Não se pode argumentar seriamente que ele preferiu não se casar devido à sua vida itinerante. Essa vocação provavelmente lhe surgiu de súbito, talvez no final da casa dos 20, e antes disso ele poderia facilmente ter-se casado. Sabemos com certeza que seu discípulo mais famoso, Pedro, era casado, porque sua sogra é mencionada no início do Evangelho de Marcos (1:30; ver também I Coríntios 9:5). É provável que o chamado de Jesus tenha suplantado todos os outros compromissos, inclusive os laços de família (Marcos 4:31-35; Mateus 8:22; Lucas 9:60).

"Quem vós dizeis que eu sou?" / **55**

É provável que Jesus tenha sido, antes de tudo, um discípulo de João Batista, deixando-o devido a certas divergências fundamentais sobre as exigências feitas por Deus aos seres humanos. João enfatizava o julgamento iminente e cataclísmico, só evitado pelo batismo do arrependimento. Jesus acreditava num Deus do perdão, mesmo para os pecadores. E então seguiu seu próprio caminho.

Segundo Lucas (3:1), João apareceu no deserto "no décimo quinto ano do império de Tibério César, sendo Pôncio Pilatos governador da Judéia". Tibério tornou-se imperador de Roma em setembro do ano 14 EC, com a morte de Augusto. Com isso podemos datar o aparecimento de João e, logo depois, o de Jesus, entre agosto de 28 EC e agosto de 29 EC. Mas Tibério tinha sido co-governante na região leste do Império Romano durante três anos, antes de assumir plenos poderes. Devido a esse fato e levando em conta vários calendários, Lucas poderia estar se referindo a qualquer data entre janeiro de 26 EC e abril de 30 EC. Lucas também diz (3:23) que Jesus tinha cerca de 30 anos quando começou seu ministério, mas fica claro que se trata de um arredondamento que deve ser tratado com certa cautela. No Evangelho de João (8:57), os judeus dizem que Jesus ainda não tinha 50 anos de idade, outro número arredondado. Considerando que Jesus nasceu no final do reinado de Herodes, o Grande, a estimativa de Lucas parece razoável.

A duração do ministério de Jesus também é incerta. João menciona pelo menos três festas de Páscoa (2:13, 6:4 e 11:55), deixando implícita talvez uma quarta (5:1). Isso significaria que Jesus levou um vida itinerante por cerca de três anos. Os Evangelhos sinópticos mencionam apenas uma festa de Páscoa, e os leitores provavelmente deduziriam daí um ministério mais curto, de alguns meses ou um ano.

Talvez se possa obter alguma ajuda a partir da data da morte de Jesus. Os quatro Evangelhos a localizavam por volta da festa de Páscoa e numa sexta-feira (Marcos 15:42; Mateus 27:62; Lucas 23:54; João 19:31 e 19:42). João (que não registra uma Última Ceia) pressupõe que se estava no 14º dia do mês de Nissan, no calendário judaico, o dia de preparação para o Pessach [a Páscoa judaica] que começaria ao cair da noite (18:28 e 19:31). Os Evangelhos sinópticos sugerem que Jesus morreu no 15º dia de Nissan, já que a Última Ceia de Jesus e seus discípulos fora uma refeição de Páscoa, que deveria ter-se realizado na noite do 14º dia de Nissan (Marcos 14:16; Mateus 26:19; Lucas 22:13). João poderia estar enfatizando o ponto teológico de que Jesus é o verdadeiro Cordeiro

56 / *Jesus – uma pequena biografia*

Pascal, morrendo na hora em que os cordeiros de Pessach eram sacrificados no Templo. Em seu relato, os soldados não quebram as pernas de Jesus, cumprindo-se assim a profecia do Antigo Testamento sobre o Cordeiro Pascal: "Não lhe quebrareis osso algum" (João 19:36; Êxodo 12:46). Contudo, os relatos sinópticos também têm motivação teológica. Eles permitem que a Última Ceia, refeição comemorativa da Nova Aliança, seja mostrada como a substituta da refeição de Pessach da Antiga Aliança ou, pelo menos, moldada sobre ela. É difícil, portanto, escolher entre os relatos.

Se João estiver certo, então nos anos em que o ministério de Jesus poderia ter ocorrido, o 14º dia de Nissan provavelmente cairia numa sexta-feira em 30 EC e em 33 EC. Se os relatos sinópticos estiverem corretos, então o 15º dia de Nissan foi provavelmente uma sexta-feira nos anos 27 EC e 34 EC (e possivelmente, embora menos provável, em 31 EC). Tudo considerado, a data mais provável da morte de Jesus é 7 de abril de 30 EC, porque o ano 27 EC seria cedo demais, enquanto os anos 33 e 34 seriam um tanto tarde.[11] Se essa data for correta, então os autores sinópticos estavam certos ao afirmar que o ministério de Jesus provavelmente teve duração mais curta, mas ainda assim João estaria certo quanto ao momento de sua morte. Mas essa é apenas uma hipótese razoável.

Mais do que oferecer dados históricos, as molduras criadas pelos evangelistas sinópticos e por João para a carreira de Jesus refletem claramente preocupações teológicas. É impossível, portanto, construir um itinerário verossímil do ministério de Jesus, um relato ordenado do que ele fez e aonde foi, exceto, como veremos, durante a sua última semana de vida. Contudo, é possível deduzir algumas ocorrências prováveis e mesmo a provável ordem na qual elas aconteceram. No início, Jesus chamou doze apóstolos; seus nomes variam de um Evangelho para outro e não se pode harmonizá-los de modo verossímil (Marcos 3:13-19; Mateus 10:1-4; Lucas 6:12-16); muitas outras pessoas também o seguiram. Ele ensinou por parábolas. Embora algumas destas reflitam situações urbanas, a maioria surge de situações rurais. Nazaré ficava a apenas seis quilômetros de Séforis (reconstruída como importante centro urbano por Herodes Antipas, depois de sua destruição em 4 EC). A ausência de Séforis e da nova capital construída por Herodes em Tiberíades (há três referências indiretas a Tiberíades em João 6:1, 6:23 e 21:1) nas páginas dos Evangelhos indica que Jesus se dirigia principalmente ao povo da área rural. Embora a província natal de Jesus fosse chamada de "Galiléia dos gen-

"Quem vós dizeis que eu sou?" / 57

tios" (Isaías 8:23, citado em Mateus 4:14), a maior parte da população era judia, baseando a vida na Torah. Mesmo sendo governada por um rei judeu vassalo de Roma, a Galiléia sofria tanta tensão política, religiosa e social quanto as demais regiões da Palestina.

O domínio romano não era aceito com serenidade pelos judeus. Durante a vida de Jesus, houve muitas revoltas, ou revoltas potenciais, em áreas sob domínio direto e indireto dos romanos. Por exemplo, os romanos depuseram o rei vassalo Arquelau no ano 6 e impuseram domínio direto sobre a Judéia e a Samaria. Um recenseamento, na época em que Quirino era o legado da Síria (provavelmente aquele registrado no relato de Lucas [2:2] sobre o nascimento de Jesus, mas equivocadamente situado por ele alguns anos antes), formou a base para um sistema de taxação naquelas terras, com os impostos sendo pagos diretamente a Roma. Judas, o Galileu, combateu a taxação com dois argumentos: somente Deus governa e, por isso, nenhum outro governante há de ser reconhecido; e os seres humanos devem trabalhar para estabelecer o governo único de Deus. Aos olhos romanos, isso era uma rebelião. Na prática, por certo, as palavras de Judas significam que não se deve pagar imposto algum. Não está claro se Judas chegou a criar algum movimento de resistência ativa contra Roma, mas sua ideologia ajudou os rebeldes que vieram depois a justificar suas insurreições. Atos 5:37 afirma que Judas, o Galileu, sofreu morte violenta. O protesto de Judas é um bom exemplo de como a política e a religião se misturavam no judaísmo do primeiro século. Não é de admirar que Jesus, com seu ensinamento sobre o reinado de Deus, fosse objeto tanto de suspeitas quanto de esperança. Foi nesse contexto potencialmente explosivo que ele ensinou e curou.

Os relatos sinópticos sobre a última semana de vida de Jesus, alcançando o clímax com sua morte e o que veio a seguir, parecem relativamente ordenados e coerentes. É natural que um momento tão importante fosse relembrado e narrado de maneira conexa na Igreja primitiva. Nos últimos dias de seu ministério, Jesus subiu a Jerusalém para a refeição de Páscoa. Entrou na cidade montado num jumento, provavelmente numa reivindicação, embora implícita, de ser o Messias. Foi ao Templo, onde derrubou as mesas dos cambistas e daqueles que vendiam animais para o sacrifício. Mais tarde nessa semana, pouco antes de ser preso, ele dividiu uma refeição com seus discípulos. É provável que essa refeição fosse um ato simbólico, formando um novo centro de vida religiosa para substituir o comprometido culto no Templo.

58 / Jesus – uma pequena biografia

Esses acontecimentos trazem consigo o bafejo da morte, mesmo que os vejamos a partir da nossa distante perspectiva de hoje. Jesus certamente sabia que suas ações atrairiam a desaprovação romana e talvez levassem à sua prisão e execução. É possível que ele tenha interpretado seu papel messiânico à luz da sua visão de si mesmo como O Filho do Homem, que sofre para trazer o Reino de Deus. Ele talvez até se imaginasse como o Servo sofredor de Isaías 52:13 e 53:12. Essa idéia encontra eco em Marcos 10:45, onde Jesus, como o servo dos velhos tempos, pensa em "dar a vida pela redenção de muitos". Além disso, seu silêncio diante de Pilatos (João 19:9) relembra o mutismo do servo, "como ovelha muda diante dos tosquiadores" (Isaías 53:7). Mas é provável que a imagem de Jesus como Servo sofredor tenha sido criada pela igreja dos primeiros tempos (ver, por exemplo, Atos 8:32-34), cujas platéias judaicas e gentias compreendiam melhor a significação de Jesus enquanto Servo do que sua designação como Filho do Homem.

Não resta dúvida de que os evangelistas exageraram o impacto da última semana de vida de Jesus. Segundo Lucas (24:18), Cléofas e seu companheiro a caminho de Emaús não reconheceram Jesus quando este se aproximou deles e o repreenderam com estas palavras: "És tu o único forasteiro em Jerusalém que ainda não sabe o que aconteceu nestes dias?" Mas também é possível subestimar o impacto das ações de Jesus. Suas ações certamente fizeram cair sobre sua cabeça a ira das autoridades romanas. Estas o teriam visto como um desordeiro, exatamente na época em que muitas pessoas iam a Jerusalém para as festas, e qualquer perturbação baseada em sensibilidades religiosas era o que eles menos queriam. Jesus foi preso à noite, quando apenas uns poucos de seus seguidores estavam ao seu lado. E estes fugiram. Ele foi rapidamente interrogado por alguns líderes religiosos e então levado a Pilatos, que teria inutilmente tentado persuadir Herodes a cuidar da questão. Jesus foi condenado, executado e enterrado.

Esta seção resumiu tudo aquilo que se pode conhecer, com segurança, sobre o Jesus histórico. Os relatos terminam, instigantemente, com a crença de seus seguidores de que Deus o ressuscitara dentre os mortos; eis aí outro exemplo da simbiose entre História e teologia, nos primeiros dias da Igreja. Pois bem, qual é a luz que os relatos dos evangelistas lançam sobre estas duas questões: quem eles acreditavam que Jesus fosse e o que eles supunham que Jesus teria realizado? Mas haverá algum meio de analisar a própria percepção de Jesus sobre essas questões?

OS RELATOS DO NASCIMENTO DE JESUS

Somente Mateus (nos capítulos 1 e 2) e Lucas (também nos dois primeiros capítulos) registram o nascimento de Jesus. Marcos começa seu Evangelho falando de Jesus e João Batista. Por sua vez, o Evangelho de João abre com a afirmação sobre o Verbo Divino que se faz carne em Jesus. É possível, embora extremamente improvável, que João 1:13 seja uma alusão ao fato de Jesus ter nascido de uma virgem; ele se refere aos filhos de Deus, "os quais não nasceram do sangue, nem da vontade da carne, nem da vontade do homem, mas de Deus" — isso, até certo ponto, corresponde ao tradicional ensinamento da Igreja sobre o nascimento de Jesus. Mesmo se fosse um eco da narrativa sobre o nascimento virginal de Jesus, João não se mostra suficientemente interessado no assunto para desenvolvê-lo.

Os relatos de Mateus e Lucas apresentam mais diferenças do que semelhanças. Mateus fala da estrela que conduz os reis magos até Jesus. Jesus nasce em Belém (Mateus deixa implícito que essa é sua cidade natal) e depois sua família foge para o Egito, escapando à ira do rei Herodes. A fuga ocorre no tempo justo de escapar à matança dos meninos de até 2 anos em Belém e nos arredores. A figura central da narrativa é José; Maria não diz uma só palavra. Mateus traça a genealogia de Jesus até Abraão e Davi. Isso enfatiza a significação de Jesus como "Rei dos Judeus" para o povo hebreu, como cumprimento das promessas feitas a eles por Deus. A família volta do Egito depois da morte de Herodes, mas se estabelece em Nazaré, não em Belém.

No Evangelho de Lucas, Maria e José vivem em Nazaré e Jesus nasce no pátio de uma hospedaria (assim deixa implícito Lucas) de Belém, para onde seus pais tinham ido durante o recenseamento ordenado por Quirino, governador da Síria. Em vez da estrela que guia os reis magos até Jesus, Lucas diz que um anjo se apresenta aos pastores e os leva até o Menino. Não há nenhuma menção do massacre de bebês do sexo masculino. A figura central é Maria; José não diz uma só palavra. O relato de Lucas enfatiza a situação de Jesus como vítima marginalizada da sociedade, ecoando o tema evangélico da compaixão de Jesus por pobres e indefesos. Os pais de Jesus o levam ao Templo, perto de Jerusalém, onde Simeão o abençoa e declara que ele é "a luz para iluminação das nações [os pagãos] e para glória de teu povo, Israel" (2:32).

É possível buscar uma base histórica para parte do material encontrado nas narrativas do nascimento de Jesus. A estrela de Belém, por

60 / *Jesus – uma pequena biografia*

exemplo, poderia ser o resultado de dois acontecimentos. Alegou-se que houve uma conjunção de Júpiter e Saturno no signo de Peixes, a qual foi observada três vezes no ano 7 AEC.[12] Por outro lado, os astrólogos chineses relataram que um cometa foi visível em março do ano 5 AEC e em abril do ano 4 AEC. Já mencionamos o equívoco de Lucas quanto à data e natureza do censo realizado por Quirino (não se tratou, certamente, de "um decreto ordenando o recenseamento de toda a terra", como afirma Lucas 2:1). Como Lucas e Mateus apresentam relatos bem diferentes que dificilmente podem ser reconciliados, seria um exercício inútil tentar encontrar concordância onde não se buscou concordância ou onde nenhuma realmente existia. Talvez a referência de Mateus a um fenômeno astrológico e a menção de Lucas a um recenseamento traduzam lembranças de eventos reais que aconteceram suficientemente próximos do nascimento de Jesus, a ponto de se associarem na imaginação popular. Afinal, é comum na história das religiões considerar milagrosos os acontecimentos que cercam o nascimento de um líder religioso. Por exemplo, desde o início da história do Islã há relatos de que a concepção de Maomé estava envolta em elementos sobrenaturais.[13]

Os membros do Jesus Seminar considerariam esses relatos como material "educativo", inteiramente criado pela comunidade primitiva, e é provável que estejam certos. É bastante razoável sugerir que:

> A concepção virginal, a viagem para Belém, o nascimento numa manjedoura, os pastores, a estrela guiando os magos e a matança das criancinhas por ordem de Herodes não sejam fatos da História, mas imagens e metáforas usadas pelos primeiros cristãos para falar da importância de Jesus.[14]

Essa passagem prossegue propondo que "as imagens e metáforas dos relatos do nascimento (de Jesus) são fortemente verídicas, embora não sejam historicamente factuais". As probabilidades de Jesus ter nascido em Nazaré ou em Belém estão bem equilibradas, apesar de a primeira parecer mais provável. Pode ser que Mateus e Lucas tenham enfatizado que Jesus nasceu em Belém para harmonizar sua origem com as afirmações de que ele era um descendente de Davi, de que era o Messias profetizado, como o consideravam (ver Miquéias 4:2-5). O Evangelho de João não menciona a tradição de que Jesus teria nascido em Belém; parece assumir que ele "saiu" de Nazaré (1:46). João 7:42 indica que parte da

"Quem vós dizeis que eu sou?" / **61**

multidão que ouvia Jesus duvidava que o Messias pudesse vir de Nazaré e não da Galiléia (de onde Jesus realmente veio). Isso confirmaria que João não sabia ou não se deixou convencer pela crença tradicional de que Jesus nascera em Belém. Ou talvez fosse um belo exemplo da ironia de João: pouco importa se os céticos acreditam que Jesus nasceu em Belém, o importante é que acreditem em Jesus por outras e maiores razões! Alguns leitores talvez se sintam frustrados com esse método de escrita criativa, alegando que fatos são fatos e devem, por si sós, ser aceitos como válidos e autênticos. Esse ponto de vista é um exagero do Ocidente moderno. A literatura e as artes oferecem exemplos de verdades que geralmente são bem maiores que a mera exatidão factual. Por exemplo, os romances de Charles Dickens sobre as depravações sociais e econômicas da Inglaterra no início e meados da Era Vitoriana revelam verdades sobre o comportamento humano. Perguntar se Oliver Twist ou Ebenezer Scrooge realmente existiram seria um equívoco. Alguém então retruca que todo mundo sabe como funciona um romance e não espera encontrar ali exatidão factual, embora um romance possa comover o coração humano e revelar intensamente a condição humana. A resposta a essa crítica seria que os leitores deveriam reconhecer que os Evangelhos são, até certo ponto, um tipo novo e especial de literatura. Eles são uma mistura de exatidão factual, desenvolvimento imaginativo e reflexão interpretativa, escritos para evocar e sustentar a fé em Jesus como mensageiro de Deus.

A arte, a poesia, a música e muitas outras formas de expressão humana interpretaram temas das narrativas do nascimento de Jesus: a Madona e o Menino (como a Madonna Litta, de Leonardo da Vinci, que aparece na capa deste livro); a visita dos pastores ou dos reis magos; a fuga para o Egito e outros temas. Mesmo um cético como o compositor francês Hector Berlioz (1803-1869) encontrou uma linguagem musical específica para seu *L'enfance du Christ* — bem distante de seu conhecido estilo grandioso —, que nos comove e arrebata pela simplicidade e profundidade. É um caso em que a imaginação criativa consegue sondar verdades, algo que os fatos nunca fariam.

Uma das imagens mais poderosas nas narrativas do nascimento de Jesus é, ironicamente, a da morte. Em Mateus, o velho rei Herodes, já perto da morte, manda matar as criancinhas inocentes e indefesas a quem vê como rivais. Em Lucas (2:26 e 2:35), Simeão, sabendo por revelação divina que não morreria sem primeiro ver o Messias, diz a Maria que o fi-

62 / Jesus – uma pequena biografia

lho dela causaria a queda e a elevação de muitos em Israel: "e quanto a ti, mulher, uma espada te atravessará a alma".

Alguns escritores imaginativos intuíram, nos relatos do nascimento do Messias, a morte dos velhos estilos de vida e até mesmo a morte real. Dois exemplos brilhantes, um extraído de Mateus e outro de Lucas, aparecem na poesia de T. S. Eliot. Em *Jornada dos Magos*, um dos reis magos reflete muitos anos depois:

Seguimos esse caminho para
o Nascimento ou a Morte?
Houve um Nascimento, por certo,
tivemos provas, não duvidamos.
Eu vi nascimento e morte, mas pensei
quão diferentes eram; este Nascimento foi
para nós árdua e amarga agonia,
como a Morte, a nossa morte.
Retornamos às nossas terras, a estes Reinos,
Mas aqui não nos sentimos mais em casa,
na velha religião,
com um povo estranho agarrado a seus deuses.
Eu alegremente enfrentaria outra morte.

E em *Uma Canção para Simeão*, Eliot faz Simeão refletir:

Antes da hora das cordas, açoites e lamentações,
concede-nos tua paz.
Antes das estações do monte da desolação,
antes da hora do pesar materno,
agora, nesta estação de nascer e morrer,
deixa o Menino,
a Palavra ainda não dita nem por dizer,
conceder a consolação de Israel
a este que tem oitenta anos e nenhum amanhã.[15]

Eliot encontrou um grande tema nas próprias narrativas do nascimento de Jesus. Desde o início da vida de Jesus, dizem-nos essas narrativas, vida e morte estão indissoluvelmente ligadas. Esse é um ponto teológico, também apresentado por Paulo de maneira convincente e comovente, embora um tanto diversa (por exemplo, Segunda Epístola aos Coríntios 4:7-12).

Outro ponto teológico apresentado por Mateus e Lucas em seus relatos do nascimento de Jesus é o maravilhoso poder de criação e re-criação de Deus. A história do nascimento virginal ofende os liberais modernos porque parece depreciar o amor sexual humano. Não era esse o ponto do relato original, embora seja fácil compreender como os estudiosos do Novo Testamento, numa sociedade pós-vitoriana e pós-permissiva como a Inglaterra, assim o entendiam no texto original. Os dois evangelistas, pelo contrário, e sem dúvida as tradições nas quais cada um deles buscou inspiração para seus relatos, estavam atentos à história da criação original do mundo por Deus, pelo poder de Sua palavra, registrada no capítulo 1 do Gênesis. Assim como Deus realizou no início um grande ato de criação, também em Jesus Deus cria uma nova e poderosa possibilidade para os seres humanos responderem, se arrependerem e viverem em Sua presença paterna e onipotente. Paulo enfatiza esse ponto de maneira claramente teológica em Colossenses 1:15-20, por exemplo. Também João enfatiza esse ponto, de modo altamente culto e teológico, na abertura de seu Evangelho (1:1-18), afirmando que o Verbo divino da criação, que ilumina todos os seres humanos, se fez carne em Jesus, em quem se revelam a graça e a verdade. Nesse trecho e em outros, João entrelaça maravilhosamente a narrativa e a teologia; Paulo, por seu lado, é um teólogo pastoral que escreve epístolas de instruções, exortação e encorajamento às congregações cristãs. Todavia, a genialidade dos Evangelhos sinópticos está em enfatizar pontos teológicos convincentes e transformadores com narrativas, como o próprio Jesus fazia, narrativas que só são compreendidas pelas pessoas dotadas de discernimento, aquelas "que têm ouvidos para ouvir" (Marcos 4:9; Mateus 11:15; Lucas 8:8).

O BATISMO E O CHAMADO DOS DISCÍPULOS

João Batista aparece no início de todos os Evangelhos. Ninguém precisa duvidar que ele tenha existido, que batizava seus seguidores no rio Jordão e que foi preso e executado por Herodes Antipas. Josefo refere-se a João Batista em seu livro *Antigüidades* (18:116-119), mesmo que, à sua moda característica e com toda improbabilidade, o tenha transformado num mestre helenista de virtude. Josefo tinha esse hábito de "recriar" pessoas e acontecimentos dentro de moldes adequados às suas platéias romanas, quase todas elas pagãs.

64 / *Jesus – uma pequena biografia*

Os autores dos Evangelhos mostram-se embaraçados diante de João Batista. Todos eles, especialmente o quarto evangelista, dão ênfase especial ao fato de Jesus ser muito maior que João Batista. Este sai de cena tão logo tem início o ministério de Jesus. Os relatos de Marcos e Mateus (Marcos 6:14-29; Mateus 14:1-12; ver também Lucas 3:19-20 e 9:7-9) registram que a morte de João Batista foi ordenada pela mulher do rei Herodes Antipas. João havia censurado Herodes por desposar Herodíades, ex-mulher de seu irmão Filipe (Marcos 6:17; Mateus 14:3). Quando a oportunidade surgiu, Herodíades vingou-se fazendo João Batista ser executado. Esse relato não coincide com o de Josefo: este registra que Herodíades era casada com um certo Herodes e que a filha deles, Salomé, desposara o Tetrarca Filipe.[16] Os complicados assuntos familiares dos descendentes de Herodes, o Grande, não aparecem no relato de Josefo sobre a morte de João Batista. O que ele conta é que João foi preso e morto por ordem de Herodes, para que sua eloqüência não acabasse fomentando a revolta popular.[17]

De todo modo, as carreiras de João Batista e de Jesus não formaram uma transição ininterrupta do ministério de um ao do outro, de uma figura menor para uma maior, do precursor ao Messias, como talvez os Evangelhos pareçam indicar. Lucas (1:36) diz que João e Jesus eram aparentados, mas isso é altamente improvável. Seu propósito parece ter sido o de harmonizar as duas figuras, com a carreira de Jesus começando e completando a de João Batista, depois que este foi preso (Lucas 3:15-17; Marcos 1:14; Mateus 4:12). Mas o quarto evangelista registra que as carreiras de João e de Jesus coincidem até certo ponto (Lucas 3:22-24), o que provavelmente é verdade. Isso sugere que Jesus se afastou do círculo de João Batista e iniciou uma carreira que teve, em aspectos cruciais, diferentes ênfases. Nem todos os discípulos de João seguiram Jesus; muitos, na verdade quase todos, talvez tenham permanecido fiéis à memória do Batista durante muitos anos. Há evidências nos Atos dos Apóstolos (18:24–19:7) de que João Batista teve seguidores por muitos anos após sua própria morte e a morte de Jesus.

Por que Jesus teve divergências com João Batista e se afastou dele? Os Evangelhos sinópticos (Marcos 1:1-6; Mateus 3:1-10; Lucas 3:1-14) mostram João como um pregador que conclamava toda Israel ao arrependimento. Muitas pessoas lhe responderam, especialmente pecadores como os coletores de impostos, as prostitutas e os soldados. O tema do juízo final só é enfatizado no material "Q" de Mateus e Lucas, embora pareça ser autêntico. Os quatro Evangelhos afirmam que João Batista indicou que um outro viria depois dele, descrito como "um outro mais forte do que eu" pelos autores sinópticos (Marcos 1:7; Mateus 3:11; Lucas 3:16; ver também João 1:27). Discute-se muito se João Batista estava originalmente se referindo a um representante humano de Deus — aquele que os Evangelhos acreditam ser Jesus — ou ao próprio Deus. João Batista, certamente, não parece estar convencido de que Jesus era aquele que viria depois dele. Da prisão, enviou mensageiros para indagar de Jesus se ele era "aquele que virá", o que implica sérias dúvidas (Mateus 11:3; Lucas 7:19).

João Batista acreditava num juízo final iminente, cataclísmico, apocalíptico. Mas Jesus via uma ruptura importante e radical entre seu próprio trabalho e o de João. No capítulo 11 de Mateus, Jesus reflete sobre a importância de João (ver também Lucas 7:24-28 e 16:16). Nos versículos 7-11, Jesus afirma que João Batista é um profeta e mais do que um profeta. Esse trecho é mais antigo, já que a referência sarcástica ao "caniço agitado pelo vento" refere-se às moedas cunhadas por Herodes Antipas antes do ano 28, as quais tinham impresso um caniço. Ao contrário de Herodes, João Batista não é uma mimada figura real. Pelo contrário, é ele quem cumpre a profecia de Malaquias (3:1 e 3:23) sobre o mensageiro que preparará o caminho do Elias vindouro. Mesmo assim, Jesus ainda diz:

> Em verdade vos digo, dentre os nascidos de mulher nenhum foi maior do que João Batista. E no entanto, o menor no reino dos céus é maior do que ele. (Mateus 11:11)

Por que censurar João Batista? Talvez porque "mártir ele pode ter sido, mas a ele e à sua mensagem faltava a dimensão da suavidade e isso tornava o jugo de João difícil de ser suportado",[18] ao contrário do suave jugo de Jesus (Mateus 11:30).

As diferenças entre eles devem ter-se centrado em aspectos da mensagem de João sobre o juízo final. Marcos (1:4) descreve o batismo feito por João como "um batismo de conversão para o perdão dos pecados". João Batista batizava as pessoas para que elas pudessem escapar ao iminente julgamento de Deus. Sua vida ascética (ele se alimentava de gafanhotos e mel silvestre, e andava vestido de pêlos de camelo com uma tira de couro na cintura) foi modificada por Jesus, o qual foi condenado

66 / *Jesus – uma pequena biografia*

por seus oponentes como "um comilão e beberrão de vinho" (Mateus 11:19). Contrastando com a mensagem austera de João sobre um julgamento iminente e catastrófico, Jesus desenvolveu o senso da graça e da bondade de um Deus presente, com a oferta do perdão para o pecador sem batismo (como Zaqueu, o coletor de impostos, mencionado em Lucas 19:1-10).

Marcos (1:9) registra claramente que Jesus foi batizado por João Batista no Jordão. Mateus (3:13-15) faz João recusar-se a batizar Jesus, dizendo que era Jesus quem devia batizar a ele, João. Mas Jesus insiste em que João o batize, "para cumprir tudo o que fora dito"; fica claro, assim, que Jesus não foi batizado como um pecador. No Evangelho de João (1:29-34), Jesus chega até João Batista carregando os pecados do mundo, não pecados seus. Não ocorre o batismo e João dá testemunho de que Jesus é aquele "que batiza no Espírito Santo". Em Lucas (3:18-21), João Batista é preso antes de Jesus ser batizado; Lucas diz que Jesus recebeu o batismo "quando todo o povo foi batizado".

Portanto, o embaraço dos evangelistas na questão do batismo de Jesus por João Batista seria, até certo ponto, um resultado do fato de que Jesus primeiro se associou à mensagem radical de João sobre o juízo final, e depois mudou de idéia e desenvolveu sua própria visão, mais benevolente e hospitaleira, do reino de Deus. E, na perspectiva deles, também pareceria inconcebível Jesus ter-se submetido a um batismo de conversão para o perdão dos pecados. Por exemplo, embora Marcos (10:18) e Lucas (18:19) preservem a tradição de que Jesus disse que "ninguém é bom senão Deus", Mateus (19:17) modifica essas palavras, com certa inabilidade, para disfarçar a implicação de que Jesus não seria uma pessoa melhor do que as outras.

Lucas (16:16) registra esta frase de Jesus: "A Lei e os Profetas vigoraram até a chegada de João. Desde então se proclama o reino de Deus e cada um se esforça para entrar nele." Essa frase interpreta João Batista como uma figura de uma era passada, idéia essa que é fortalecida por outra frase encontrada em Lucas (7:28) e Mateus (12:11): "Eu vos digo, entre os nascidos de mulher não há um maior do que João; mas o menor no reino de Deus é maior do que ele."

JESUS E OS TÍTULOS CRISTOLÓGICOS

Já que os evangelistas diminuíram a importância de João Batista a fim de aumentar a de Jesus, não está claro o que João ou seus seguidores pensavam sobre o papel desempenhado por Jesus. Apesar dos protestos em contrário do quarto evangelista (João 1:21), é bastante provável que muitos — talvez mesmo ele próprio — acreditassem que João Batista era Elias, a figura que anunciava o fim dos tempos. Há claras indicações de que se podia unir João Batista e Elias numa mesma frase (Marcos 8:28; Mateus 16:14; Lucas 9:19).

Talvez, ao rejeitar ou pelo menos modificar a descrição um tanto funesta que João Batista fazia de Deus, Jesus tenha se tornado cauteloso no uso de títulos sobre os mensageiros de Deus, pois os títulos enfatizam demais certos aspectos da mensagem divina e subestimam outros. Além disso, os títulos desviam a atenção da mensagem para o mensageiro. Isso não está de todo errado, porque é natural perguntarmos qual tipo de pessoa realiza determinados tipos de ação. Mas pode ser um erro dar tanta ênfase na caracterização do mensageiro, se sua proclamação mal chega a ser ouvida. Em outras palavras, resumir em "títulos" as descrições de pessoas como João Batista e Jesus pode ser desorientador em vários aspectos importantes: mesmo tratando-se de termos claros como "Senhor", "Rabi" e outros que examinaremos detalhadamente mais adiante. Tão importante, ou mais, do que a condição do mensageiro, é a mensagem que ele traz ou o papel que ele desempenha.

De todo modo, dificilmente Jesus poderia ter evitado que as pessoas lhe perguntassem quem ele era. A história de Israel produziu reis, profetas e sacerdotes, e assim os contemporâneos de Jesus teriam feito analogias com esses e outros aspectos de sua herança quando lhe perguntaram "com qual autoridade" ele ensinava e curava (Marcos 11:28; Mateus 21:23; Lucas 20:2). Talvez seja apropriado, e mesmo possível, oferecer um relato convincente e coerente de quem Jesus pensava ser, desde que tenhamos em mente tudo o que existe de condicional e equívoco nesse exercício. Isso ocorre não só devido à natureza confessional das primeiras tradições mas também porque o próprio Jesus parece ter sido deliberadamente ambíguo na aceitação ou rejeição das avaliações que as pessoas faziam de seu papel. Não há certezas aqui: nem mesmo a certeza radical de que as fontes nada podem oferecer de fidedigno e confiável a respeito de Jesus. Para estruturarmos uma resposta à pergunta "Quem foi

68 / *Jesus – uma pequena biografia*

Jesus?", vamos examinar três designações que lhe são dadas nos Evangelhos: Filho de Deus, Messias e Filho do Homem.

JESUS: FILHO DE DEUS?

As narrativas do nascimento feitas por Mateus e Lucas indicam que Jesus é o Filho de Deus. A própria frase de abertura, em Marcos, assim o designa. E João, na parte inicial de seu Evangelho (3:16), escreve que "Deus amou tanto o mundo que entregou o Filho Unigênito, para que todo aquele que crer nele não pereça mas tenha a vida eterna".

Os Evangelhos sinópticos afirmam que, quando Jesus foi batizado, Deus o designou como Seu Filho (Marcos 1:11; Mateus 3:17; Lucas 3:22), enquanto João (1:34) faz João Batista dar testemunho de que Jesus é o Filho de Deus (embora esse termo seja textualmente incerto, porque o original poderia ter sido "o Eleito de Deus"). Os Evangelhos sinópticos registram que Jesus, depois do batismo, foi para o deserto onde seria tentado durante quarenta dias. Para Mateus e Lucas, são as tentações do Filho de Deus: o diabo desafia Jesus a transformar as pedras em pão (Mateus 4:3; Lucas 4:3) e a lançar-se do pináculo do Templo para que os anjos o segurassem (Mateus 4:5-7; Lucas 4:9-12). O diabo inicia suas tentações com as palavras, "Se és o filho de Deus", uma indicação de que esse título poderia ser interpretado em termos de simples poder e magia. Jesus se recusa a fazer o jogo do diabo.

Talvez haja uma alusão à sua Filiação divina no breve relato de Marcos (1:12-13) sobre as tentações de Jesus: "E o Espírito logo o levou para o deserto. Esteve no deserto quarenta dias sendo tentado por Satanás. Vivia com os animais e os anjos o serviam." Quando deixaram o Egito, os judeus vagaram no deserto durante quarenta anos e lá foram feitos Povo de Deus pela dádiva da Aliança e da Lei. É possível que haja, por trás do relato de Marcos, um eco de Oséias 11:1: "...e do Egito chamei meu filho."

Essas referências a Jesus como Filho de Deus, já no início de sua carreira, poderiam indicar apenas as convicções dos evangelistas e as das tradições que eles herdaram e utilizaram. Os relatos dos Evangelhos sinópticos sobre o início da carreira de Jesus parecem altamente estilizados: o relacionamento de Jesus com João Batista; sua vocação para Filho de Deus, dada no batismo; sua tentação como Filho de Deus; e depois o começo de seu ensinamento e de suas curas. Esses acontecimentos foram

"*Quem vós dizeis que eu sou?*" / **69**

consideravelmente editados, até o ponto em que deixa de ser possível afirmar, com algum grau de convicção, que eles registram um esboço factual do começo do ministério de Jesus. Mas, ainda assim, os relatos não deixam de ter valor histórico. Eles indicam uma ruptura real entre Jesus e o ensinamento de João Batista, e é bastante provável que outras pessoas (talvez mesmo o próprio Jesus) tenham perguntado a Jesus em que seus ensinamentos diferiam, com qual autoridade ele falava e agia daquele modo e quem afinal era ele para ensinar e curar daquela maneira. Mais incerta ainda é a questão de saber se os autores dos Evangelhos preservaram uma tradição histórica real de que Jesus agia conscientemente como Filho de Deus e de que as outras pessoas assim o viam.

Se assim for, esse título não teria sido interpretado nas mesmas linhas da afirmação do Credo de Nicéia sobre Jesus enquanto Filho de Deus. No Antigo Testamento, o título "Filho de Deus" nunca aparece; mas "filho" era uma metáfora para uma relação especial entre Deus e certos grupos humanos. Vimos que Oséias refere-se a Israel como filho de Deus. Anjos ou outros seres sobrenaturais são chamados filhos de Deus (Jó 38:7), e Deus referiu-Se à dinastia de David, o maior rei de Israel, como "meu filho" (II Samuel 7:14; Salmo 2:7). A igreja dos primeiros tempos já desde o início se referia a Jesus como Filho de Deus: por exemplo, a Primeira Epístola aos Tessalonicenses (1:10) diz: "...e esperardes do céu seu Filho, que ressuscitou dos mortos, Jesus, que nos livra da ira futura."

Jesus, caracteristicamente, chamava Deus de "Pai". Embora Mateus o faça dizer com freqüência "Meu pai", isso nunca ocorre em Marcos e, em Lucas, o pronome possessivo aparece nessa frase apenas quatro vezes. João (20:17) registra o Jesus ressuscitado dizendo: "Subo para meu Pai e vosso Pai." O Jesus histórico talvez tenha dito apenas "Pai" e "vosso Pai", em vez de "meu Pai"; ou talvez tenha usado essa designação íntima com muita moderação.

Joachim Jeremias argumentou que Jesus claramente chamava Deus de "Abba" (Marcos 14:36), palavra hebraica/aramaica que implica uma relação íntima e é equivalente ao inglês "Daddy" [e ao português "papai"].[19] Segundo a interpretação de Jeremias, isso quer dizer que Jesus tinha com Deus uma relação profunda e pessoal, de um tipo desconhecido aos seus contemporâneos judeus. Esse é um ponto que tem sido cada vez mais discutido. Certamente Deus era chamado de "Pai" pelos outros judeus, como sempre foi chamado, e ainda é, por milhões de pessoas ao longo dos séculos em muitas das religiões do mundo.[20] Mesmo assim,

70 / Jesus – uma pequena biografia

parece provável que chamar Deus de *Abba* fosse uma característica particular de Jesus. Foi atestada somente duas vezes na literatura rabínica.[21] Jesus, além disso, também encorajava seus seguidores a chamarem Deus de "Pai". O pai-nosso, preservado por Mateus e Lucas, começa com as palavras "Pai nosso, que estás nos céus" (Mateus 6:9) ou "Pai, santificado seja o teu nome" (Lucas 11:2) e é possível que esse "Pai" fosse *Abba* no aramaico falado por Jesus e seus seguidores. Duas referências a *Abba* nas epístolas de Paulo (Gálatas 4:6 e Romanos 8:15) sugerem que essa forma também era usada, possivelmente de modo litúrgico, nas igrejas de fala grega dos primeiros tempos.

A epístola de Paulo aos gálatas indica que ele interpretava a Filiação divina de Jesus como um fator para os seres humanos se tornarem filhos de Deus:

> Mas quando chegou a plenitude dos tempos, Deus enviou seu Filho, que nasceu de uma mulher e foi submetido a uma Lei, para resgatar os que estavam sob a Lei, a fim de que recebêssemos a adoção. E, como prova de serdes filhos, Deus enviou a nossos corações o Espírito de seu Filho que clama: "Abba! Pai!" De maneira que já não és escravo mas filho, e, se filho, herdeiro por Deus. (4:4-7)

O ensinamento de Paulo (de que os seres humanos se tornam filhos de Deus porque Jesus era Seu Filho) não está distante da ênfase dada pelos sinópticos ao fato de Jesus saber que Deus era seu Pai, e encorajava e permitia seus seguidores a compartilhar esse relacionamento.

No Evangelho de João, o termo *huios* (filho) é aplicado a Jesus (isoladamente ou com o complemento "de Deus") mais de trinta vezes. Jesus é o Filho Unigênito de Deus (3:16), título que implica altíssima posição, e é por isso que Jesus diz: "Eu e o Pai somos um" (10:30). Todavia, as muitas referências de João ao "Filho" são mais importantes enquanto afirmações teológicas do que lembranças históricas.

Além dessas referências em João, há três referências ao "Filho" nos Evangelhos sinópticos. Numa delas Jesus diz: "Tudo me foi entregue pelo Pai. De modo que ninguém conhece o Filho senão o Pai e ninguém conhece o Pai senão o Filho e aquele a quem o Filho quiser revelar" (Mateus 11:27; Lucas 10:22). Joachim Jeremias possivelmente está certo ao afirmar que essa referência tinha originalmente a forma de uma parábola. Se assim for, então Jesus estava explicando que pai e filho conhecem

"*Quem vós dizeis que eu sou?*" / **71**

um ao outro intimamente e, portanto, estão mais capacitados para explicar os mais recônditos pensamentos um do outro.[22] Mesmo como parábola, fica claro que Jesus estaria afirmando ter um conhecimento muito íntimo de Deus. Mas a passagem de Mateus tem ressonâncias dos capítulos 6 e 51 do Eclesiastes (um livro bíblico da sabedoria judaica) e talvez mostre Jesus tanto como um mestre da sabedoria divina quanto um filho muito íntimo do pai. A afirmação de Marcos (13:31-32) de que "nem o Filho" saberá o dia e a hora em que céu e terra passarão ocorre numa passagem que denuncia o pesado trabalho de edição feito por Marcos nas tradições, algumas das quais parecem inautênticas. Mas a parábola do arrendamento da vinha (Marcos 12:1-12; Mateus 21:33-46; Lucas 20:9-19) tem um fundo histórico. Nessa parábola, o proprietário da vinha manda seus servos receber dos arrendatários a parte dos frutos da vinha, mas eles são espancados e voltam de mãos vazias. No final, ele manda o próprio filho, achando que será respeitado, mas os arrendatários matam o rapaz. Essa parábola não contém nenhuma sugestão de ressurreição, algo que se poderia esperar se ela tivesse sido totalmente criada depois da Páscoa.[23]

Em nenhuma das duas passagens sinópticas autênticas que se referem ao "Filho", Jesus dá a si mesmo essa designação. Pelo contrário, ele usava parábolas e metáforas para indicar o que fazia e qual sua imagem de Deus. Mas por trás da reticência característica de Jesus parece repousar uma profunda experiência de Deus, vivida e partilhada com seus discípulos. É provável que a designação "Filho de Deus", no seu batismo, tenha sido uma criação dos evangelistas, mas não há motivo para duvidar que Jesus tinha uma forte vocação, ligada a um forte sentimento de proximidade com Deus, a quem ele chamava de "Pai". Isso está preservado no relato de sua transfiguração: Jesus levou Pedro, Tiago e João até o alto de um monte, onde se transfigurou diante deles; seu rosto brilhou como o sol e suas vestes se tornaram brancas como a luz. E apareceram Moisés e Elias conversando com ele. Da nuvem que os envolveu saiu uma voz que o designava como "meu Filho" ("meu Filho muito amado" em Marcos 9:7; "meu Filho amado" em Mateus 17:5; "meu Filho, o Eleito" em Lucas 9:35).

É interessante comparar esse relato com a "jornada noturna" de Maomé, de Meca a Jerusalém, onde ele rezou e encontrou vários profetas, incluindo Abraão, Moisés e Jesus. E então foi elevado ao "sétimo céu". Mais tarde, refletindo sobre essa experiência, diz-se que Maomé

72 / Jesus – uma pequena biografia

afirmou: "Eu fui um profeta quando Adão ainda estava entre a água e a argila."[24] Em ambos os casos, enfatiza-se a posição do mensageiro, sem dúvida um acréscimo posterior a cada um desses relatos. De todo modo, ambas as narrativas pretendem enfatizar o chamado de Deus: à Filiação, no caso de Jesus, e à estatura de Profeta no caso de Maomé. É possível descartar ambos os relatos por falta de valor histórico. Mas talvez houvesse neles um cerne de verdade histórica. Pelo menos eram narrados para explicar a vocação dos heróis, Jesus e Maomé, como reveladores centrais do propósito divino.

Bem, Jesus chegou algum dia a intitular-se "Filho de Deus"? Paulo talvez sugira o oposto, com esta referência:

> O Evangelho acerca de seu Filho [de Deus], nascido da descendência de Davi segundo a carne, declarado Filho de Deus, poderoso segundo o Espírito de santidade a partir da ressurreição dos mortos, Jesus Cristo Nosso Senhor. (Romanos 1:3-4)

O trecho acima indica a Páscoa como o momento após o qual Jesus foi designado "Filho de Deus" pelo próprio Deus. Mas reflete a experiência pessoal de Paulo e também as visões de outros cristãos primitivos. Lucas (Atos 9:20) faz esse título remontar à época da conversão de Paulo em Damasco (mais ou menos no ano 36). Paulo associava Jesus ao celestial Filho de Deus que o chamara numa visão; não à humildade da vida terrena de Jesus e à sua luta para encontrar as palavras apropriadas que definissem como Deus Se preocupava e Se relacionava com ele e as outras pessoas.

No fim de contas, parece improvável que Jesus tenha algum dia se proclamado diretamente Filho de Deus, embora vivesse a experiência de Deus como Pai e partilhasse essa experiência com os outros. Mas sempre se pode argumentar que, quando os cristãos começaram a aplicar o conceito da Filiação a Jesus, com muitos diferentes matizes de significado, tratava-se de um desenvolvimento ou elaboração da experiência divina de Jesus, cuja forte convicção da bondade paterna de Deus viria a transformar a vida das inúmeras pessoas que ele encontrou.

JESUS: O MESSIAS?

Bem no início do cristianismo, a igreja nascente acreditava que Jesus era o Messias. A frase de abertura do mais antigo livro do Novo Testamento

(Primeira Epístola aos Tessalonicenses 1:1) faz referência a Jesus Cristo. A palavra *cristo* é a tradução grega do hebraico *mashiah*, que significa "o ungido". Os seguidores de Jesus logo viriam a ser chamados de "cristãos" (Atos 11:26). É fascinante ver como Paulo costuma usar o termo "Cristo" quase como se fosse uma extensão do nome de Jesus, em vez daquilo que realmente é: uma reflexiva afirmação cristológica de Jesus, de quem ele foi e do que ele fez. Esse uso do termo "Cristo" confirma que "Messias" foi uma primeira designação para Jesus, a qual logo perdeu seu significado teológico ou histórico específico, à medida que a Igreja se difundia pelo mundo pagão. Mesmo para um judeu helenizado como Paulo, o termo deve ter tido pouca carga dogmática.

Marcos começa seu Evangelho referindo-se a Jesus como o Messias (Cristo) e disso estavam também convencidos todos os outros evangelistas. Mas, ao relatarem suas palavras e atos, é bastante rara a aplicação desse título, além de sua propriedade ser um tanto ambígua. Somente uma vez, no quarto Evangelho, Jesus realmente afirma com toda clareza ser o Messias, e ele o faz na conversa particular com a samaritana (João 4:25-26). Ele só aceitou essa designação em duas ocasiões, e em nenhuma delas abertamente.

A primeira ocasião está registrada nos Evangelhos sinópticos (Marcos 8:27-31; Mateus 16:13-21; Lucas 9:18-22) e foi mencionada no primeiro parágrafo deste meu capítulo. Jesus perguntou aos seus discípulos o que o povo dizia a respeito dele. Depois perguntou-lhes o que pensavam. Simão Pedro respondeu: "Tu és o Messias (Cristo)." Desse ponto em diante, Mateus difere de Marcos e Lucas. Eles registram que Jesus lhes deu ordens estritas para não falarem a ninguém sobre aquele assunto. Mateus afirma que Jesus apreciou a resposta de Simão Pedro (na versão de Mateus, ele chamara Jesus de "Filho do Deus vivo", além de "Messias"), mas a seguir (tal como nos dois outros relatos) os proíbe de divulgarem essa opinião. A proibição é seguida (nos Evangelhos de Marcos e Mateus, mas não no de Lucas) pela severa censura de Jesus a Pedro ("Afasta-te de mim, Satanás. Tu és para mim uma pedra de tropeço, porque não pensas as coisas de Deus mas as dos homens"), porque Pedro não acreditava que o Messias pudesse sofrer muito e ser morto. (Um relato similar em João [6:66-71] faz Pedro referir-se a Jesus como "O Santo de Deus". Essa frase tem ressonâncias messiânicas, pois uma pessoa ungida torna-se santificada.)

74 / *Jesus – uma pequena biografia*

É uma cena misteriosa. Afinal, Jesus aceitou ou não o título? Sim, com reservas, se seguirmos Mateus; nos outros relatos, o máximo que se pode dizer é que Jesus não o recusou abertamente.

A segunda ocasião ocorre depois que Jesus é preso e levado perante o sumo sacerdote, que lhe pergunta se ele é o Messias. Enquanto Marcos (14:61-62) registra que Jesus respondeu: "Eu sou!", segundo Mateus (26:63-64) ele teria dito ambiguamente: "Tu o disseste." No relato de Lucas (22:67-68), todo o conselho lhe faz essa pergunta mas ele se recusa a responder, dizendo enigmaticamente: "Se vos disser, não me acreditareis." Mais uma vez, prevalecem a ambigüidade e o enigma.

Esses dois relatos foram elaborados antes que cada evangelista o escrevesse (embora, provavelmente, ambos tenham um fundo histórico). Por exemplo, no relato de Marcos (14:63) a resposta franca de Jesus faz o sumo sacerdote rasgar as vestes. Marcos dá continuidade a essa idéia: quando Jesus morreu, "o véu do Santuário rasgou-se em duas partes de alto a baixo" (15:38); tratava-se do véu do Templo, que separava o Santuário do Local Sagrado, pelo qual passava o sumo sacerdote, e apenas ele, uma única vez por ano, no Dia da Expiação. Em Marcos, esse registro, bem mais teológico do que histórico, faz parte do tema do julgamento de certos líderes religiosos judeus que deixaram de reconhecer a presença de Deus em Jesus. Esses líderes e a religião que eles representavam no Templo estavam condenados (é provável que Marcos tenha escrito logo depois que o exército romano destruiu o Templo de Jerusalém no ano 70 EC).[25] Mesmo se esses relatos focalizam a vida de Jesus, em vez de desenvolver as primeiras tradições sobre ele, é difícil determinar com qualquer grau de precisão a atitude de Jesus quanto à designação de Messias.

O fato espantoso de Jesus ter sido chamado de Messias já no início de sua carreira e, no entanto, ter ele próprio usado esse título raramente e com muita cautela, se é que chegou a usá-lo, torna-se ainda mais complicado quando examinamos o mundo do judaísmo em sua época. Alguns estudiosos da Bíblia sustentam que muitos acreditavam na vinda próxima de um Messias; mas as evidências sugerem que alguns acreditavam e outros não. Fora do Novo Testamento, há cerca de trinta referências ao Messias na literatura judaica que cobrem o período de 200 AEC, mais ou menos, até 100 EC.

O Antigo Testamento oferece duas raízes para a expectativa messiânica. Uma delas era o ritual de unção, comprovado em figuras históricas

"*Quem vós dizeis que eu sou?*" / **75**

(especialmente reis, mas também sumos sacerdotes e profetas) mas não em futuros redentores. A segunda raiz eram figuras messiânicas que, como tais, precisavam satisfazer três critérios: anunciar um novo e definitivo estado no mundo; trazer a salvação para Israel e às vezes também para o resto do mundo; e diferenciar-se da massa comum da humanidade por sua proximidade a Deus.

Embora alguns autores do Novo Testamento se refiram a Jesus como descendente do Rei Davi, há uma indicação nos Evangelhos sinópticos de que Jesus, mesmo se o maior rei de Israel fosse seu ancestral, não dava a esse fato uma grande importância (Marcos 12:35-37; Mateus 22:41-46; Lucas 20:41-44). Na medida em que associações com a realeza tinham conseqüências políticas (levando até algumas pessoas a esperar a expulsão da autoridade romana, pela força, se necessário), Jesus disporia de bem pouco tempo para o título de Messias. Afinal de contas, a bondade paterna e universal de Deus raramente encontra um bom meio de expressão por meio de revoluções violentas. Além disso, como argumentamos, é possível que o rompimento com João Batista tenha levado Jesus a ser cuidadoso no uso de títulos. Os títulos podem obscurecer, tanto quanto revelar, a importância das palavras e dos atos dos mensageiros de Deus. Embora o respeitasse, Jesus teve sérios desacordos com João Batista, a quem alguns teriam chamado de Messias, Elias ou O Profeta (do fim dos tempos?) (João 1:20-21). É provável que Jesus suspeitasse que as pessoas, quando o chamavam ou a João Batista de Senhor, de Messias, de Rabi ou de outro título qualquer, os estivessem moldando em conformidade com as esperanças delas. Jesus preferia que essas pessoas fossem transformadas pela graça de Deus, tal como ele a ensinava e vivia.

Mesmo assim, Jesus queria uma reação às suas palavras e seus atos. Isso está indicado em muitas partes dos Evangelhos (Marcos 4:1-12; Mateus 13:1-17; Lucas 8:4-15), particularmente na parábola do semeador (que discutiremos no Capítulo 3). Assim, as ambigüidades encontradas nos registros evangélicos podem não só refletir as várias formas das tradições à medida que eram transmitidas, como também a própria ambivalência de Jesus em relação às avaliações que as pessoas faziam dele. Suas alocuções cristológicas, deliberadamente provocativas e enganadoramente imprecisas, sugerem uma construção que forçava as pessoas a considerarem o assunto: você pode pensar que eu sou o Messias, e num certo sentido eu sou, mas cabe a você investigar como eu sou o Messias e como eu não o sou.

76 / *Jesus – uma pequena biografia*

Há, aqui, uma ironia para os leitores fundamentalistas das Escrituras. O que acontece se vislumbrarmos, por meio dos Evangelhos, um homem que estava mais interessado em encorajar as pessoas a pensarem sobre os caminhos de Deus no mundo, e nas possíveis respostas que elas dariam, do que em oferecer uma orientação clara e transparente? O Alcorão, livro sagrado do Islã, descreve a si mesmo como "um Sinal Claro" (sura 98:1), embora nem sempre tenha parecido claro a seus leitores. O Novo Testamento, e certamente os Evangelhos, têm como objetivo algo bem diferente: a *guerra* para entender que o comprometimento com o reino de Deus é importante,[26] muito mais importante do que as superficiais e vazias certezas humanas de alguns dos seguidores de Jesus, começando por Pedro.

JESUS: FILHO DO HOMEM?

Talvez a mais estranha de todas as designações ligadas a Jesus seja a de "Filho do Homem". Há amplas controvérsias quanto a Jesus ter realmente usado esse título falando de si mesmo ou de outrem; ou se, como pensam alguns estudiosos, esse título seria uma criação da igreja dos primeiros tempos. Quem acredita que o título fazia parte das primeiras tradições sobre Jesus terá de responder por que essa expressão, nos Evangelhos, está nos lábios de Jesus tão freqüentemente. Contrastando com os raros usos de "Filho de Deus" e "Messias" em relação a Jesus, o título "Filho do Homem" aparece 82 vezes nos Evangelhos, quase sempre usado por Jesus referindo-se a si mesmo. Jesus nunca explica o seu significado. Em parte alguma Jesus é chamado diretamente de Filho do Homem por outras pessoas. Nos outros livros do Novo Testamento, o título aparece somente quatro vezes e apenas numa delas (Atos 7:56) contém o artigo definido. Tanto quanto podemos dizer, esse não era um título usado no culto religioso da Igreja primitiva. Não causa surpresa, portanto, que em João 12:34 a multidão diga a Jesus: "Quem é esse Filho do Homem?"; a perplexidade daquela multidão tem-se estendido por muitos leitores até os dias de hoje.

Nos Evangelhos, há três tipos de referências ao Filho do Homem: atividade presente, sofrimento e vinda futura. Tomemos Marcos, por exemplo. Ele inclui quatorze referências ao "Filho do Homem". Duas delas denotam atividade presente: 2:10 (confrontar com Mateus 9:6 e Lucas 5:24 — "...o Filho do Homem tem na terra autoridade de perdoar pecados") e 2:28 (confrontar com Mateus 12:8 e Lucas 6:5 — "o Filho do

"*Quem vós dizeis que eu sou?*" / **77**

Homem é senhor também do sábado"). Há nove referências ao sofrimento, morte e ressurreição de Jesus, incluindo os três "anúncios da Paixão"; por exemplo, 9:31 (confrontar com Mateus 17:22-23 e Lucas 9:44 — "o Filho do Homem será entregue às mãos dos homens e o matarão, mas depois de três dias, ele ressuscitará"). Há três referências a uma figura futura, como por exemplo em 13:26 (confrontar com Mateus 24:30 e Lucas 21:27 — "e então se verá o Filho do Homem vindo sobre as nuvens com grande poder e majestade").

Essas distinções não estão tão bem delineadas quanto às vezes se pensou. Por exemplo, quando Jesus diz que "o Filho do Homem não veio para ser servido mas para servir e dar a vida pela redenção de muitos" (Marcos 10:45; Mateus 10:28), suas palavras incluem tanto sua atividade presente quanto seu sofrimento.

A designação deve provir do ambiente judaico, pois a expressão "Filho do Homem" é um afetado termo grego. De onde ele é exatamente, ou mesmo aproximadamente, é um ponto controverso. No Antigo Testamento, o termo é usado como sinônimo de "ser humano" (ver, por exemplo, o Salmo 8:5). Em todo o livro de Ezequiel e em Daniel 8:17, esses profetas são chamados de "Filho do Homem". O fato é que, na conversação comum, o equivalente aramaico de "Filho do Homem" significava as pessoas em geral, alguma pessoa indefinida ou simplesmente "eu" (embora esta última hipótese seja controversa). O certo é que, segundo Joachim Jeremias, há muitas referências ao Filho do Homem que podem ser substituídas por um simples "eu".[27] Jeremias não acredita que essa expressão, em aramaico, seja uma perífrase de "eu", mas Geza Vermes chegou à conclusão oposta.[28] De todo modo, parece estranho e inconseqüente pensar que Jesus tenha usado essa designação um tanto complicada para significar "eu", em lugar do majestático "nós" ou do simples "a gente".

Esse termo também é encontrado na linguagem visionária, especialmente no capítulo 7 de Daniel, escrito entre 167 e 164 AEC. Numa visão, animais que representam os sucessivos poderes do mundo são destruídos por Deus. E então Daniel escreve:

> Continuei a prestar atenção às visões noturnas, eis senão quando, com as nuvens do céu, vinha vindo um como filho de homem; ele avançou até junto do ancião e foi conduzido à sua presença. Foram-lhe dados domínio, glória e realeza, e todos os povos, nações e línguas o serviam. Seu domínio é eterno e não acabará, seu reino jamais será destruído. (7:13-14)

78 / *Jesus – uma pequena biografia*

Não há como interpretar com certeza essa figura, o Filho do Homem. Ele poderia representar uma entidade coletiva de Israel, assim como as feras representavam as outras nações, ou poderia ser uma criatura, não necessariamente um ser humano mas talvez um anjo (como ocorre em Daniel 8:15-16). Dois relatos judaicos posteriores, as *Similitudes* de Enoch Etíope 37-71 e IV Esdras 13, desenvolveram o capítulo 7 de Daniel numa linha apocalíptica. Acredita-se que o segundo foi escrito no final do primeiro século, mas a data do primeiro é controversa. De maneiras diferentes, essas passagens transformaram o Filho do Homem numa figura messiânica e primordial do fim dos tempos; um juiz apocalíptico, digamos assim.

Inúmeros estudiosos do Novo Testamento mostraram a figura do Filho do Homem, nos Evangelhos, nas mesmas linhas desses dois intérpretes judeus do capítulo 7 de Daniel. Muitos estudiosos alemães argumentaram que Jesus falou sobre a vinda de uma figura escatológica e que a igreja primitiva então teria identificado Jesus com essa figura, depois da ressurreição. No devido tempo, outras frases mencionando o "Filho do Homem", sobre sua atividade presente e seu sofrimento, foram criadas pela comunidade e colocadas na boca de Jesus. Não está claro por que isso teria acontecido.

Talvez um melhor ponto de partida seja reconhecer que Daniel 7:13-14 não precisa ser desenvolvido segundo as linhas das *Similitudes* de Enoch Etíope 37-71 e de IV Esdras 13. Eles estabelecem que Daniel foi uma importante fonte de reflexão para os judeus por volta da época de Jesus ou logo depois, e para o desenvolvimento das primeiras tradições cristãs sobre ele. Pode ser que Jesus tenha usado essa designação "daniélica" de si mesmo à sua própria moda excêntrica. Essa hipótese parece mais provável do que pensar que a igreja simplesmente a inventou, considerando a ausência quase total de escritos no cristianismo primitivo, além dos Evangelhos. Mas, se assim for, isso quer dizer apenas que podemos ter uma moderada certeza de que Jesus usou ele próprio o termo, e não que saibamos seguramente o que Jesus queria dizer com esse termo. Os evangelistas podem ter interpretado mal o título ou tê-lo desenvolvido de maneira inadequada. O certo é que eles não nos oferecem uma interpretação direta e coerente do que esse título queria dizer para Jesus.

Mas sempre se pode tentar chegar a uma estimativa razoável da idéia que Jesus fazia sobre esse título. Se ele foi buscar as imagens do "homem" nos Salmos, em Ezequiel e em Daniel, podemos pensar no retrato

"Quem vós dizeis que eu sou?" / **79**

aceitável de um ser humano nascido para sofrer e morrer, como todos nós, mas ainda assim um ser que foi chamado e apoiado por Deus. O Salmo 8:5-6 descreve o Filho do Homem (a partir da perspectiva da obra criadora de Deus) como algo bem pequeno; mas, de outra perspectiva, ele é apenas "um pouco inferior" a Deus (ou aos seres divinos ou anjos). Assim, Jesus poderia estar indicando que é na sua qualidade de homem, nascido para morrer, que ele é capaz de proclamar e incorporar a lei de Deus. Talvez ele visse sua identificação com o "Filho do Homem" como uma útil correção das interpretações mais fortes e violentas do título de "Messias". Quando Pedro o chamou de Messias, Jesus disse aos discípulos para guardarem silêncio, mas depois começou a falar abertamente sobre os sofrimentos do Filho do Homem. Simão Pedro foi incapaz de aceitar essas palavras e, por isso, Jesus o chamou de "Satanás", o "adversário" que tentava desviá-lo de seu destino sofredor de Filho de Homem para a meta equivocada de uma restauração brutal e mais política de Israel.

"DE ONDE LHE VEM TUDO ISSO?"

Os títulos de "Filho de Deus", "Messias" e "Filho do Homem" não surgem apenas do passado de Israel, mas também reivindicam para Jesus um papel no futuro do povo de Deus. Há outra interessante indicação disso. É provável que os relatos de Jesus chamando doze apóstolos (Marcos 3:13-19; Mateus 10:1-4; Lucas 6:13-16) contenham um fundo de verdade histórica. Não resta a menor dúvida de que Jesus tinha em mente as Doze Tribos de Israel e, portanto, escolheu um grupo de pessoas que realizariam a restauração de Israel (porque dez daquelas tribos haviam desaparecido havia muito tempo, após a queda do Reino do Norte em 722 AEC). É admirável que ele não tenha incluído a si mesmo, ficando fora do número doze. O que temos aqui é uma extraordinária e impressionantemente reivindicação implícita de autoridade.

Marcos registra que Jesus foi até sua cidade natal, Nazaré, e começou a pregar na sinagoga. Muitos se admiraram com seu ensinamento e disseram:

"De onde lhe vem tudo isso? Que sabedoria é essa que lhe foi dada? E estes milagres, que se fazem por suas mãos? Por acaso não é ele o carpinteiro, filho de Maria, irmão de Tiago, de José, de Judas e Simão? E as suas irmãs não vivem aqui entre nós?" E não queriam acreditar nele. (6:2-3)

80 / *Jesus – uma pequena biografia*

Não causa surpresa que Jesus se admirasse da incredulidade deles (6:6). A familiaridade gera o desprezo, ou, como disse Jesus: "O profeta só é desprezado em sua terra, entre seus parentes e na sua própria casa" (Marcos 6:4). Mas a primeira pergunta feita pelo povo de Nazaré levanta a questão da cristologia. Em grego, é *pothen touto tauta*: literalmente, "donde para este [homem] estas coisas?" ou, numa tradução mais coloquial, "De onde lhe vem tudo isso?"

De Deus, diria Marcos; e com ele, os outros evangelistas e autores dos demais livros do Novo Testamento, bem como milhões de cristãos. Mas essa não era a única dedução, como bem sabia Marcos. Durante a vida de Jesus, alguns se recusavam a acreditar que uma pessoa que eles conheciam desde a infância pudesse falar de Deus com tanta autoridade. Outros eram da opinião de que a origem dos ensinamentos e das atividades de Jesus era o mal e não o bem (Marcos 3:22). Por que será que as coisas que ele disse e fez, bem como a origem dessas coisas, despertavam sentimentos tão intensos? Para examinar suas palavras e ações, passemos ao Capítulo 3.

NOTAS

1. Talvez fosse válido usar a expressão "João, o Batizador", em vez de "João Batista", porque ela descreve o que João fazia. Ele certamente não era membro de alguma fé cristã relativamente mais moderna.
2. Schweitzer 1954, 4.
3. Räisänen 1997, 177.
4. J. M. Robinson 1959, 12-9.
5. Funk *et.al.* 1993, 34-7; Borg, 1997, 4s.; Shorto, 1997, 5-8.
6. Esta e muitas outras informações podem ser encontradas no *website* do Jesus Seminar em http://religion.rutgers.edu/jseminar. O artigo citado de Robert J. Miller sobre *The Jesus Seminar and its Critics* é particularmente informativo e instigante.
7. Funk *et.al.* 1993, 550.
8. *Ibid.*, 549.
9. M. Grant 1994, 3-50.
10. A divisão entre a.C. (antes de Cristo) e d.C. (depois de Cristo, ou *AD, Anno Domini*, "ano do Senhor") foi criada no século XI por Dionysius Exiguus. Antes disso, a maneira usual de indicar uma data era pela

"*Quem vós dizeis que eu sou?*" / **81**

fundação de Roma. Exiguus escolheu o ano 754 da fundação de Roma como data do nascimento de Jesus. Esta parece ser uma data demasiado tardia, porque Herodes morreu provavelmente em 750.

11. Jeremias 1964, 36-41.
12. Stauffer 1960, 36-43. Ele oferece uma defesa muito interessante — mas, no meu entender, pouco convincente — da historicidade dos relatos do nascimento de Jesus.
13. Forward 1997, 9 e 116.
14. Borg 1997, 6.
15. Eliot 1954, 98s.
16. Josefo 1965, 93
17. *Ibid.*, 81-5.
18. Jones 1994, 73.
19. Jeremias 1971, 59-61.
20. Cracknell 1986, 85-98.
21. Theissen e Merz 1998, 308.
22. Jeremias 1971, 59-61.
23. Theissen e Merz 1998, 429s.
24. Forward 1997, 43-5.
25. Sobre os saduceus e seu envolvimento na morte de Jesus, ver o nosso Capítulo 4.
26. A guerra (*jihad*, em árabe) também é importante para o leitor do Alcorão (ver Forward 1997, 60). Meu propósito, fazendo comparações, não é marcar pontos e sim sugerir ênfases diferentes.
27. Jeremias 1971, 258-76.
28. Vermes 1973, 160-91.

Capítulo 3

O reino de Deus está próximo

No início da pregação de Jesus, Marcos (1:15) resume assim seu ensinamento: "Completaram-se os tempos, está próximo o reino de Deus, convertei-vos e crede no evangelho." Esse poderia ser o resumo feito pelo próprio Jesus, mas é mais provável que seja de Marcos e tenha sido colocado no início do ministério de Jesus como uma interpretação concisa.

Ali, Jesus é proclamado como o clímax das promessas de Deus, que então se realizavam no seu ministério. E a natureza de Deus é interpretada como sendo: majestosa, exigente e interessada. O evangelho (ou boa-nova) é estabelecido como um chamado, fascinante e cheio de graça, a todos os que conseguem ouvi-lo. Ele exige uma resposta: não responder ao chamado do evangelho é o mesmo que dar uma resposta negativa à oferta de perdão feita por Deus. Este capítulo examina o ensinamento de Jesus sobre o Reino.

O PAI-NOSSO

É possível perceber vestígios do resumo de Jesus sobre seu ensinamento no pai-nosso. Embora alguns estudiosos tenham argumentado que essa oração foi criada pela igreja primitiva para se contrapor ao *Shema*,[1] a prece diária judaica, essa hipótese é muito improvável. Mateus certamente interpreta o pai-nosso como uma oração mais apropriada para os cristãos

O reino de Deus está próximo / **83**

do que as prolixas devoções de certas seitas pagãs do seu tempo. Sua versão tem uma forma litúrgica, refletindo seu uso na adoração cristã. A versão de Lucas é mais sucinta, mas isso não quer dizer que seja anterior à de Mateus. É impossível ter certeza absoluta sobre qual era a forma original do pai-nosso. Cada evangelista provavelmente herdou uma versão diferente e isso nos impossibilita de localizar sua forma precisa na boca de Jesus. Dentro de seu contexto no Evangelho de Lucas, o pai-nosso é um modelo de prece para os discípulos. Um dos seguidores de Jesus pediulhe que os ensinasse a rezar, como João Batista ensinava seus discípulos. Em resposta,

> Disse-lhes ele [Jesus] então: "Quando rezardes, dizei: 'Pai, santificado seja o teu nome, venha o teu Reino, dá-nos cada dia o pão necessário; perdoa-nos os pecados, pois também nós perdoamos a todos que nos ofenderam, e não nos ponhas à prova.'" (11:2-4)

Lucas já tinha enfatizado que Jesus era um homem de oração (6:12; 9:18 e 9:29). A prece iria caracterizar os que eram seus discípulos. A versão de Lucas oferece cinco petições, numa forma memorável: duas a respeito de Deus e três referentes às necessidades daqueles que o seguem.

As petições relativas a Deus combinam duas metáforas da figura divina: Pai e Rei. Essas designações são encontradas no judaísmo, dentro do qual Jesus se criou. A justaposição das duas imagens, Pai e Rei, serve para alertar quem reza essa oração contra uma possível sentimentalização do conceito de Pai, como o "papai" ou alguma outra designação infantilizada. Essa é uma indicação, nos Evangelhos, de que ser discípulo exige que a pessoa seja uma criança na sua confiança em Deus e na dependência Dele enquanto pai, mas não implica um sentimentalismo infantilizado (Marcos 10:13-16; Mateus 19:13-15; Lucas 18:15-17).

Porém, no uso enfático da palavra "pai", Jesus indica um grau incomum de intimidade, que ele partilha com seus discípulos. Mesmo assim, ao contrário da versão de Mateus dessa prece, Lucas não diz "Pai Nosso". Seria possível argumentar que em Lucas a palavra "nosso" seria redundante, devido ao contexto de uma prece para os discípulos. Ou então se poderia inferir que a palavra "nosso" é inclusiva e não exclusiva; não uma posse privada a ser guardada ciumentamente mas um olhar na

84 / Jesus – uma pequena biografia

natureza de Deus, potencialmente aberta para que todos a conheçam e compartilhem.

O nome de Deus deve ser "santificado": isto é, Deus será reverenciado como divino e rezaremos pelo Seu reino. Jesus enfatizou o reino de Deus. Fora dos Evangelhos sinópticos e dos Atos, a frase é mencionada em João 3:3 e 3:5. Também é encontrada em Paulo e às vezes, embora moderadamente, no Novo Testamento. A petição, "venha a nós o vosso reino", levanta questões sobre a época em que o Reino virá.

O significado do pedido seguinte, "o pão nosso de cada dia nos dai hoje", tem sido objeto de muito debate. A palavra grega para "de cada dia" ou "diário" (*epiousion*) tem recebido as mais diversas interpretações, tais como "espiritual" ou "necessário". Ao pedir esse pão "de cada dia", Lucas está provavelmente explicando o "hoje" original. Em outra parte de seu Evangelho, ele enfatiza a necessidade da prática diária dos discípulos: "Se alguém quiser me seguir (...) tome *cada dia* a cruz e me siga" (Lucas 9:23; confrontar com Marcos 8:34 e Mateus 16:24, onde não há o "cada dia"). Não resta dúvida de que o público de Lucas percebia uma alusão à Eucaristia nessa referência ao pão dado "a cada dia", como um dos meios de sustentar o compromisso incessante.

Lucas não indica que o perdão divino depende da clemência humana. Pelo contrário, somente confiando em Deus e percebendo-O como perdoador é que somos capazes de perdoar e buscar o perdão. A petição para que Deus não nos ponha à prova, ou não nos submeta a teste, subentende que Deus poderia nos testar assim como testou Jesus no deserto (4:1-13). Se assim for, não se trata de nos castigar (assim como o deserto não foi um castigo para Jesus), mas de testar a nossa vocação (ver Lucas 8:13); e Deus, nesse teste, nos dá forças para não sucumbirmos "no momento da tentação".

Assim, o pai-nosso é um vigoroso resumo da vocação cristã. Apesar da avaliação interpretativa feita por Lucas (e mais ainda, possivelmente, por Mateus), é provável que a pessoa, com essa prece, se aproxime mais do próprio Jesus. O pai-nosso é uma prece totalmente judaica. Na verdade, às vezes ouvimos comentários de que o pai-nosso poderia ser um ponto de entendimento e mesmo de espiritualidade comum aos judeus e cristãos dos dias de hoje. Essa hipótese deixa de levar em conta dois aspectos importantes. Primeiro, embora os elementos do pai-nosso possam ser localizados no judaísmo, a ênfase dessa prece é cristã. Em segundo

O reino de Deus está próximo / 85

lugar, o pai-nosso tem uma história de dois mil anos como meio de definir quem é cristão e quem não é.

O REINO: AGORA OU ENTÃO?

Deveria ter havido uma história de dois mil anos depois de Jesus? Alguns dos seus primeiros seguidores acreditavam que o fim daquela realidade presente estava a ponto de engoli-los. A primeira epístola de Paulo, I Tessalonicenses (4:13-5:11), responde a uma pergunta sobre os fiéis cristãos que já tinham morrido. Paulo responde que os mortos têm a esperança da ressurreição no Dia do Senhor, junto com os cristãos que ainda estão vivos. Isso indica que Paulo e muitos fiéis dos primeiros tempos pensavam que o Senhor retornaria logo, muito embora Paulo afirmasse que o Dia não era conhecido e que viria "como um ladrão no meio da noite". Os judeus da época de Jesus se interessavam pela escatologia (isto é, os temas ligados à *eskata* ou coisas últimas desta Terra). É importante estabelecer a distinção entre o escatológico e o apocalíptico (do grego *apokalypsis*, que quer dizer "revelação"), apesar de não ser muito fácil encontrar uma definição adequada de apocalipse. Uma definição de apocalipticismo, oriunda do Jesus Seminar, é:

> A visão de que a História chegará ao fim, depois de uma catástrofe cósmica, e terá início uma nova era. Esse tipo de visão geralmente é expressada num "apocalipse": uma revelação por meio da visão celestial dos acontecimentos vindouros.[2]

A maioria dos membros do Jesus Seminar, e alguns outros estudiosos, defendem a idéia de um Jesus não-apocalíptico. Na visão deles, não seria autêntica a ênfase num apocalipse futuro nas narrativas dos Evangelhos (como encontramos em algumas das palavras do Filho do Homem). Isso porque a base do ensinamento de Jesus sobre o Reino eram as noções judaicas de sabedoria, e não as apocalípticas. Por exemplo, Dominie Crossan sustenta que "a escatologia sapiencial (...) enfatiza a *sapientia* [sabedoria, em latim] de saber viver aqui e agora, hoje, de modo que o poder presente de Deus esteja manifestamente evidente a todos. (...) Na escatologia apocalíptica, espera-se que Deus entre em ação; mas na escatologia sapiencial, Deus está esperando que nós entremos em ação".[3] Os membros do Jesus Seminar não duvidam que alguns judeus

86 / Jesus – uma pequena biografia

do primeiro século (como os membros da comunidade que produziu os Pergaminhos do Mar Morto) fossem influenciados pelo apocalíptico. Mas duvidam que a visão apocalíptica fosse muito difundida e que Jesus tenha se deixado influenciar por ela. Na verdade, uma vez que o público de Jesus consistia principalmente de operários, pescadores, comerciantes, escribas e semelhantes da Galiléia, em vez de membros de uma seita isolada e rebelde, é duvidoso que ele e eles tivessem tempo para dedicar a essas visões esotéricas e negadoras da vida.

A questão se resume em saber se a definição de apocalipse dada pelo Jesus Seminar é adequada. Encontrar uma definição satisfatória é o "campo minado" das atuais pesquisas sobre o Novo Testamento. Christopher Rowland argumentou cautelosamente que uma definição de apocalíptico não deveria ser demasiado estreita. Ele acredita que "em essência, o apocalíptico parece consistir na revelação de mistérios divinos, por meio de visões ou de outras formas de descobrimento imediato das verdades celestes". Apocalíptico não é sinônimo de escatológico, porque o apocalíptico lida com a revelação de vários temas diferentes e não só com o fim ou fins últimos das coisas. Rowland sugere que o batismo de Jesus poderia indicar uma experiência apocalíptica. É possível que Jesus tivesse passado por outras experiências desse tipo, como registra Lucas (10:18): "Vi Satanás cair do céu como um raio."[4]

No atual estado das pesquisas, pode ser que a escatologia nos ofereça uma chave — melhor do que a chave apocalíptica — para descerrarmos o significado das palavras e dos atos de Jesus. Não sabemos se havia muitos judeus interessados em visões apocalípticas. De todo modo, judeus em número bem maior teriam se interessado pelo fim ou fins últimos das coisas, porque eles (ao contrário dos hindus e budistas, como veremos no Capítulo 5) acreditavam numa visão linear da História. Nem todos viam as coisas últimas de uma maneira apocalíptica, embora alguns escritos judaicos daquele período o fizessem.

Também é possível que alguns grupos tivessem visto a transformação da ordem mundial em termos apocalípticos, mas acreditassem que o resultado seria um mundo reformado e não o fim do mundo. Em outras palavras, o mundo não seria destruído; a ordem mundial existente é que seria substituída por uma ordem "convertida". Pode ser que um maior número de judeus acreditasse na transformação do mundo do que na sua destruição. Alguns deles teriam visto a derrota do Império Romano e a restauração do domínio de Deus sobre Israel como metas desejáveis e al-

O reino de Deus está próximo / 87

cançáveis. Outros, contudo, sustentariam que o mundo era tão mau que deveria ser destruído.

O que pensava Jesus a respeito? No pai-nosso, ele ensinou seus discípulos a rezar pela vinda do Reino. A explicação do relato de Mateus 6:10 ("Seja feita a vossa vontade assim na terra como no céu") enfatiza o fato importante de que o domínio de Deus está assegurado no céu mas não na Terra, onde o mal, em termos individuais e estruturais, crescia — e ainda cresce — sem parar. De todo modo, como judeu, Jesus estaria perfeitamente ciente de que, em certo sentido, Deus governa aqui e agora. O fato de que Deus "faz nascer o sol para bons e maus, e chover sobre justos e injustos" (Mateus 5:45) indica um ambiente no qual Deus Se interessa pelas pessoas, é misericordioso com elas e lhes faz exigências. Mesmo assim, o acréscimo de Mateus ao pai-nosso indica uma tensão entre o domínio presente e futuro de Deus.

Às vezes Jesus aponta para o Reino como sendo um estado no qual se entra no futuro, talvez depois da morte. Por exemplo, Mateus 7:21 registra que Jesus diz: "Nem todo aquele que me diz 'Senhor, Senhor', entrará no reino dos céus, mas somente quem fizer a vontade do meu Pai, que está nos céus." Outra variação de afirmações sobre o futuro é que o domínio de Deus, agora nos céus, um dia transformará a Terra. Por exemplo, o acréscimo de Mateus ao pai-nosso; e também o relato de Marcos em que Jesus diz: "Não há ninguém que, tendo abandonado casa ou irmãos ou irmãs ou pai ou mãe ou filhos ou campos por minha causa e do evangelho, não receba já no tempo presente cem vezes mais casas, irmãos, irmãs, mães, filhos e campos no meio de perseguições, e no mundo vindouro, a vida eterna." (Marcos 10:29-30; confrontar com Mateus 19:29 e Lucas 18:29-30). Algumas das palavras do Filho do Homem, e também as de outros, descrevem um futuro de calamidades e tribulações. O capítulo 13 de Marcos, e seus paralelos em Mateus e Lucas, descrevem estrelas caindo do firmamento e coisas semelhantes (versículos 24 e seguintes). Isso não anuncia necessariamente o fim do mundo. O ocidental de hoje sabe que este nosso mundo não sobreviveria a uma tribulação desse tipo. Mas os povos do mundo antigo, para quem as estrelas pareciam muito mais próximas do que realmente estão, podem ter visto sua queda como um acontecimento dramático, no qual o Reino viria a uma terra ainda existente, porém muito mudada. (Lembro-me de um episódio fascinante que vivi durante uma viagem pela Índia: comigo no carro viajava uma camponesa idosa, vinda de uma aldeia remota; de repente,

88 / Jesus – uma pequena biografia

aterrissou à nossa frente um pára-quedista do exército indiano e a camponesa me perguntou, muito séria, se aquele era "o homem da Lua".) Muitas pessoas que ouviram as palavras de Jesus talvez as tenham interpretado no sentido dramático e poético, não no sentido literal!

O ensinamento de Jesus sobre a vinda do Reino levou os estudiosos a inúmeras interpretações diferentes. Alguns afirmaram que Jesus acreditava na vinda futura, porém iminente, do Reino. Albert Schweitzer achava que ele a esperava durante a sua vida e ficou desapontado quando isso não aconteceu. Jesus teria ficado tão perturbado que se apressou a produzir a vinda do Reino indo a Jerusalém para ali aceitar o "infortúnio messiânico" que, acreditava ele, aceleraria os acontecimentos.[5] Reagindo a esse ponto de vista, C. H. Dodd sugeriu uma "escatologia realizada", na qual todas as expectativas escatológicas teriam se realizado em Jesus. Na opinião de Dodd, "não há nada [no ensinamento de Jesus] mais claramente original do que a sua declaração de que o reino de Deus está aqui. Isso quer dizer que uma esperança havia se tornado realidade. Você deixa de procurar o reino de Deus através de um telescópio; você abre os olhos e vê".[6]

A interpretação de Dodd não foi convincente. Contra ela está o fato de que a maioria das palavras sobre o Reino possui uma referência que parece repousar no futuro, além desta existência terrena. Na verdade, Lucas 17:20-21 registra estas palavras de Jesus sobre a vinda do Reino: "O reino de Deus não vem ostensivamente; nem se poderá dizer que ele 'está aqui' ou 'está ali', porque o reino de Deus está no meio de vós." Entretanto, como essa passagem está dentro de um contexto de frases sobre a vinda futura do Reino, seria imprudente usá-la como alicerce para um grande edifício de idéias. Muitos comentadores da nossa época negam enfaticamente que essa frase possa ser "espiritualizada" para indicar que o Reino estaria menos "no meio de nós" e mais "dentro de nós", ou seja, um brilho interior e individual de bondade. Mas essa negação pode ter ido longe demais. É possível que aquelas palavras pretendessem indicar que Jesus reconhecia que cada pessoa tem uma capacidade inata para a fé, podendo discernir a presença interior de Deus e deixá-la crescer.

Contra esse ponto de vista que refuta qualquer referência ao Reino futuro, encontramos também o testemunho de Paulo e de outros cristãos primitivos. Em I Tessalonicenses 4:13-18, Paulo pode ter tido uma visão de "fim do mundo" sobre a vinda do Senhor, quando ele e todos os outros seguidores que ainda estivessem vivos seriam arrebatados para as nu-

O reino de Deus está próximo / 89

vens, junto com os mortos, ao encontro do Senhor nos ares. É possível que Paulo tenha se equivocado seriamente com relação ao ensinamento de Jesus. Se assim foi, parece mais provável que Paulo tenha confundido os *detalhes* de uma vinda do Senhor com a *realidade* dessa vinda. As palavras de Paulo poderiam ser interpretadas como uma indicação de que Jesus encontraria os fiéis nos ares e retornaria com eles à Terra. O mais provável é que Jesus acreditasse firmemente que sua obra por fim seria resgatada por Deus, quando o Reino fosse instaurado. Seja devido à reticência característica de Jesus em entrar em detalhes, seja porque os primeiros seguidores verteram as palavras dele nos moldes de suas próprias esperanças e desejos (ou uma combinação de ambos), é difícil para nós identificar exatamente em que Jesus acreditava. Na minha opinião pessoal, durante sua vida Jesus usou uma linguagem futura, escatológica, prevendo que Deus o resgataria tão logo ele seguisse obedientemente para Jerusalém, como o Filho do Homem sofredor. A partir da nossa perspectiva, podemos ver aquilo que ele não poderia saber: ele foi resgatado na ressurreição. Muitos dos contemporâneos de Paulo, embora acreditando na ressurreição de Jesus, estavam suficientemente impressionados por outras crenças da época para buscarem uma Vinda final que confirmasse a ressurreição. Nós, que vivemos dois milênios depois, podemos ver que eles estavam equivocados. O cristão moderno não precisa acreditar numa segunda Vinda, embora muitos o façam.

O próprio Jesus via uma ligação entre o domínio presente do Reino e sua plena instauração futura. Sua observação, "Mas se expulso os demônios pelo dedo de Deus, é que chegou certamente o reino de Deus até vós" (Lucas 11:20; ver também Mateus 12:28), sugere que o Reino, embora sendo um estado futuro, é previsto em suas palavras e atos. Jesus também disse:

> Desde os dias de João Batista até agora, o reino dos céus sofre violência e são os violentos que o conquistam. Pois todos os Profetas e a Lei profetizaram até a vinda de João. E se quiserdes aceitá-lo, ele é o Elias que há de vir. (Mateus 11:12-14)

É difícil determinar quem são "os violentos" que conquistam à força o reino dos céus. Poderiam ser homens violentos e perversos como Herodes Antipas ou Herodes, o Grande; poderiam ser figuras religiosas e políticas dos tempos de Jesus, que se empenharam em esmagar o domínio

90 / *Jesus – uma pequena biografia*

de Deus quando sua mensagem não lhes convinha. Ou, o que é mais provável no contexto de uma dimensão totalmente nova depois de proclamado o Reino, Jesus poderia estar exortando as pessoas a conquistarem violentamente o Reino, para não correrem o risco de ser excluídas dos novos tempos prenunciados.

Essa difícil passagem não quer dizer que todas as gerações anteriores são excluídas das promessas de Deus. Ela, na verdade, é um apelo dramático para que as pessoas tomem uma decisão sobre aquilo que Deus está oferecendo nas palavras e atos de Jesus. Provavelmente Jesus achava mais importante que as pessoas reconhecessem que Deus estava realizando por meio dele próprio, do que ficassem especulando quando o Reino viria em toda a sua plenitude. No entanto, não é razoável excluir aquela dimensão futura das esperanças e ensinamentos de Jesus.

Podemos resumir assim a atitude de Jesus quanto à vinda do reino de Deus: por ser judeu, Jesus acreditava que o reino de Deus estava presente até certo ponto, uma vez que Deus criara o mundo e Se interessava por ele. Jesus via o reino de Deus muito próximo, no resultado de suas pregações e curas. A mensagem de Jesus era mais misericordiosa e cheia de perdão do que a de João Batista. Embora João fosse uma figura de admirável importância nos propósitos de Deus, ele pertencia à velha ordem. As obras e os atos de Jesus pressagiam uma nova era. Ele acreditava que o Reino viria, com poder e graça incomensuravelmente maiores, em algum momento no futuro. Ele provavelmente ligava esse momento futuro com seu resgate por Deus. Examinaremos esse aspecto na seção final deste capítulo.

AS HISTÓRIAS DE JESUS

Uma característica dos ensinamentos de Jesus, como o pai-nosso, é serem memoráveis. Essa notável distinção provém do uso que faz do discurso figurativo. Nos Evangelhos sinópticos há afirmações curtas e vigorosas, e parábolas do Reino.

Os Evangelhos sinópticos chamam de "parábolas" todas as formas do discurso figurativo de Jesus, quer sejam provérbios, imagens retóricas ou narrativas mais longas. Isso corresponde à terminologia da Septuaginta, que traduz o hebraico *mashal* (provérbio, exemplo, parábola, adágio) para o grego *parabolé*. Jesus adotou uma forma de expressão que já era

O reino de Deus está próximo / 91

conhecida no judaísmo, mas que desabrochou, em imensa e inigualável profusão, no seu ensinamento. Tem havido uma compreensão cada vez maior do significado das parábolas. Dodd e Jeremias traçaram uma nítida distinção entre parábolas e alegorias. Eles argumentam que a parábola costuma enfatizar algum ponto, geralmente subversivo e certamente fora do comum, enquanto a alegoria enfatiza os detalhes de uma narrativa e os equipara, de maneira esmerada e pedante, com o que se acredita que eles representem na vida real. Essa posição hoje está muito discutida. John Drury argumentou que as parábolas não deveriam ser vistas como um gênero em si mesmas, exclusivo de Jesus. Drury demonstrou que o Antigo Testamento e outras literaturas judaicas contêm inúmeras parábolas, algumas delas fortemente alegóricas.[7]

Poderia parecer, então, que algumas parábolas de Jesus são alegorias ou, pelo menos, têm alguns componentes alegóricos, enquanto outras resistem à alegorização. Alguns comentaristas cristãos turvaram as águas quando inapropriadamente alegorizaram parábolas não-alegóricas. Tomemos, por exemplo, a interpretação arquitetada por Santo Agostinho, bispo de Hipona, para a parábola do bom samaritano. Essa história (registrada em Lucas 10:25-37) fala de um homem que descia de Jerusalém a Jericó. Assaltado e espancado por ladrões, foi deixado à morte. Um sacerdote passou pelo caminho, viu-o e seguiu em frente; o mesmo fez um levita. Por fim passou um samaritano que lhe tratou as feridas, colocou-o em cima da própria montaria e o conduziu a uma hospedaria, pagando de seu bolso para que o hospedeiro cuidasse dele. As comparações de Santo Agostinho incluem dados como: o homem ferido é o próprio Adão; os ladrões são o Demônio e seus asseclas; o sacerdote e o levita representam o sacerdócio e o ministério do Antigo Testamento, os quais (na opinião de Santo Agostinho) não têm a menor utilidade para a salvação; o samaritano é Jesus; a montaria é a carne na qual Jesus veio a este mundo, de modo que montar no animal significa a crença na encarnação; a hospedaria é a igreja e o hospedeiro é São Paulo.[8] Toda essa engenhosa construção perde de vista o ponto principal: o necessário ato de amor provém de uma fonte inesperada e talvez desprezada, o samaritano.

Mas alguns estudiosos, reagindo a uma interpretação demasiado alegórica de parábolas que resistem a ser interpretadas desse modo, subestimaram os detalhes alegóricos de certas parábolas. Às vezes uma parábola parece ter ressonâncias óbvias com a vida real. A parábola envol-

92 / Jesus – uma pequena biografia

ve uma comparação e, feita esta, é natural compararmos algo ou alguém, da parábola, com algo ou alguém da vida real. Por esse motivo, em outra parábola peculiar a Lucas — a do filho pródigo (15:11-32) — talvez não seja totalmente insensato interpretarmos (em alguns aspectos somente, não em todos, como veremos) o pai como sendo Deus. Além disso, algumas parábolas contêm intrinsecamente um forte componente alegórico. Marcos registra três parábolas sobre sementes numa seqüência (4:1-34). A segunda delas (4:26-29) compara o reino de Deus à semente que tem seu próprio poder de germinar e crescer segundo o seu próprio ritmo. A terceira (4:30-32) compara o Reino ao grão de mostarda que na semeadura é a menor das sementes da terra mas, depois de semeado, cresce e se torna maior do que todas as hortaliças. A primeira e mais longa dessas parábolas (4:3-8) é uma história que certamente parece ter uma base alegórica.

Algumas sementes caíram à beira do caminho e as aves as comeram; outras caíram em solo rochoso, onde germinaram cedo demais; outras caíram entre os espinhos que as sufocaram; e algumas caíram em terra apropriada e se desenvolveram, produzindo uma boa colheita. A interpretação dessa parábola (Marcos 4:13-20), em termos lingüísticos e outros, geralmente se refere à criação da igreja primitiva. O certo é que essas três parábolas, tanto pela maneira artificial pela qual Marcos as une quanto em alguns dos comentários interpretativos, denuncia a presença de um forte "trabalho editorial". Drury demonstrou que a interpretação da parábola do semeador reflete incidentes posteriores dos Evangelhos. Desse modo, o Satanás que "retira" a palavra que foi semeada nas pessoas à beira do caminho (4:15) espelha-se na tentativa de Pedro de "retirar" a profecia de Jesus a respeito de sua própria morte. Foi por essa razão que Jesus chamou Pedro de "Satanás" (8:31-33). Os que fraquejam quando chega a adversidade (4:17) são na verdade os discípulos, que abandonam Jesus no momento de sua prisão (14:43-50). Entre os que se deixam fascinar e desviar pelas riquezas do mundo (4:18-19) está o jovem rico (10:17-22). A única e admirável exceção é que o solo bom, com sua colheita abundante, não reaparece mais tarde no Evangelho. Talvez Marcos tivesse "os olhos além do seu Livro, com seu famoso final abrupto, vendo a vida de sua igreja; esperando que, depois da ressurreição, acontecessem coisas melhores do que antes".[9]

Contudo, apesar desse ambiente na imaginação criativa de Marcos, talvez seja possível detectarmos um eco da reflexão de Jesus sobre seu

O reino de Deus está próximo / **93**

ministério. O ponto importante na parábola do semeador é que algumas pessoas respondem e outras não, ou, se o fazem, não têm persistência. Jesus sabia disso e, apesar de tudo, conservou a esperança porque, pela graça de Deus, seu trabalho cresceu e acabou por florescer. Se há aqui uma sugestão de que Jesus compreendia sua obra, então temos uma forte cristologia implícita: o Reino é de suprema importância, mas Jesus o faz vir e o proclama. No final do capítulo 4 de seu Evangelho, Marcos oferece esta observação editorial:

E com muitas parábolas como estas, ele [Jesus] lhes anunciava a palavra segundo podiam entender, e só lhes falava em parábolas; a sós, porém, explicava tudo a seus discípulos. (33-34)

Isso mostra o papel delicado das parábolas. Para aqueles que têm ouvidos para ouvir, as parábolas desvendam os significados do reino de Deus. Para os que não têm ouvidos, elas são opacas. Há aqui um indício — e uma indicação mais clara nos versículos 10-12 — de que as parábolas eram deliberadamente desorientadoras. Esses versículos contêm uma referência a Isaías 6:9-13, na qual Deus diz ao profeta que sua missão não terá êxito. Mas as palavras de Isaías devem ser interpretadas como amarga ironia e não no sentido literal. Por que Deus mandaria um profeta sabendo que este não poderá ter êxito? Na verdade, Deus estava dizendo que aquele povo indiferente ouviria sem ouvir e veria sem ver; de outro modo, louvado seja Deus!, aquele povo acabaria por se arrepender.

Assim Marcos, talvez fazendo eco ao Jesus histórico, estava dizendo aos discípulos: "Pelo amor de Deus, ouçam, entendam, respondam." A ironia é que no Evangelho de Marcos (Mateus e Lucas tendem a suavizar o problema) os discípulos formam um bando de ignorantes, enquanto algumas pessoas de fora mostram uma fé admirável. Por exemplo, os discípulos fogem no momento crucial da prisão de Jesus (14:32-50 e 66-72), enquanto o centurião romano, aos pés da cruz, reconhece que Jesus era o filho de Deus (15:39). A frase sobre a candeia que deve ser colocada num candelabro e não escondida debaixo da cama (4:21-22), embutida no meio das três parábolas das sementes, mostra que o propósito de Jesus era esclarecer, não confundir.

Além disso, em Marcos 12:12 algumas pessoas entendem que Jesus dirigira a parábola contra elas: elas bem podiam ver, e desaprovar, sua im-

94 / Jesus – uma pequena biografia

portância. Esse versículo aparece no final da parábola da vinha (12:1-12), que tem um forte componente alegórico. Jeremias tenta explicá-lo e sustenta sua rígida distinção entre parábolas e alegorias considerando essa parábola "única".[10] Está bem claro que essa parábola é uma alegoria: o dono da vinha é Deus, a vinha é Israel e os arrendatários são certos judeus, como indicaria uma reflexão sobre Isaías 5:1-7. Os servos são figuras do Antigo Testamento; o filho e herdeiro é o próprio Jesus. Na parábola da vinha, os perversos arrendatários espancam ou matam todos os servos enviados para receber a parte devida ao dono. Este finalmente envia seu filho, que é morto e atirado fora da vinha. É difícil supor que toda essa parábola tenha sido criada depois da Páscoa, porque Jesus não foi morto por "certos judeus", mas pelos romanos, como veremos no Capítulo 4, e seu corpo não foi atirado insepulto fora da vinha, mas devidamente enterrado. Talvez estejamos aqui em contato com as reflexões de Jesus sobre aquela passagem de Isaías, e tudo o que ela pressagia sobre o seu próprio destino e o destino de muitos dos que levariam a mensagem de Deus a platéias recalcitrantes e duras de ouvido.[11]

Talvez o principal indicador da eficácia de cada narrativa — mais do que a recuperação de sua forma original, livre de alegorias e acréscimos — seja a sua capacidade de chocar as pessoas e desafiá-las quanto à natureza e os valores do domínio de Deus. Para aqueles que ouviram a parábola do filho pródigo, seria chocante ver um pai correndo para saudar o filho mais moço, desgarrado, assim como seria chocante ver os dois filhos, cada um a seu modo, questionando a autoridade paterna. O choque seria inevitável na sociedade em que Jesus viveu, pois os três personagens da narrativa ofenderiam o conceito de honra vigente numa aldeia mediterrânea: temos um pai afetuoso e tolo que divide seus bens; temos dois filhos desavergonhados que aceitam essa chocante decisão — numa época e lugar como a Galiléia do primeiro século, essa aceitação implica que os filhos desejavam a morte do pai. No final, os vizinhos escandalizados teriam reintegrado os dois na comunidade se comparecessem à festa dada pelo pai para celebrar a volta ao lar do filho mais moço. Entretanto, o que faz o filho mais velho? Ele acusa o irmão de ter gastado dinheiro com prostitutas, embora o relato nada tivesse mencionado a esse respeito (algumas traduções preferem "vida dissoluta", mas isso é um erro porque o grego *zon asotos* significa "vida destrutiva"). O mais velho, portanto, calunia o irmão e insulta o pai publicamente; na sua qualidade de primogênito, ele deveria ter saudado os convidados em vez de se afas-

O reino de Deus está próximo / 95

tar mal-humorado. No fim da história, é o mais velho que passa a ser marginalizado por causa de seu comportamento vergonhoso. E quanto à mãe? O relato mantém um silêncio espantoso sobre ela. O que ela pensava das ações dos filhos e do marido? Qual seria o papel dela nessa família desestruturada? Como os problemas familiares afetaram a aceitação dela na comunidade como um todo?[12]

Mesmo numa leitura mais tradicional da parábola do filho pródigo, há alguns pontos incidentais interessantes para chocar o ouvinte convencional: por exemplo, um rapaz judeu, no limite de suas forças, vê-se reduzido à triste condição de cuidar de animais "impuros", como os porcos. Além disso, é uma idéia muito prosaica de arrependimento que faz o jovem retornar à casa paterna, com o pretexto de que "mesmo os servos do meu pai têm pão em abundância, enquanto eu aqui morro de fome". O pequeno discurso que ele planeja fazer ao pai, "pequei contra o céu e contra ti, e já não sou digno de ser chamado de filho", é mais uma maneira vergonhosa de ganhar as boas graças do pai do que uma afirmação de penitência profunda. Na verdade, a palavra "arrependimento" nunca é mencionada nessa narrativa. A parábola enfatiza que o rapaz não fazia a menor idéia da profundeza do amor de seu pai por ele, e que o pai só se interessava pela volta do filho, não pelas razões que a determinaram. Em outra parte, Lucas se mostra interessado no arrependimento sincero dos pecadores (por exemplo, a história de Zaqueu, 19:1-10), mas não aqui. Na parábola do filho pródigo, a ênfase está no chocante amor do pai, que espelha a graça abundante de Deus para com pecadores que não a merecem. O ouvinte, certamente, ficava perplexo, sem saber como entender o verdadeiro significado do arrependimento. Mesmo se este implicar uma mudança no coração e na direção da vida, como ocorre com Zaqueu, o arrependimento exige uma avaliação prática das vantagens resultantes dessa decisão. Para alguns ouvintes, essa visão calculista, egoísta e prática parece chocante.

No entanto, a interpretação que Lucas dá à fé cristã se caracteriza pelo fato de ela começar com uma avaliação perspicaz de suas vantagens. Isso é demonstrado pela parábola do administrador desonesto (16:1-13). Nesse relato afrontoso, o administrador de um homem rico é chamado a prestar contas por ter dilapidado os bens do patrão. Ele convoca os devedores do patrão e, desonestamente, abate o total das dívidas. Desse modo, consegue fazer amigos que o receberão quando for demitido. A parábola termina com estas palavras: "O patrão louvou o administrador

96 / *Jesus – uma pequena biografia*

desonesto por ter procedido com tino." Embaraçados, vários estudiosos sugerem que o administrador foi louvado pelo seu tino comercial e não por sua desonestidade. É válido; mas talvez eles estejam minimizando o tom ofensivo desse relato, seu conteúdo escandaloso e, sobretudo, seu humor. Se a platéia de Jesus era composta principalmente por pobres e camponeses, e não por ricos, não seria de imaginar que se divertissem com a astúcia do administrador que "passa a perna" num milionário que parece ter enriquecido à custa dos outros? E tudo se passa num mundo estranho e confuso, onde um homem próspero e avaro pode ser, num certo sentido, comparado ao Deus que aprova aqueles que, quando muito por egoísmo esclarecido, sofrem uma radical mudança no coração. É também aquele mundo de cabeça para baixo, onde a graça de Deus se mostra no comportamento desonroso de uma família desestruturada.

É impossível chegarmos a conhecer o contexto original de cada parábola na vida de Jesus (talvez ele, como todo contador de histórias sensível, contasse parábolas escolhidas para diferentes grupos), e é difícil estabelecermos uma separação entre as palavras de Jesus e o desenvolvimento — ou mesmo a criação — delas nas primeiras tradições. As parábolas do filho pródigo e do administrador desonesto são encontradas somente em Lucas, enquadrando-se na ênfase desse Evangelho sobre o uso correto da riqueza e da posição social. Isso não quer dizer que sejam criações de Lucas. O fato de a parábola do administrador oferecer inúmeras e diferentes conclusões interpretativas (versículos 8-13) sugere que ela tem uma pré-história e não é simplesmente criação do evangelista.

As parábolas também contêm cristologias implícitas. O comportamento de Jesus combina com suas palavras e por isso o fato de ele sentar-se à mesa com pecadores (Lucas 15:2) é semelhante ao comportamento do pai na parábola do filho pródigo, que Jesus conta para justificar seus atos. Contudo, o propósito maior das parábolas é salientar o ensinamento de Jesus de que o reino de Deus (ou reino dos céus, como prefere Mateus que, à típica moda judaica, prefere não falar de Deus diretamente) está próximo, e sublinhar o que isso acarreta.

OS MILAGRES DE JESUS

Os herdeiros do iluminismo negavam a existência de milagres. Eles acreditavam num universo fechado, limitado pelas leis da natureza que proibiam a intervenção indesejada do sobrenatural. Mas está claro que Jesus de Nazaré foi lembrado como agente de cura e exorcista. Na verdade, seu nome hebraico, *Yehoshua*, significa "Deus é a salvação" ou mesmo "Deus é a cura". Relatos das aptidões de Jesus como agente de cura são encontrados em todas as tradições que existem sobre ele. O que fazer, então? Alguns racionalizaram os milagres. Dizem eles, por exemplo, que Jesus teria andado sobre as águas (Marcos 6:45-52; Mateus 14:22-33; ver também João 6:15-21) pisando em toras de madeira que sabia haver ali. Quando a tempestade ameaçou virar o barco e Jesus a fez parar dizendo: "Silêncio! Acalma-te!", (Marcos 4:35-41; Mateus 8:23-27; Lucas 8:22-25), a quietude teria descido ao coração dos discípulos, que então a transferiram psicologicamente, por assim dizer, para os elementos. Quando Jesus alimentou os cinco mil (Marcos 6:35-44; Mateus 14:15-21; Lucas 9:12-17; ver também João 6:4-14), não teria sido com cinco pães e dois peixes, mas com uma mensagem que os estimulou a partilhar toda comida que eventualmente tivessem consigo. Essas explicações são sempre triviais, geralmente moralizantes e sentimentais e às vezes implicam que Jesus deliberadamente se punha a iludir as pessoas usando o equivalente às nossas "mágicas de palco". É mais fácil acreditar que ele curava do que vê-lo como um ilusionista.

Alguns estudiosos mostraram a existência de conhecidas histórias de milagres no mundo helênico. Acreditam eles que os relatos de curas, exorcismos e milagres nasceram a partir das narrativas sobre a vida e a morte de Jesus, à medida que o cristianismo primitivo abria caminho no mundo pagão.

Na década de 1970, dois estudiosos judeus relocaram os milagres dentro do ambiente histórico da vida de Jesus. Geza Vermes sugere que Honi foi um palestino fazedor-de-chuva do primeiro século AEC, e que o Rabino Hanema ben Dosa, do primeiro século EC, fazia milagres. Ambos, como Jesus, alegavam manter com Deus um relacionamento que era, até certo ponto, independente da Lei. Todos os três atuaram num meio carismático. Morton Smith argumentou que Jesus provavelmente recebera treinamento como mago no Egito. Ele fora possuído por Belzebu, se recuperara evocando o espírito de João Batista dentre os mortos (uma excêntrica interpretação de Marcos 6:6) e os usava como meios para realizar milagres mágicos. Smith também registrou outras razões para ver Jesus como um mago: ele tinha uma miraculosa presciência, conhecia os demônios e os espíritos, e distribuía comida encantada para unir aqueles que a partilhavam.[13]

98 / *Jesus – uma pequena biografia*

O argumento de Smith é inconvincente, assim como alguns detalhes de Vermes. Contudo, eles salientam o fato de Jesus ter atuado num ambiente que estava bem distante do racionalismo da Europa e da América modernas e pós-modernas. Os antropólogos sociais já chamaram a atenção para a maneira pela qual as sociedades identificam milagre e magia, saúde e doença, e assim por diante. A diferença entre religião e magia certamente é, em grande parte, uma questão de rótulo social e não de realidade demonstrável.[14] Desse modo, o projeto do iluminismo para "desencantar" o mundo, despindo-o de mistério e magia, impede que ocidentais sofisticados compreendam o funcionamento de uma sociedade como a da Galiléia no século primeiro. Ali, em certas circunstâncias, narrar milagres dava poder aos desamparados e oferecia esperança aos despossuídos. É claro que as sociedades que tecem histórias sobre o miraculoso e o mágico correm o risco de atrair apenas as pessoas crédulas. Mas não é preciso que seja assim. Se a possibilidade do miraculoso for controlada por restrições sociais sobre o que ele pretende alcançar, haverá limites para o que ele pode e não pode realizar. Ao narrar relatos de milagres, o que então pretendem os Evangelhos sinópticos transmitir sobre a vida de Jesus?

É significativo que Marcos descreva Jesus, no início de seu ministério, ensinando no Shabat [sábado, o dia santificado do judaísmo] mas não ofereça detalhes do que ele ensinava. Em vez disso, Marcos conta que Jesus curou um homem com um espírito impuro. A reação dos presentes foi: "O que é isso? Eis uma doutrina nova, com autoridade. Ele manda até nos espíritos impuros e eles lhe obedecem" (1:21-28). Para Marcos, portanto, os milagres podiam ser uma forma de ensinamento. Tal como para certos profetas do Antigo Testamento (por exemplo, Ezequiel comendo um pergaminho que tinha gosto de mel e depois indo falar ao povo [3:1-11]), o ensinamento tanto poderia ser uma parábola representada quanto uma instrução verbal de tipo doutrinal ou ético.

Desse modo, talvez os milagres possam ser descritos como parábolas representadas. Eles oferecem a vida do Reino tanto quanto o fazem os ensinamentos mais diretos de Jesus. E, como outros ensinamentos de Jesus, os milagres contêm cristologias implícitas. Segundo Mateus (11:2-6) e Lucas (7:18-23), João Batista ouviu falar das obras de Jesus e enviou dois discípulos para lhe perguntarem:

O reino de Deus está próximo / **99**

"És tu aquele que há de vir, ou temos de esperar outro?" Em resposta, disse-lhes Jesus: "Ide anunciar a João o que ouvis e vedes: os cegos vêem e os coxos andam, os leprosos ficam limpos e os surdos ouvem, os mortos ressuscitam e os pobres são evangelizados. Bemaventurado aquele para quem não sou motivo de escândalo."

Mesmo argumentando que se trata de uma tradição sobre Jesus, e não as próprias palavras dele, o trecho acima deixa claro que, desde os primeiros dias, milagres eram imputados a Jesus e interpretados como sinais da vinda do Reino e da importância do seu mensageiro. Os milagres podem ser divididos em diferentes categorias. Incluemse aí exorcismos, como a expulsão dos espíritos impuros que possuíam um homem em Gérasa, lançando-os sobre os porcos (Marcos 5:1-34; Lucas 8:26-39; ver também Mateus 8:28-34), e milagres de libertação, como aquietar a tempestade (Marcos 4:35-41; Mateus 8:23-27; Lucas 8:22-25) e caminhar sobre as águas (Marcos 6:45-52; Mateus 14:22-33; ver também João 6:15-21). Pode-se argumentar que é plausível localizar os exorcismos no ministério de Jesus, enquanto os milagres de libertação, ou ligados à natureza, retrojetam o Cristo glorificado do pós-Páscoa no ambiente da Galiléia. Vista a partir da nossa perspectiva moderna, essa argumentação parece aceitável. Mas ela perde de vista o fato de Jesus e seu ambiente serem estranhos para nós, que habitamos um mundo bem diferente daquele, ao qual pretendemos ajustar Jesus.

O crescimento dos ministérios de cura é uma característica do cristianismo moderno. Muitas igrejas carismáticas da África negra realizam inúmeros milagres de cura (uma reflexão antropológica e teológica sobre eles poderia lançar uma luz fascinante sobre a Galiléia do primeiro século). Mesmo no mundo ocidental, são abundantes os ministérios de cura. Embora alguns deles tenham um dúbio valor moral e teológico, é difícil acreditar o mesmo das igrejas que oferecem imposição de mãos e eucaristias curadoras: mal-orientadas, talvez; indignas, dificilmente. As idéias de Freud, de Jung e de outros psicólogos sobre o inconsciente humano tornaram seriamente questionáveis as rigorosas visões mecanicistas e determinísticas do comportamento humano. Eles e seus discípulos revelaram nosso potencial humano para estabelecer comunicação com o misterioso e o profundo dentro e, talvez, também fora de nós mesmos. Se assim for, então pelo menos dois aspectos das histórias milagrosas de Jesus fariam o homem moderno parar para pensar. O primeiro desses as-

100 / *Jesus – uma pequena biografia*

pectos é se a cura deve ser vista seriamente como sinal do poder misericordioso de Deus. O segundo é se Jesus poderia ser descrito como médium. "Médium" é uma palavra difícil, com ressonâncias de charlatanismo, ilusionismo e superstição, para muitas pessoas dos dias de hoje. Qualquer interpretação dessa palavra deve evocar dons telepáticos e profundas aptidões intuitivas.

Esses dois aspectos das histórias milagrosas podem ser exemplificados pelo relato da cura da mulher que sofria de uma hemorragia (Marcos 5:25-34; Mateus 9:19-22; Lucas 8:43-48). O relato de Marcos foi reorganizado e abreviado por Lucas, e especialmente por Mateus, à custa de alguns detalhes fascinantes. A cura da mulher é um milagre dentro do milagre da cura da filhinha de Jairo. Quando Jesus estava a caminho para curar a menina, a mulher — que sofria de hemorragia havia doze anos e já perdera as esperanças, tendo gastado tudo o que possuía consultando vários médicos — tocou o manto de Jesus, acreditando que seria curada. No mesmo instante sua hemorragia estancou e ela sentiu no corpo que estava curada. Jesus percebeu que dele fluíra aquela força e perguntou quem lhe tocara o manto. Os discípulos, exasperados, apontaram para a multidão que se comprimia à volta dele. A mulher, trêmula de medo, prostrou-se diante de Jesus e lhe contou toda a verdade. Jesus disse: "Filha, tua fé te salvou. Vai em paz e fica curada desse sofrimento."

Há diversos elementos importantes nesse relato. É significativo que Jesus, depois que a mulher lhe diz que estava curada, afirme que ela está curada. Temos aqui um elo entre a palavra e o poder criador — um tema judaico que remonta à abertura do Livro do Gênesis e também é retomado no prólogo do Evangelho de João. Mais importante ainda é o doloroso lembrete de que aquela mulher não tem posição definida. Ela pode ter tido dinheiro para gastar com médicos, mas ela não tem nome e, até o fim do relato, tampouco tem voz. Em termos religiosos, sua doença a tornava ritualmente impura, embora o relato não enfatize esse ponto. Assim, sua baixa condição — uma mulher numa sociedade masculina — atravessa toda essa narrativa. (É interessante notar que Marcos e Lucas, ao contrário de Mateus, mencionam Jairo pelo nome, mas não nos dizem como se chamava sua filhinha.) Os ouvintes desse relato podem ter ficado chocados quando Jesus descreveu o ato daquela mulher como sendo de fé. Era um ato que, ao contrário, mais parecia crédulo e irracional. As interpretações posteriores dessa história, na verdade, tornaram-se crédulas e irracionais — havia uma crença, entre o povo inglês, de que o toque do mo-

O reino de Deus está próximo / **101**

narca podia curar os doentes. Mas é possível que esse julgamento esteja simplesmente denunciando a nossa perspectiva moderna. Na sociedade em que Jesus viveu (e, aliás, também na sociedade inglesa da Idade Média e início dos tempos modernos), o ato daquela mulher seria perfeitamente compreensível. Não há dúvida de que Jesus estava certo da fé daquela mulher. Quais são as características dessa fé? Quando tudo mais falhou, a mulher sabia que a esperança e a cura estavam investidas em Jesus e em sua promessa do reino misericordioso de Deus. Tal como o filho pródigo da parábola, aquela mulher chegara ao fim das suas forças e agora sabia o que precisava fazer. Fé é essa mistura de desespero, risco e decisão.

Quanto a Jesus, ele tinha uma percepção intuitiva, talvez dons telepáticos, que lhe permitiam perceber que a força fluíra de si como resultado da necessidade e fé daquela mulher. Há outros relatos nos Evangelhos que mostram sua presciência. É provável que alguns desses relatos tenham sido criados pelos evangelistas para indicar a autoridade e os grandes dons de Jesus. Um exemplo disso (Marcos 11:1-6; Mateus 21:1-7; Lucas 19:29-35) foi o fato de Jesus saber de antemão que um homem perguntaria aos discípulos por que eles estavam levando o jumentinho (a menos que a explicação banal seja a de Jesus ter arquitetado toda a situação). Mas não está além dos limites da possibilidade — na verdade, é inteiramente aceitável — que Jesus possuísse dons intuitivos e telepáticos profundos, mesmo que os evangelistas os tenham exagerado. Embora tais dotes não constituam prova de uma condição cristológica, eles indicam um homem que, por possuí-los e os exercer, tem a capacidade de reunir as pessoas para ouvirem e responderem a outras coisas: especificamente, ao reino de Deus, pleno de cura e restauração.

Na verdade, embora alguns estudiosos (Vermes e Theissen, por exemplo) chamem Jesus de carismático, talvez seja mais correto considerá-lo um médium, se conseguirmos eliminar as conotações negativas dessa descrição. Certamente Jesus era carismático no sentido de viver na força do espírito de Deus (assim Lucas, pelo menos, afirmaria). Mas "carisma" pode às vezes ser uma palavra bem confusa. Os chamados "líderes carismáticos" freqüentemente garantiam a si mesmos platéias prontas para saudá-los e acólitos prontos a difundir suas palavras, além de terem idéias astutas sobre a maneira de utilizar as forças sociais.[15] Em suma, a verdade é que não conhecemos suficientemente sobre Jesus para saber se ele dispunha de toda essa organização.

JESUS E AS MULHERES

Muitos livros sobre Jesus destacam sua maneira de se relacionar com as mulheres, surpreendentemente livre e aberta quando comparada com a de muitos dos seus contemporâneos e até mesmo com a dos homens em geral, nas mais diversas épocas e culturas. Lucas (8:1-3) registra que mulheres acompanhavam Jesus e seus doze discípulos durante suas viagens pela Galiléia, prestando-lhes apoio financeiro.

Mesmo assim, os relatos dos Evangelhos revelam um acentuado ponto de vista patriarcal. A anonimidade da mulher com hemorragia corresponde à história da mulher que banhou os pés de Jesus com o ungüento perfumado (Marcos 14:3-9; Mateus 26:6-13; Lucas 7:36-50; ver também João 12:1-8, onde essa mulher se chama Maria, irmã de Marta e de Lázaro). Marcos e Mateus nos dizem que Jesus estava na casa de Simão, o leproso, de quem nada se sabe além do nome. O irônico é que a mulher do ungüento seria lembrada universalmente, não por seu nome mas pelo seu gesto: "Ela fez o que pôde; antecipou-se a ungir-me o corpo para a sepultura. Em verdade vos digo, onde quer que no mundo se pregue o Evangelho, será lembrado o que ela fez." Tampouco sabemos o nome da pagã cananéia cuja fé vívida fez Jesus mudar de idéia e curar sua filha, também esta anônima (Marcos 7:24-30; Mateus 15:21-28). Além disso, sabemos o nome dos irmãos de Jesus, mas não o de suas irmãs (Marcos 6:3; Mateus 13:55-56).

Não sabemos se havia mulheres entre os 70 (ou 72) discípulos que, segundo Lucas 10:1-16, Jesus "enviou dois a dois" como arautos de sua chegada às cidades. Já que Lucas admite que Jesus tinha seguidores e seguidoras, é uma possibilidade intrigante que esses "dois a dois" fossem marido e mulher.

Será que a anonimidade dessas mulheres indica que Jesus era mais aberto em relação às mulheres, não só mais aberto do que muitos dos seus contemporâneos como também do que os evangelistas e grande parte do material por eles escrito? Se assim for, os primeiros homens cristãos não viram plenamente as implicações das palavras e dos atos de Jesus. Para examinar esse ponto, precisamos conhecer um pouco as atitudes em relação às mulheres na Galiléia. É provável que a maioria das mulheres trabalhasse nos campos ao lado dos homens, lavrando, semeando e fazendo a colheita. O isolamento total só teria sido possível em se tratando de mulheres de famílias relativamente ricas. Nessas famílias, os homens te-

O reino de Deus está próximo / 103

riam condições de restringir a liberdade de movimentos das mulheres, mostrando aos outros que podiam dar-se a esse luxo. As obrigações religiosas da mulher eram diferentes das do homem. No Templo, por exemplo, ela não podia ir além do Pátio das Mulheres (*Ezrat Nashim*). Não pretendemos tecer comentários depreciativos sobre o judaísmo. Os deveres religiosos das mulheres, bem como as possibilidades abertas a elas, foram ditados pelos homens (às vezes com dúbias referências a uma sanção divina) desde tempos imemoriais — e assim continua sendo, inclusive dentro de certos círculos cristãos. Além disso, na maioria das religiões coube à mulher o ônus de ensinar as práticas e preceitos religiosos às crianças, o que demonstra que as mulheres tinham de fato sua esfera de influência. O que Jesus parece ter feito foi: (1) abrir às mulheres possibilidades que muitos homens e mulheres teriam julgado inapropriadas, e (2) relacionar-se com mulheres que eram marginalizadas pela sociedade.

A cura da mulher com hemorragia é um exemplo do segundo ponto; o relato de Lucas sobre Maria e Marta, do primeiro. Marta acolhe Jesus em sua casa e, então, dedica-se aos seus vários afazeres. Não se diz quais eram esses afazeres, mas certamente incluíam a preparação de comidas e bebidas, porque a hospitalidade era um importante costume social. Enquanto Marta trabalha, sua irmã Maria senta-se aos pés de Jesus e ouve suas palavras. Marta vem até Jesus e se queixa que Maria não a ajuda; Jesus a repreende, dizendo-lhe que Maria escolhera "a melhor parte" (Lucas 10:38-42). É fácil dar um caráter trivial a essa história, alegando que Marta cumpriu o papel que se esperava de uma mulher, enquanto Maria ouvia e aprendia. O relato, na verdade, é bem mais intrigante e radical. Marta acolhe Jesus na casa dela, indicando que vivia por conta própria; como nenhum homem é mencionado, presume-se que as irmãs eram viúvas ou solteiras, mas ainda assim independentes dos membros masculinos da família: uma situação chocante. Marta era uma mulher fora do comum, mas talvez, aos olhos de Jesus, não suficientemente incomum! Era consideravelmente livre das convenções, mas não absolutamente livre. O mais importante de tudo, mais importante até do que a obrigação da hospitalidade, é ouvir sobre o Reino e entrar nele.

Nas parábolas de Jesus sobre o Reino, é significativo que as mulheres apareçam ao lado dos homens, às vezes em papéis femininos específicos (para desgosto de algumas feministas). Tomemos, por exemplo, as parábolas da ovelha desgarrada e da moeda perdida (Lucas 15:3-7 e 8-10). Jesus estava retratando o mundo que ele conhecia e observava. Nesse

104 / *Jesus – uma pequena biografia*

mundo, as mulheres não pastoreavam ovelhas e os homens não faziam trabalho doméstico; se um homem perdesse uma moeda, ele certamente mandaria a esposa, as irmãs e as filhas procurá-la. As mulheres não foram ignoradas nos ensinamentos de Jesus; foram incluídas.

Seria Jesus, então, um ardoroso feminista? Consideremos algumas possibilidades anacrônicas. Jesus foi um filho de sua época e de sua cultura. Essa cultura, embora fortemente patriarcal, não era imune a mudanças. O impacto do helenismo e da dominação romana e a presença de pagãos e judeus na Galiléia, pelo menos nos centros urbanos, eram fatores de perturbação, mas também faziam surgir novas possibilidades de transformação social. Assim, Jesus não estaria sozinho quando interpretava sua tradição religiosa em termos socialmente inovadores. Ao lado de sua atitude extraordinariamente aberta em relação às mulheres, devemos mencionar também coisas como: doze apóstolos homens; ensinamentos que mostravam a mulher como objeto da luxúria masculina (Mateus 5.28) ou de costumes patriarcais (Mateus 24:38; Lucas 17:27). Os defensores de um Jesus radical poderiam interpretar essas atitudes, até certo ponto convencionais, como algo criado pelas primeiras tradições. Também é possível, e até bem provável, que Jesus, na questão de ver todas as extraordinárias e amplas possibilidades das suas atitudes e ações em relação à mulher, não fosse mais longe do que seus seguidores e intérpretes masculinos. Não se pretende, com essa idéia, diminuir a importância de Jesus, mas simplesmente inseri-lo, como ser humano real, num contexto real.

Nos dias de Jesus e na cultura em que ele viveu, a maioria das mulheres divorciadas ou estéreis teria sido devolvida, em desgraça, à casa do pai ou do irmão mais velho. Uma viúva com filhos teria sido mantida pelo seu primogênito, se este fosse casado. Caso contrário, a família do marido morto a receberia. Muitas das histórias sobre Jesus o descrevem lidando com mulheres que, excepcionalmente, não dispunham de proteção masculina. Elas não se encaixavam nos padrões familiares tradicionais da época. Qual era, pois, a atitude de Jesus em relação à família?

JESUS E A FAMÍLIA

Jesus parece ter proibido o divórcio. Essa proibição aparece uma vez em Paulo (Primeira Epístola aos Coríntios 7:10 e seguintes) e quatro vezes nos Evangelhos sinópticos (Marcos 10:2-12; Mateus 5:31-32 e 19:3-9;

O reino de Deus está próximo / 105

Lucas 16:18). Os Evangelhos contêm uma forma longa (Marcos e Mateus 19) e uma forma curta (Mateus 5 e Lucas); o relato de Paulo está mais próximo da forma curta. É impossível saber qual a mais autêntica. A forma curta, de certo modo, condena como adultério um novo casamento de pessoas divorciadas. Na forma longa, Jesus argumenta que o casamento é um ato de criação e que Moisés só permitia o divórcio por causa da dureza do coração humano. De todo modo, tal como na forma curta, o texto proíbe que pessoas divorciadas se casem de novo. Seria banal "domesticar" o ensinamento de Jesus da maneira como o fazem certos homens de igreja. Os argumentos a favor da criação dos filhos na segurança de laços conjugais revelam um compromisso com a família nuclear que teria sido alheio, ou pelo menos de importância secundária, para Jesus. É melhor notar que essa ética perfeccionista é característica de uma vertente do ensinamento de Jesus. Ela expressa o ideal do Reino, que se anuncia agora para depois vir na sua plenitude. No Reino que há de vir, as famílias seriam harmoniosas e unidas.

Jesus enfrentou o fato de que o ideal do Reino ainda não havia se realizado. Seu discípulo Pedro tinha uma sogra, a quem Jesus curou (Marcos 1:30-31; Mateus 8:14-15; Lucas 4:38-39). Mas, e a mulher de Pedro: já havia falecido na ocasião, ficava em casa ou viajava com o marido, seguindo Jesus? É impossível responder. Paulo registra que a mulher de Pedro acompanhava o marido em suas viagens como líder da igreja primitiva (I Coríntios 9:5). Seria esta uma nova esposa? Se fosse a primeira, seria essa prática de acompanhar o marido uma continuação do que acontecia durante o ministério de Jesus? Também é impossível dizer. Mas, tendo em vista os diversos fragmentos de textos sobre o assunto, parece mais provável que Jesus fosse seguido por alguns casais (com os filhos?) e por outras pessoas devotadas à castidade. O certo é que Jesus, apesar de proibir o divórcio, deixou claro que responder ao Reino era uma prioridade maior do que a vida normal em família. Eis o que Jesus disse ao homem que se ofereceu para segui-lo tão logo acabasse o funeral de seu pai: "Segue-me [agora] e deixa que os mortos enterrem os seus mortos" (Mateus 8:22; ver também Lucas 9:60). Os contemporâneos de Jesus, e muita gente nas muitas sociedades daquela época, teriam achado essa frase absolutamente chocante.

Na verdade, os próprios familiares de Jesus discordavam de seus ensinamentos, e foi por isso que ele, escandalosamente, os rejeitou quando vieram chamá-lo. Numa aguda repreensão, ele olhou para os que se sen-

106 / *Jesus – uma pequena biografia*

tavam à sua volta e disse: "Eis aqui a minha mãe e os meus irmãos! Aquele que fizer a vontade de Deus, esse é meu irmão, minha irmã e minha mãe" (Marcos 3:20 e 3:31-35). Mateus, porém, (12:46-50) e, especialmente, Lucas (8:19-21 e 11:27-28) suavizam essa repreensão. Pode ser, portanto, que Jesus visse o grupo de discípulos, homens e mulheres, que o acompanhavam, como uma espécie de família substituta. Se assim era, ele deve ter se sentido frustrado com a incapacidade desse grupo de compreender realmente o que ele precisava fazer, como quando, logo antes de sua prisão no Getsêmani, Pedro, Tiago e João caíram no sono em vez de lhe dar apoio (Marcos 14:32-42).

Jesus não deve ter sido uma pessoa fácil de seguir, de compreender ou mesmo de gostar; esse é um fato óbvio que a piedade cristã subestima. Ele literalmente "pregava" o temor a Deus no coração de seus seguidores mais próximos. O Evangelho de Marcos, em especial, enfatiza a lentidão deles para compreender Jesus e a reverência, ou medo, que mostravam diante de seus poderes. No encerramento original desse Evangelho, as três mulheres que foram ungir seu corpo não disseram nada a ninguém sobre a ressurreição, pois ficaram apavoradas.

Há alguns estudos psicológicos fascinantes, embora especulativos, sobre Jesus e sua família. Como José está ausente na vida adulta de Jesus, é provável que tenha morrido antes de Jesus deixar o lar para seguir João Batista e, depois, criar seu próprio ministério itinerante (embora José possa ter-se divorciado de Maria, o que talvez explicasse a atitude veemente de Jesus em relação ao divórcio). Será que, ao descrever Deus como o pai ideal, Jesus não estaria se baseando no relacionamento irresolvido com seu próprio pai, o qual terminou abruptamente? Seria o relacionamento de Jesus com Maria tão idealista como nos mostra Lucas? Dificilmente, penso eu. Não deve ter sido fácil para Maria, como mãe, ver o filho sair de casa para seguir a insegura "carreira" de andarilho que ensina e cura. Além disso, aos olhos dos vizinhos, a saída do filho seria vergonhosa para ela, porque era papel do filho mais velho cuidar da mãe quando seu marido morria ou desaparecia. É possível, portanto, que grande parte do programa pessoal de Jesus investisse, por exemplo, na parábola do filho pródigo, na qual tanto o primogênito quanto o caçula quebram tabus sociais e a família é profundamente desestruturada. Como Tiago, irmão de Jesus, foi inegavelmente uma figura importante na igreja primitiva, a família deles não se fragmentou de maneira irreparável.[16] De todo modo, talvez tenha sido no cadinho de um contexto fami-

O reino de Deus está próximo / **107**

liar de privação, desentendimentos e medo do opróbrio social que Jesus elaborou alguns de seus principais ensinamentos sobre Deus e o Reino. Tudo isso é muito especulativo, mas não de maneira leviana. Aproveitando a posição vantajosa que nos oferecem as idéias de Sigmund Freud e Carl Gustav Jung, é possível interpretar o material, mesmo antigo, com recursos que antes não eram acessíveis.

Alguns estudiosos foram ainda mais longe, especulando sobre a sexualidade de Jesus e sua orientação sexual. Sua capacidade de tocar, curar e criar empatia não combina com as idéias de que Jesus era pálido, assexuado e sem vida, apesar dos estranhos sentimentos de Mateus 19:10-12 sobre eunucos que se fizeram eunucos pela maior glória do Reino. (Essa isenção poderia ser um modo extremado de dizer que a necessidade de obedecer a Deus está acima das responsabilidades familiares normais.) É impossível saber se Jesus era celibatário ou casado (talvez ele fosse viúvo na época de suas pregações). Se fosse solteiro, isso não indica necessariamente que ele era homossexual. Suas relações amigáveis com homens e mulheres não indicam uma preferência sexual por uns ou por outras ou, na verdade, por nenhum deles. Já se alegou muitas vezes que a amizade de Jesus pelo discípulo bem-amado (João 13:23) era de natureza homossexual e mesmo na prática, mas em diversas sociedades a amizade masculina, afetuosa e tocante (nos dois sentidos da palavra), não indica uma paixão física.

É possível, apenas possível, que algumas passagens do Evangelho Secreto de Marcos sugiram que Jesus submetia seus discípulos do sexo masculino a um rito de iniciação homossexual. O único fragmento conhecido dessa obra é uma citação numa carta de Clemente de Alexandria (morto por volta de 215), cópia da qual foi descoberta em 1958 por Morton Smith no mosteiro de Mar Saba, doze milhas a sudeste de Jerusalém. Alguns estudiosos, mas não todos, duvidam da autenticidade dessa carta.[17] Crossan acredita que ela é uma primeira versão do Evangelho de Marcos, datada do início da década de 70.[18] De todo modo, a carta contém a narrativa, bastante semelhante ao relato de João, da ressurreição de Lázaro. Jesus ressuscita o irmão de uma mulher da Betânia. O jovem jazia na sepultura. Jesus o fez reviver tomando-o pela mão. O texto registra que foram todos para a casa do jovem, que era rico. No Evangelho Secreto de Marcos há um acréscimo que não tem paralelo no Evangelho de João:

108 / Jesus – uma pequena biografia

E o jovem, olhando para Jesus, o amou e começou a implorar-lhe que o deixasse ficar com ele (...) E depois de seis dias Jesus deu-lhe uma ordem; e quando a noite caiu, o jovem foi até ele, com um pano de linho cobrindo seu corpo desnudo. E permaneceu com ele naquela noite, porque Jesus lhe ensinou o mistério do reino de Deus.[19]

Morton Smith argumenta que se tratava aqui de um rito batismal secreto, mostrando um primeiro libertador em oposição à tendência legalista dentro da fé e da prática cristã. Smith chama nossa atenção para a linguagem batismal de Paulo, por ele interpretada como um ritual de união com Jesus. Embora o batismo fosse amplamente praticado no mundo antigo, Smith acredita que esse conceito de união com Jesus é incomum e deve ter vindo do próprio Jesus. Ele acredita que, "por meio de cerimônias desconhecidas", o mistério do Reino de Deus era administrado por Jesus na água batismal, e o discípulo ficava possuído pelo espírito de Jesus e a ele se unia. Smith comenta:

Libertar-se da lei pode ter resultado na completitude da união espiritual pela união física. Isso certamente ocorria em muitas formas de cristianismo gnóstico; não temos como dizer quando começou.

Cabe ao leitor deduzir se práticas homossexuais na iniciação batismal poderiam remontar ao próprio Jesus e se foram adotadas por cristãos dos tempos posteriores.[20]

Compreende-se bem que muitas pessoas religiosas achem chocante, pornográfico ou pelo menos impróprio discutir as preferências sexuais de um grande herói da fé. Talvez um julgamento mais inteligente seja dizer que se trata de um exercício inútil. Não temos como conhecer a verdade neste assunto. E tampouco é particularmente importante que Jesus não tenha mencionado a homossexualidade, seja para condená-la ou para afirmá-la. Ele não falou sobre muitos assuntos (ou, pelo menos, convenceu os outros a não registrarem suas idéias a respeito); argumentar a partir do silêncio raramente é tarefa útil ou válida.

Talvez haja uma referência implícita mais aceitável quanto à atitude de Jesus diante da orientação sexual humana, do que as implicações lascivas da teoria de Morton Smith. Jesus curou o servo do centurião romano (Mateus 8:5-13; Lucas 7:1-10). Argumentou-se que as pessoas da época normalmente viam os relacionamentos senhor/escravo como sen-

O reino de Deus está próximo / **109**

do de natureza sexual. Mas o texto não oferece informações a esse respeito, muito embora se disponha a fazer concessões quanto ao fato ofensivo (para alguns) de Jesus ter curado um agente da opressão estrangeira. Mesmo que o centurião e seu servo fossem amantes, o ato de Jesus não mostra necessariamente que ele aprovava essa relação. Os Evangelhos muitas vezes — na verdade, quase sempre — mostram Jesus lidando com seres humanos magoados, fracos, imperfeitos, passando por terrível necessidade; ele não precisava curar o sadio e o sagrado (Marcos 2:17; Mateus 9:12-13; Lucas 5.31-32).

A questão da sexualidade humana preocupa muito mais o Ocidente dos nossos tempos do que a sociedade em que Jesus viveu. Embora preferíssemos que Jesus nos oferecesse uma palavra para tudo o que existe nesta Terra, ele não faz a nossa vontade. Mas há duas coisas que podemos afirmar. Jesus foi uma pessoa de carne e osso: ele amou, sentiu compaixão, curou, manteve com as pessoas relações extraordinariamente íntimas e, às vezes, socialmente incomuns, subverteu as normas usuais. Por causa disso, toda tentativa de mostrá-lo como defensor dos valores heterossexuais convencionais é tão equivocada quanto as tentativas de transformá-lo num "ícone *gay*".

A MORTE

No próximo capítulo discutiremos quem foi responsável pela morte de Jesus. Esta seção vai analisar se Jesus previu sua própria morte, ou mesmo a apressou, e o que aconteceu depois.

As interpretações teológicas da morte de Jesus foram formuladas logo no início do cristianismo. Paulo, escrevendo aos cristãos de Corinto no final de 53 ou início de 54, observou que "Cristo morreu pelos nossos pecados, segundo as Escrituras" (I Coríntios 15:3). Paulo afirma que está transmitindo o que recebeu, de maneira que a tradição seria anterior à data da carta. Essa informação significa que a execução de Jesus não foi obra do acaso, mas parte dos propósitos de Deus. Paulo e outros escritores da igreja primitiva pensavam assim. E Jesus?

Os Evangelhos sinópticos registram que Jesus, por três vezes, previu sua Paixão e ressurreição (Marcos 8:31-33, 9:30-32 e 10:32-34; Mateus 16:21-23, 17:22-23 e 20:17-19; Lucas 9:22, 43-45 e 18:31-34). Embora essas passagens tenham sido reescritas pela Igreja primitiva, é bem provável que Jesus percebesse que suas atitudes para com a Torá e o

110 / Jesus – uma pequena biografia

Templo, profundamente ofensivas para muitos judeus de sua época (como veremos no Capítulo 4), o colocariam numa rota de colisão com seus correligionários. Derrubar as mesas dos cambistas (Marcos 11:15-17; Mateus 21:12-13; Lucas 19:45-6; ver também João 2:13-17) era um ato que chamaria a atenção das autoridades romanas, especialmente na época da Páscoa, com Jerusalém cheia de peregrinos e oportunidades de insurreição. Se sua entrada montado num jumento tinha matizes messiânicos (ou se seus inimigos assim o alegassem para os romanos), Jesus correria um risco ainda maior de aprisionamento e execução. Em Jericó, pouco antes de entrar em Jerusalém, ele curou o cego Bartimeu, que o chamou de "Filho de Davi", título com matizes realistas e messiânicas (Marcos 10:46-52). Na sua última semana de vida, pelo menos algumas pessoas o saudaram como o Messias. Provavelmente ele aceitou para si um papel messiânico, mesmo se quisesse reinterpretá-lo como o sofredor Filho do Homem a quem, acreditava ele, Deus resgataria. Sua Última Ceia com os doze discípulos teve um significado simbólico e escatológico. Ele havia dito que muitos viriam "do Oriente e do Ocidente, do norte e do sul para sentar-se à mesa no reino de Deus (Lucas 13:29; ver também Mateus 8:11). E agora ele dizia que já não beberia o vinho até bebê-lo renovado no reino de Deus (Marcos 14:24-25; Mateus 26:27-29; Lucas 22:17-19).

Parece, portanto, que Jesus acreditava que Deus o resgataria depois da vinda do Reino. Não há motivo para imaginar que ele tinha uma idéia clara da forma que seria assumida por esse resgate. O conhecimento detalhado das três previsões da Paixão parece ser uma piedosa retrojeção dos primeiros cristãos: eles tinham a vantagem de saber o que havia acontecido e presumiram que Jesus soubera de antemão aquilo que eles agora sabiam. Embora algumas passagens das escrituras judaicas sugiram que o sofrimento cai somente sobre os perversos, muitas outras não o fazem. O próprio Jesus rejeitara a idéia de uma ligação direta entre pecado e sofrimento, relatando dois episódios: Pilatos matou alguns galileus numa festa e dezoito pessoas morreram quando uma torre desabou em Siloé. Jesus, com sinceridade, negou que essas mortes tivessem ocorrido por culpa das vítimas (Lucas 13:1-5). Os acontecimentos da sua última semana de vida também mostram que Jesus sabia que freqüentemente os mensageiros de Deus eram mortos (por exemplo, Marcos 12:1-12; Mateus 23:34-39); desse modo, era provável que também ele fosse morrer.

O reino de Deus está próximo / **111**

Jesus caminhou para a morte sem ter certeza de como seria resgatado por Deus. Nos relatos de Paulo e Lucas sobre a Última Ceia, Jesus diz: "Fazei isto em memória de mim" (I Coríntios 11:24). Jeremias argumentou que Jesus, desse modo, estava dizendo aos discípulos para implorarem a Deus que se lembrasse do Messias e fizesse vir o Reino; até o momento em que Jesus disse essas palavras, seu trabalho não estava completo.[21] Essa possibilidade é fascinante, mas não encontrou grande aceitação, embora eu mesmo me sinta inclinado a aceitá-la. Talvez Jesus esperasse que Deus interferisse antes de sua morte (Marcos 14:36; Mateus 26:39; Lucas 22:42).

Deus não interferiu. Jesus foi traído por um discípulo, Judas Iscariotes. A maioria de seus discípulos, exceto algumas mulheres, o abandonou. Ele foi pregado às pressas a uma cruz, para que morresse antes da festa da Páscoa. Morreu abandonado, fracassado, abatido, frustrado. Provavelmente suas últimas palavras coerentes foram: "Meu Deus, meu Deus, por que me abandonaste?" (Marcos 15:34; Mateus 27:46). Essas são as palavras de abertura do Salmo 22, que termina com um brado de esperança. Esse salmo foi importante na construção inicial da narrativa da Paixão. Ele faz referência, por exemplo, ao jogo de dados para saber quem ficaria com as vestes da vítima (versículo 19), tema que é tratado por todos os evangelistas (Marcos 15:24; Mateus 27:35; Lucas 23:34; João 19:23-23). Não resta dúvida de que essa parte da história da crucificação foi criada com base no Salmo 22. Ainda assim, parece bastante provável que Jesus tenha pronunciado essas ou outras palavras de desolação, transmitindo sua sensação de fracasso, e não a esperança do triunfo último. Deus não havia interferido para defendê-lo e resgatá-lo.

A RESSURREIÇÃO

Deus resgataria Jesus de uma maneira bem incomum. Seus seguidores mais chegados logo começaram a acreditar que Deus havia ressuscitado Jesus dentre os mortos. No capítulo 15 da Primeira Epístola aos Coríntios, Paulo menciona qual tinha sido o teor de sua pregação ao povo daquela cidade grega. Resumindo: Cristo morreu pelos nossos pecados segundo as Escrituras, foi sepultado, ressuscitou no terceiro dia segundo as Escrituras, foi visto por Pedro, depois pelos doze, depois por quinhentos fiéis reunidos, depois por Tiago e por todos os apóstolos, e finalmente,

112 / Jesus – uma pequena biografia

por Paulo. Essa foi, escreveu Paulo, "a boa-nova [evangelho] que vos tenho pregado e que recebestes, na qual estais firmes" (I Coríntios 15:1).

O problema dessa passagem é que Jesus apareceu para as pessoas numa visão, como a de Paulo na estrada de Damasco (Atos 9:1-9; Gálatas 1:13-17; II Coríntios 12:1-10). Há quem negue que essas experiências estivessem ancoradas numa realidade histórica. Elas são explicadas, por exemplo, como hipnose de massa ou ilusão coletiva. Alguns escritores notaram que Paulo não menciona uma sepultura vazia, e por isso encaram essa parte da história da ressurreição como uma criação posterior. As origens da história da Páscoa estariam nas visões dos discípulos na Galiléia, bem longe de Jerusalém. Lá, eles poderiam entregar-se às ilusões esperançosas e aos vôos de fantasia. Contra essa atitude de repúdio às narrativas da sepultura vazia, pode-se argumentar que Paulo estava transmitindo uma fórmula, um sumário solene e abreviado, talvez até mesmo litúrgico da ressurreição, e não um exaustivo apanhado histórico.

No entanto, importantes questões teológicas certamente foram levantadas pelos autores dos relatos dos Evangelhos sinópticos sobre uma sepultura vazia. Em Marcos, a ressurreição é a última de três importantes, embora veladas, manifestações da presença de Deus: o batismo, a transfiguração e, finalmente, o anjo ao lado da sepultura. Mateus, que menciona as tentativas dos sacerdotes e anciãos para ocultar a ressurreição, enfatiza a perversidade daquela geração de líderes judeus, a tal ponto que o Senhor ressuscitado envia seus discípulos para ensinar e batizar os pagãos. Lucas localiza todos os acontecimentos da Páscoa nas proximidades de Jerusalém e, no relato da estrada de Emaús, o Senhor ressuscitado anuncia a si mesmo como o Messias que precisava sofrer para cumprir as Escrituras. Diferenças significativas entre os relatos podem ser explicadas com base no importante componente teológico de sua criação.

Será que isso quer dizer que não existe nenhuma base histórica nos relatos da sepultura vazia? Os quatro Evangelhos registram que as primeiras testemunhas da ressurreição foram as mulheres (Marcos 16:1-8; Mateus 28:1-10; Lucas 23:54 até 24:12; João 20:1-18). É interessante notar que, no relato de Lucas (24:11), de início os discípulos se recusaram a aceitar o que as mulheres contavam. Claro que isso pode ser devido à natureza extraordinária do acontecimento narrado pelas mulheres. Mas também poderia refletir os preconceitos patriarcais. O fato é que, se não

O reino de Deus está próximo / **113**

há verdade histórica nos relatos da sepultura vazia, parece muito estranho mostrar como testemunhas as mulheres e não os homens, porque o testemunho deles provavelmente seria mais convincente. É por esse motivo que os relatos de uma sepultura vazia parecem aceitáveis. Isso não os torna verdadeiros, embora indique que os evangelistas acreditavam na sua veracidade. Alguns céticos argumentaram que as mulheres foram à sepultura errada, na qual nenhum corpo ainda havia sido colocado. Outros sugeriram que Jesus, embora parecesse morto, foi descido da cruz ainda vivo. Teria então se recuperado, desaparecendo de cena. Membros do movimento ahmadi, um grupo muçulmano heterodoxo, afirmaram que Jesus acabou fugindo para a região da Cashemira (atualmente dividida entre Índia e Paquistão), onde até os dias de hoje ainda se pode visitar sua suposta sepultura.

Essas sugestões são pelo menos tão implausíveis quanto a crença cega dos evangelistas de que a sepultura estava vazia porque Deus tinha ressuscitado Jesus dentre os mortos. Paulo certamente afirmou: "E se Cristo não ressuscitou, vã é a vossa fé" (I Coríntios 15:17). Isso não prova que a ressurreição tenha ocorrido de fato. Indica que Paulo, e sem dúvida outros cristãos primitivos, acreditavam sinceramente que Deus tinha ressuscitado Jesus dentre os mortos e não teria tolerado nenhum meio fraudulento de "provar" esse acontecimento.

Na nossa perspectiva moderna ou pós-moderna, a ressurreição parece impossível. Por se tratar da alegação única, ou pelo menos bastante rara, de que um homem tenha sido ressuscitado por Deus dentre os mortos, alguns estudiosos argumentaram que a ressurreição não poderia ser de modo algum um acontecimento histórico, pois não há com que compará-la. Essa parece ser uma posição excessivamente teórica, porque se a ressurreição ocorreu, sendo ou não um acontecimento único, ocorreu dentro da História. Mais aceitável é a posição daqueles que negam uma ressurreição física, porque se prendem à crença iluminista num universo fechado e governado por leis que Deus não quebraria por capricho. É perfeitamente possível aceitar essa tradição e ainda continuar sendo cristão. Uma explicação interessante e recente da ressurreição, numa linha cristã embora estritamente racional e iluminista, afirma que Pedro teve uma visão do Cristo ressuscitado e que isso provocou uma reação em cadeia. Como Pedro estava cheio de culpa por ter abandonado e depois negado Jesus, essa visão teria assumido a forma de uma garantia de perdão. Com isso, a idéia de que Cristo morreu para redimir nossos pecados tornou-

114 / *Jesus – uma pequena biografia*

se a base das primeiras pregações apostólicas, sendo encontrada também em Paulo. Desse modo, embora a ressurreição de Jesus fosse um veredito de fé, ela não era um fato histórico. A verdade é que Jesus morreu e seu corpo se decompôs na sepultura. Mas, prossegue a mensagem dos Evangelhos, aquela unidade com Deus, experimentada por meio da fé, continua além da morte.[22] Essa hipótese é impressionante, mas parece excessiva e implausivelmente racionalista. A religião não foge do racionalismo, mas o desafia e, como diriam muitos fiéis, vai além dele.

A crença cristã na ressurreição de Jesus afirma que os caminhos de Deus neste mundo são mais sedutores, diversificados e enigmáticos do que a credulidade cega ou a igualmente cega lógica férrea baseada em premissas que são demasiado mecanicistas para explicar a criação e recriação do mundo e de seus habitantes. Essa crença sugere também que Deus recompensa a fé de maneiras inesperadas e maravilhosas. Além disso, ela deu à religião cristã algumas imagens poderosas para vencer o sofrimento e a morte. Mais uma vez, temos o convincente testemunho de Paulo:

De mil maneiras somos pressionados mas não desanimamos. Vivemos perplexos, mas não desesperamos; perseguidos, mas não desamparados. Somos abatidos até ao chão mas não aniquilados, trazendo sempre no corpo a morte de Jesus, para que também a vida de Jesus se manifeste no nosso corpo. (II Coríntios 4:8-10)

Jesus proclamou que o reino de Deus estava próximo. Ele foi para Jerusalém, sabendo que ia ao encontro da morte mas ainda assim acreditando que Deus o resgataria. Ele provavelmente tinha esperança de que Deus interferisse antes de sua morte e fizesse vir o Reino em sua plenitude. Esse reino não corresponderia a uma libertação política de Roma. Teria como base um pequeno grupo renovador, que compartilhava a comunhão messiânica e suas esperanças na paz, na justiça e na misericórdia de Deus. Mas ele morreu, abandonado pelos seus seguidores mais íntimos e, aparentemente, também por Deus. A ressurreição foi o seu inesperado resgate.

NOTAS

1. "Ouve [*shema*], Israel! O Senhor nosso Deus é Único! (Deuteronômio 6:4). A esse versículo básico acrescentam-se Deuteronômio 6:5-9 e 11:13-21 e Números 15:37-41.
2. Funk *et al.* 1993, 542.
3. Borg 1997, 34s.
4. Rowland 1982, 70-2 e 358-68.
5. Schweitzer 1954, 328-89.
6. Dodd 1973, 123s.
7. Drury 1985, 1-38.
8. Para maiores detalhes sobre a alegoria de Santo Agostinho, ver Dodd 1961, 13s.
9. Drury 1985, 51s.
10. Jeremias 1972, 70.
11. Theissen e Mertz 1998, 429s.
12. Shillington 1997, 141-64.
13. Vermes 1973, 58-82; Smith 1978, *passim*.
14. Crossan 1991, 303-53.
15. Como fascinante exemplo moderno, sugiro Mohandas Karamchand Gandhi, o *mahatma* ("grande alma") da Índia moderna. Sua perspicácia administrativa e sua capacidade para se autopromover a fim de promover sua causa não devem ser esquecidas quando dizemos que ele era um homem com "carisma", coisa que ele certamente era, pelo menos em certo sentido da palavra. Eu o admiro profundamente. Não estou aqui pretendendo aviltar a memória de Gandhi, um dos grandes homens do século XX. Pretendo, isso sim, dizer que "carismático" é uma palavra que precisa ser bem definida; como ocorre com "médium", talvez (ver também J. M. Brown 1972, 356s.).
16. Trocmé 1997, 22-8, 78-81.
17. Koester 1990, 293-303.
18. Crossan 1991, 429s.
19. Koester 1990, 296.
20. Smith 1973, 97-114.
21. Jeremias 1966, 237-55.
22. Lüdemann e Özen 1995, 132-7.

Capítulo 4

Jesus, o judeu

Jesus nasceu judeu e morreu judeu, não cristão. Apesar disso, um forte histórico de "antijudaicismo" percorreu o ensinamento cristão durante grande parte da história do cristianismo, deixando suas marcas na maneira pela qual judeus e cristãos vêem Jesus. Neste capítulo analisaremos resumidamente aquele histórico. Depois examinaremos a atitude de Jesus em relação à Torá — a lei religiosa judaica — para ver se ele a rejeitou, modificou-a ou a aceitou. Discutiremos se foram os judeus que mataram Jesus. E, por fim, examinaremos esta questão: os judeus e cristãos dos nossos dias são capazes de criar um relacionamento mais maduro, adequado a este mundo que hoje habitamos, diferente do mundo antigo? Há algum papel que Jesus pudesse desempenhar para essas duas comunidades?

AS ORIGENS DA *SHOAH*

Muitos judeus preferem usar a palavra *Shoah* (em hebraico, "catástrofe" ou "destruição") no lugar do termo "Holocausto" (do grego *holokauston*, "sacrifício em que a vítima é queimada inteira"), que é correto em termos descritivos — pois os fornos crematórios continham as "oferendas queimadas" dos corpos judaicos — mas controverso em termos teológicos, com sua noção de sacrifício oferecido a Deus e por Ele aceito. Qualquer que seja a palavra escolhida, a *Shoah* lançou uma sombra negra sobre o século XX. Ela indica o assassinato de seis milhões de judeus pelo Terceiro Reich alemão, principalmente entre 1942 e 1945. Quando a Segunda Guerra terminou, em 1945, também havia chegado ao fim todo um modo de vida para os judeus da Europa Central e Oriental. Suas comunidades tinham sido destruídas. Sobreviveram menos de 10% das populações judaicas existentes antes da guerra na Polônia, na Letônia, na Lituânia, na Estônia, na Alemanha e na Áustria; e menos de 30% dos judeus em países que foram ocupados pelos nazistas, como a Rússia, a Ucrânia, a Bélgica, a Iugoslávia, a Noruega e a Romênia.

Emil Fackenheim ofereceu esta lista de cinco fatos básicos sobre a *Shoah*, que são únicos em sua combinação:

1. Um judeu em cada três foi morto, lançando sérias dúvidas sobre a sobrevivência futura dos judeus como um todo.
2. Se Hitler tivesse ganho a guerra, poucos judeus teriam sobrevivido. A intenção de Hitler era exterminá-los por completo.
3. Nascer judeu justificava a tortura e a morte. Exceto talvez quanto aos ciganos, os outros grupos que foram mortos (como os poloneses e os russos) haviam cometido o crime, aos olhos de Hitler, de serem demasiado numerosos, não o crime de simplesmente existirem.
4. A "solução final" era um fim em si mesma, e não um projeto pragmático que servia a metas econômicas ou políticas. Na verdade, quando o poder nazista começou a se esfacelar em 1944 e 1945, a "solução final" tornou-se a única meta remanescente: Adolf Eichmann, que administrava o "Escritório para a Emigração Judaica", começou a desviar todos os trens do *front* russo, onde eram necessários para proteger as fronteiras orientais da Alemanha, ordenando que fossem usados para transportar judeus até o campo de extermínio de Auschwitz.
5. Poucos dos homens e mulheres que mataram os judeus eram sádicos. Na sua maioria, eram pessoas comuns, movidas por um ideal incomum e pervertido.[2]

O termo "anti-semitismo" foi usado pela primeira por Wilhelm Marr, jornalista alemão, já em 1879. Antes dele, a discriminação contra os judeus tinha como base a idéia religiosa cristã que os via como "os assassinos de Cristo". Marr, porém, via os judeus como seres biologicamente diferentes do modelo teutônico: branco, cabelos louros, olhos azuis. Ele afirmou que os semitas não podiam ser assimilados à raça ma-

118 / *Jesus – uma pequena biografia*

joritária e que constituíam uma ameaça para ela. Adolf Hitler desprezava os judeus por motivos raciais, mas estava pronto a dar um matiz religioso cristão para justificar seu preconceito e suas ações. Numa lista devastadora, Raoul Hilberg mostrou como medidas específicas dos nazistas contra os judeus tinham antecedentes igualmente específicos na lei canônica medieval. Por exemplo: queimar livros, proibir os cristãos de consultarem médicos judeus, proibir a construção de sinagogas, obrigar os judeus a usar a "estrela amarela" na manga ou itens de vestuário semelhantes; todas essas medidas se prenunciavam na Idade Média da Europa cristã.[3]

O antijudaicismo cristão remonta bem mais longe no tempo do que a Alta Idade Média. Entre os Pais da Igreja, havia uma verdadeira litania de bílis dirigida contra os judeus. Por exemplo: João Crisóstomo (344-407), pregador de Antioquia que terminou seus dias como Patriarca de Constantinopla e conhecido como "a língua de ouro", escreveu em 386-7 seis sermões intitulados *Adversus Judaeos* (Contra os judeus). Entre outras coisas, observou ele: a sinagoga é um prostíbulo, um teatro e também um covil de ladrões e uma caverna de animais selvagens; os judeus vivem segundo a regra do deboche e da glutonaria desordenada; matam seus próprios filhos e filhas, sacrificando-os aos demônios. Deus odeia os judeus, afirmava Crisóstomo, e por isso os cristãos devem odiá-los. Dizia ele: "Eu odeio os judeus, porque eles odeiam a Lei e a insultam." E assim incitava seus ouvintes:

> Em vez de saudá-los e dirigir-lhes uma palavra que seja, deves afastar-te deles como de todas as pestilências e pragas do mundo.[4]

Segundo Jules Isaac, o destino de Israel não assumiu um caráter realmente desumano até o final do século IV, época de João Crisóstomo. Isaac cunhou a expressão "ensinamento do desprezo" para indicar o processo de antijudaicismo que começou de fato nessa época. O ensinamento do desprezo contém sete pontos principais[5], que foram gradualmente se desenvolvendo na igreja até aquele período e que mostravam os judeus como:

1. Pertencentes a um judaísmo degenerado, ossificado com a vinda de Cristo;
2. Um povo sensual e incapaz de visão espiritual;

Jesus, o judeu / **119**

3. Os perseguidores de Jesus;
4. Um povo denunciado pelo próprio Deus;
5. Um povo deicida;
6. Merecidamente afastados da Terra Santa e exilados de Jerusalém;
7. Formadores de uma sinagoga de Satã.

Talvez a mais grave acusação contra os judeus fosse a de serem culpados de deicídio, isto é, eles teriam matado Deus. A primeira forma conhecida dessa acusação está nos escritos de Melito, bispo de Sardes, em sua *Homilia da Páscoa*, sobre a coincidência do Pessach judaico com a Sexta-feira Santa, por volta de 190.

Aquele que fixou o universo foi fixado à árvore
o Soberano foi insultado
Deus foi assassinado
o Rei de Israel foi morto por
uma mão direita israelita.[6]

Esse tipo de antijudaicismo sobreviveu até os nossos dias e pode ser ilustrado por grande parte da literatura popular de língua inglesa. A caricatura do judeu moreno com um narigão é encontrada em muitos escritores que já gozaram de grande popularidade, como G. K. Chesterton (autor de muitos livros, incluindo obras sobre o cristianismo e as histórias de detetive do Padre Brown) e John Buchan (autor de novelas de suspense). Um exemplo particular é Agatha Christie, a chamada "rainha do crime"; seus editores afirmam que ela é a novelista mais vendida no mundo todo, com obras traduzidas para quase todos os idiomas. Em *Uma tragédia em três atos*, publicada pela primeira vez em 1935, Mr. Satterthwaite, um cavalheiro idoso e esnobe, mas arguto observador da condição humana, contempla o jovem Oliver Manders:

Um jovem atraente, uns 25 anos, por aí. Mas há algo falso na beleza dele. Há um quê de estrangeiro nele, algo que não é bem inglês. [...]
E então ele ouve a voz de Miss Egg Lytton Gore:
— Oliver, "seu" Shylock manhoso!
"Claro", percebe Mr. Satterthwaite [ao ouvir o nome do famoso judeu de Shakespeare], "é isso... ele não é estrangeiro... ele é judeu!"[7]

120 / *Jesus – uma pequena biografia*

Outro personagem dessa novela, Hercule Poirot, o grande detetive belga, sente simpatia pelo jovem Oliver Manders, o qual, aliás, acaba casando com a heroína. Mas Christie usa uma linguagem ácida contra os judeus não só nesse livro como também em muitos outros. Não estou querendo dizer que Agatha Christie era um expoente particularmente virulento do antijudaicismo, ou mesmo que ela fosse conscientemente contra os judeus. Pior do que isso, em certo sentido, é o fato de seus comentários casuais refletirem os estereótipos e caricaturas tão difundidos na sociedade inglesa de sua época, os quais, ironicamente, também afetaram muitas pessoas que estudaram as páginas do Novo Testamento em busca de judeus.

Apesar de todo o brilho de muitos estudiosos bíblicos alemães do passado recente (que exerceram forte influência sobre seus colegas de outros países), as idéias sobre Jesus que emergem de seus trabalhos geralmente têm um forte cunho antijudaicista. Eles mostram o judaísmo da época de Jesus como um "judaísmo tardio" (*Spätjudentum*), como se a religião judaica tivesse — ou devesse ter — morrido depois do ano 70. Essa postura baseava-se na convicção de que o judaísmo pós-exílio havia cristalizado e traído a fé profética de Israel. Jesus permanece fora dessa religião enrijecida e legalista, um estranho a ela, condenando os escribas e fariseus que eram os pais do judaísmo rabínico e que fizeram o judaísmo moderno perpetuar essa religião estéril e legalista. É perturbador observar que estudiosos bíblicos alemães tão importantes, interessantes e (de muitos modos) inteligentes como, por exemplo, Martin Noth, Rudolph Bultmann, Martin Dibelius, Günther Bornkamm e Joachim Jeremias tenham mostrado dessa maneira o judaísmo da época de Jesus. Mais perturbador ainda quando se sabe que a maioria deles viveu durante os anos do Holocausto e, mesmo assim, parece não terem dado atenção ao ensinamento cristão de desprezo aos judeus, que regou as raízes do antisemitismo e persiste, ainda que somente como hábito inconsciente e instintivo, em suas obras.

Um dos argumentos usados por alguns dos estudiosos dos Evangelhos para afirmar a genuinidade de uma frase ou um ato de Jesus é o critério da dissimilaridade, o qual focaliza as palavras e obras de Jesus que não poderiam derivar do judaísmo de sua época (ou mesmo dos primórdios da Igreja). Por exemplo, Mateus (5:34 e 5:37, mas também Tiago 5:12) registra que Jesus proibiu terminantemente todo juramento. Mas (entre outras objeções a ela) essa ferramenta divorcia Jesus totalmente do judaísmo de sua época. Ele era um judeu, profundamente influenciado pela singular crença do judaísmo em um Deus Único que dera a Torá ao seu povo. Jesus não era um intruso estrangeiro na Palestina do primeiro século. Independentemente de tudo o que tenha sido, ele foi um reformador das crenças judaicas e não alguém que, indiscriminadamente, procurava seus erros e defeitos.

Poderíamos dar um passo adiante e admitir que o antijudaicismo é uma característica do Novo Testamento? Jules Isaac acreditava que os cristãos justificavam o "ensinamento do desprezo" por ter coerência e continuidade com os temas do Novo Testamento. A polêmica antijudaica na literatura cristã primitiva tem sido admitida por muitos estudiosos cristãos, desde o livro pioneiro de James Parkes, publicado pela primeira vez em 1934, *The Conflict of the Church and the Synagogue*. Contudo, muitos desses estudiosos nunca chegam até o próprio Novo Testamento; eles não vão além dos Padres da Igreja, no segundo século. Mesmo Parkes, durante a maior parte de sua vida, argumentou que o antijudaicismo era uma distorção do sentido do Novo Testamento, embora mais tarde tenha mudado de idéia. Eliezer Berkowits, o teólogo judeu do Holocausto, discorda daqueles que se recusam a admitir que as próprias Escrituras cristãs são a verdadeira causa e fonte do ensinamento do desprezo. Num artigo intitulado "Enfrentando a verdade", publicado na edição do verão de 1978 de *Judaism*, páginas 323-4, ele escreveu:

> O Novo Testamento do cristianismo tem sido o mais perigoso instrumento anti-semita da História. Suas diatribes, carregadas de ódio contra os fariseus e os judeus, envenenaram o coração e a mente de milhões e milhões de cristãos durante quase dois mil anos. Não importa qual possa ser o significado teológico mais profundo das passagens carregadas de ódio contra os judeus, na história do povo judeu o Novo Testamento dá apoio à opressão, à perseguição e ao assassinato em massa, com intensidade e duração sem paralelos em toda a história da degradação humana. Sem o Novo Testamento do cristianismo, um livro como o *Mein Kampf* [Minha luta] de Hitler nunca teria sido escrito.

Essa é uma grave acusação. Voltemo-nos, portanto, para as páginas do Novo Testamento.

A DIVERSIDADE DO JUDAÍSMO NA ÉPOCA DE JESUS

Havia muitas maneiras de ser judeu nos tempos de Jesus. Josefo menciona fariseus, saduceus, essênios e zelotes. Considerando que tanto Josefo quanto os Evangelhos tinham interesses próprios a promover em seus relatos do judaísmo no primeiro século, quem quiser compreender a natureza e complexidade desses relatos deve proceder com cautela. Há duas outras razões para cautela. Em primeiro lugar, Jesus passou mais tempo relacionando-se com pessoas comuns do que com grupos religiosos ou políticos. Além disso, os grupos com os quais ele se encontrou talvez não fossem tão bem estruturados como somos levados a crer por certos retratos feitos deles nos Evangelhos. A segunda razão é que, apesar de todas as diferenças nas interpretações divergentes do judaísmo naquela época, também havia muito em comum entre elas. Duas convicções, em particular, uniam os judeus. A primeira era a crença num Deus Único, o qual não toleraria rivais. Como Deus impunha certos comportamentos ao seu povo, a fé judaica poderia ser descrita como um monoteísmo ético. A segunda convicção era que Deus havia feito uma "aliança" muito especial com os judeus. No chamado de Abraão, no êxodo do Egito e na entrega da Lei no Sinai, Deus elegera e escolhera o Seu povo.

A Lei (ou Torá) tem sido muito incompreendida pelos cristãos; especialmente pelos cristãos protestantes que lêem Paulo com os olhos dos reformadores do século XVI, uma perspectiva bastante acanhada, porém de extrema influência. É falso inferir que, para os judeus, a Lei é uma reivindicação de Deus. A Torá, em vez disso, é uma dádiva de Deus que mostra como o Seu povo deve viver dentro da Aliança.

Até o ano 70, o Templo estava no coração do judaísmo. Deus devia ser adorado num único lugar: o Templo em Jerusalém. O Templo não tinha imagens de Deus. Além do Templo, as sinagogas se erguiam, tanto na Palestina como nas terras da Diáspora (em hebraico, *golah* ou *galut*, que significa "exílio") onde vivessem judeus. Na Palestina, as sinagogas geralmente eram ambientes privados para uso da comunidade. Havia sacerdotes no Templo, mas não nas sinagogas, onde se desenvolvia uma religião laica. Desse modo, a sinagoga era um importante ponto focal da vida religiosa judaica, mas muitos judeus ainda sonhavam em ir até Jerusalém na semana da Páscoa, para orar no Templo. O Templo era o centro de um culto sacrificial, cujo ponto focal era o Dia do Perdão (*Yom Kippur*), quando o sumo sacerdote penetrava no Santo dos Santos para

Jesus, o judeu / 123

trazer a expiação ao povo. Nas sinagogas, desenvolvia-se uma forma de adoração sem sacrifícios. As Escrituras eram lidas e explicadas. Grande parte do que os cristãos chamam de "Antigo" Testamento (os judeus não usam esse adjetivo porque, para eles, não houve o acréscimo de um "Novo" Testamento) — formava as Escrituras judaicas, embora seguindo (o que ainda ocorre) uma ordem diferente; o Livro do Eclesiastes e os Cânticos de Salomão só mais tarde seriam amplamente aceitos como partes integrantes das Escrituras.

Com quais grupos Jesus tinha contato? Tem havido muito debate erudito sobre a relação entre os essênios e a comunidade da região de Qumran, onde foram encontrados os Pergaminhos do Mar Morto (parece provável que se tratava de um único grupo), e como eles teriam influenciado Jesus, se é que o fizeram. Qualquer influência é altamente especulativa e bastante improvável. Os Evangelhos nunca mencionam os essênios. Os essênios se sentiam diferentes dos outros judeus porque acreditavam ser os verdadeiros filhos da Aliança, os únicos a quem Deus havia chamado; essa idéia, que inculcava neles um forte sentimento de separação de um mundo perverso, está bem distante da mensagem de Jesus: perdoar os pecadores e aceitar sua hospitalidade.

Em Josefo, os zelotes só aparecem como grupo depois de deflagrada a guerra no ano 66. Mas Lucas (6:15) inclui Simão, o zelote, entre os doze discípulos. Essa citação é de extrema importância para alguns estudiosos que associaram Jesus aos movimentos de resistência contra o poder romano. É provável que Lucas esteja correto, mas, como Jesus também chamou um coletor de impostos, parece ser melhor a interpretação de que ele estava criando um grupo diversificado de homens, esperando que percebessem o seu ponto de vista. Jesus não estava endossando nenhuma postura revolucionária específica contra Roma.

Os principais contatos de Jesus foram com os fariseus e os saduceus. Quem eram eles? Esses dois grupos (e também, na verdade, os essênios) começaram como tentativas de definir a identidade de um judeu autêntico num ambiente pluralista. Eles apareceram no segundo século AEC. Nessa época, as influências gregas tinham começado a filtrar-se na vida e no pensamento judaicos. A expansão das influências helênicas começara depois das conquistas de Alexandre, o Grande; em 332 AEC, ele capturou a Palestina do domínio persa. Um dos sucessores imediatos do império de Alexandre, Ptolomeu I, entrou em Jerusalém em 320 AEC, conquistou a cidade e deportou vários de seus habitantes para Alexandria.

124 / *Jesus – uma pequena biografia*

A difusão da influência grega não declinou no curto período de tempo em que, sob a dinastia dos macabeus, os judeus eram independentes. Judas Macabeu, o patriota judeu, retomou e purificou o Templo em 164 AEC, depois de bem-sucedida revolta contra o insano rei selêucida Antíoco IV Epífanes, que proibira a prática da religião judaica e estabelecera no Templo o culto de Zeus Olímpico ou Baal ha-Shamayim. Mesmo tendo havido um modesto intervalo de paz depois de 164 AEC, a conquista da Palestina em 63 AEC pelo general romano Pompeu, que também profanou o Templo, anunciava outra onda de helenização. A Diáspora também foi um fator importante, que forçou os judeus a lidarem com o processo de helenização. Em Alexandria e outras cidades estrangeiras, mas também na própria Palestina, os judeus tiveram de enfrentar a séria questão de como obedecer a Deus num ambiente pluralista. Fariseus e saduceus ofereciam respostas bem diferentes a esses problemas.

Os saduceus eram uma casta sacerdotal e aristocrática (pequena, portanto) que controlava o Templo. Acreditavam que o verdadeiro judeu estava ligado a Deus pela adoração ali realizada. A manutenção do culto no Templo, estabelecida por Esdras e Neemias depois do retorno do exílio na Babilônia no quinto século AEC, foi essencial para o bem-estar de Israel e para as obrigações da Aliança com Deus. Ao contrário dos judeus da Diáspora, os saduceus acreditavam que era necessário chegar a um entendimento com o dominador estrangeiro a fim de obter espaço para organizar a vida de acordo com suas convicções. Já que muitos judeus da Palestina e de outras partes congregavam-se no Templo para as festas, devemos assumir que os saduceus eram tolerados pela grande maioria dos judeus; estes, na verdade, acreditavam que o trabalho dos saduceus era necessário e importante. Contudo, a profanação do Templo em 167 e 63 AEC, e novamente logo depois da morte de Jesus, por ordem do insano imperador romano Calígula (que reinou de 37 a 41), levou muitos judeus dotados de discernimento a se perguntarem até que ponto a adoração no Templo representaria um símbolo central e permanente da pureza judaica e da identidade com a Aliança.

Os fariseus provavelmente surgiram como partido político, em oposição ao governo filo-helenístico de João Hircano I (134-104 AEC). Mas logo passaram da política para o pietismo, colocando o centro da vida judaica no lar e na sinagoga, e não no Templo. Sua maior preocupação pas-

Jesus, o judeu / 125

sou a ser a Lei, preservando a identidade judaica pela obediência aos mandamentos da Torá. Eles assim se distinguiram dos pagãos ou gentios. Como é que Jesus se relacionou com os saduceus e os fariseus? Ele parece ter estado mais próximo destes últimos do que dos primeiros. Os saduceus não acreditavam na ressurreição dos mortos; os fariseus, sim, bem como Jesus (Marcos 12:18-27; Mateus 22:23-33; Lucas 20:27-40). Além disso, havia fariseus que eram membros do Sinédrio, a suprema assembléia legislativa judaica, e que se mostraram solidários com Jesus: Nicodemos (João 7:45-52 e 19:39) e talvez também Gamaliel (Atos 5:33-40). Nenhum saduceu solidário é mencionado.

Isso parece confuso, por causa dos relatos dos Evangelhos sobre a oposição de Jesus aos fariseus. O antagonismo dos evangelistas surgiu do conflito crescente entre igreja e sinagoga, depois da guerra dos judeus contra Roma. Grande parte desse conflito foi incorporado retroativamente ao relacionamento de Jesus com os fariseus. Apesar da centralidade do Templo, o estabelecimento das sinagogas indicava que nem todas as formas de judaísmo desapareceriam quando o Templo foi destruído. Os fariseus sobreviveram e, instalados na cidade galiléia de Jâmnia, começaram uma impressionante e abrangente reconstrução do judaísmo, que se tornaria o judaísmo rabínico, progenitor das variedades de judaísmo contemporâneo.

Os saduceus, os essênios e os zelotes não conseguiram sobreviver ao ano 70. A destruição do Templo despedaçou tanto a base de poder quanto a *raison d'être* dos saduceus. Quanto à filosofia quietista dos essênios, é provável que ela nunca fosse capaz de gerar um movimento popular. Embora ainda tenha havido outras revoltas judaicas contra Roma depois do ano 70, a opção violenta e revolucionária sofreu danos irreparáveis.

JESUS, A IGREJA PRIMITIVA E OS FARISEUS

Assim, dentre os grupos judaicos, somente os fariseus e os cristãos sobreviveram à guerra contra Roma. De início, os líderes influentes dos cristãos foram judeus, muitos dos quais comprometidos com uma forma judaica de cristianismo, incluindo a observância da Torá. Mas a missão de Paulo junto aos gentios, bem como a liberdade destes quanto à circuncisão e a outros aspectos da lei judaica (Gálatas 2:7-10; Atos 15:1-29), fez com que o cristianismo se tornasse em grande parte um movimento gen-

126 / *Jesus – uma pequena biografia*

tio, principalmente depois do assassinato de Tiago, irmão de Jesus, no ano 62. Tiago fora o líder do cristianismo judaico. Esse grupo se reduziu depois de sua morte, embora muitos séculos depois dele ainda houvesse cristãos que observavam a Torá. A mensagem cristã de que gentios e judeus estavam incorporados na Igreja não teria sido bem aceita pelos fariseus pós-70, os quais tentavam resgatar um modo de vida judaico das ruínas da rebelião contra Roma. Por esse motivo, e também pelas alegações cristológicas feitas a favor de Jesus, depois do ano 70 os judeus começaram a expulsar os cristãos das sinagogas.

De acordo com o Evangelho de João (16:2), em seu discurso de despedida Jesus disse a seus discípulos: "Vão expulsar-vos das sinagogas e virá a hora em que todo aquele que vos tirar a vida, julgará estar prestando um serviço a Deus." Embora o Evangelho de João pareça superestimar a capacidade dos judeus de perpetrar atos maléficos contra os cristãos, esse talvez tenha sido o único período na história das relações judeu-cristãs em que os judeus foram capazes de exercer poder sobre os cristãos. Muitos estudiosos cristãos argumentaram que os fariseus, de seu centro em Jâmnia, promulgaram as *Dezoito Bênçãos,* as quais lançam um anátema sobre os cristãos (*notzrim*) e os heréticos (*minim*). A décima-segunda bênção, *Birkat ha-Minim,* diz:

> Que não haja esperança para o apóstata
> e que o governo arrogante seja extirpado rapidamente em nossos dias.
> Que os *notzrim* e os *minim* sejam destruídos num instante
> e apagados do Livro da Vida, nunca
> em suas páginas inscritos ao lado dos justos.
> Bendito és tu, ó Senhor, que humilha os soberbos.

Existe uma teoria que afirma que o quarto Evangelho foi escrito como resposta às dificuldades judeu-cristãs locais causadas pela promulgação da décima segunda bênção. Mas é possível que essa prece se dirigisse contra outras seitas judaicas e não contra os cristãos. Na verdade, há algumas evidências de que os cristãos eram bem-vindos às sinagogas, mesmo depois do ano 70, apesar daquela passagem do Evangelho de João. Desse modo, talvez a *Birkat ha-Minim* não tenha sido um divisor de águas nas relações judeu-cristãs (Hilton 1994, 224-6). Pode ser que a irrevogável separação entre judaísmo e cristianismo não tenha sido causada por algum edito específico, mas sim por um longo processo que dependia de situações locais e do poder crescente da Igreja.[9] Depois do ano 70, o farisaísmo passou a rivalizar com o cristianismo quanto ao significado autêntico do judaísmo. Não causa espanto, portanto, que os evangelistas, escrevendo logo depois dessa data, tenham retratado com matizes sombrios as relações de Jesus com os fariseus. Embora Jesus discordasse deles em certos pontos importantes, há indícios nos Evangelhos de que ele mantinha relações cordiais e até íntimas com alguns fariseus (como Nicodemos, por exemplo). Falando de modo geral, o fato de duas interpretações judaicas da obediência a Deus terem sobrevivido ao ano 70 deveria também alertar os cristãos contra afirmações condescendentes e inverídicas, mesmo que bem-intencionadas, de que o judaísmo moderno é "a mãe" do cristianismo. Ambos são herdeiros do judaísmo tardio do Segundo Templo; ambos, na verdade, são duas interpretações diferentes dessa "matriz". O judaísmo moderno se desenvolveu por meio da Mishnah,[10] do Talmude,[11] da sinagoga e de um sentimento específico de identidade judaica. O cristianismo se desenvolveu por meio do Novo Testamento, da igreja e de um sentimento de missão universal.

Ed Sanders é um dos muitos estudiosos dos tempos recentes que contribuíram para o resgate da natureza judaica de Jesus. Sua grande realização foi ter composto a história de Jesus contra um amplo pano de fundo de crenças e práticas judaicas. Seu livro, *Judaism: Practice e Belief 63BCE-66CE*, constitui uma abordagem incomum por parte de um especialista no Novo Testamento; é um trabalho significativo no sentido de não ser dominado pela figura de Jesus, como os cristãos equivocadamente supõem que deveria ser a fé judaica naquele período. No epílogo de seu livro, Sanders confessa:

Na verdade, eu gosto dos fariseus. Eles apreciavam os detalhes e a precisão. Queriam fazer tudo muito corretamente. Eu gosto disso. Os fariseus amavam a Deus, achavam que Ele os abençoara e pensavam que Ele queria que fizessem tudo muito corretamente. Não tenho a menor dúvida de que alguns deles eram "puritanos". Esse é um defeito comum nas pessoas piedosas, que está amplamente demonstrado na crítica moderna aos fariseus. Os fariseus, sabemos, esforçavam-se por ser humildes ante Deus e achavam que a intenção valia mais do que a demonstração externa. Esses são ideais valiosos.[12]

128 / *Jesus – uma pequena biografia*

Sanders acredita que Jesus ofendeu seus contemporâneos judeus em certos aspectos. Primeiro, ele incluiu no reino de Deus os "perversos", que estavam fora da Lei, mesmo que permanecessem fora dela em vez de se arrependerem e se tornarem observantes. Um segunda ofensa foi ordenar ao possível discípulo que deixasse de lado o cadáver do pai (Mateus 8:19-22; Lucas 9:57-60), contrariando a lei que manda honrar pai e mãe; essa, provavelmente, foi uma ocasião única e não um sinal de que Jesus pretendia fazer oposição completa à legislação deuteronômica. Em terceiro lugar, a proibição do divórcio imposta por Jesus (Mateus 19:3-9; Marcos 10:2-9) foi uma indicação radical de que a Lei Mosaica não era suficientemente rigorosa. Sua atitude em relação ao Templo, em especial, provavelmente foi ofensiva a ponto de provocar sua prisão e execução (como veremos a seguir). De todo modo, no livro *Jewish Law from Jesus to the Mishnah*, Sanders conclui que "o Jesus sinóptico viveu como um judeu respeitador da Lei".[13] Isso quer dizer que, do material que mostra um conflito legal entre Jesus e os outros, bem pouco remonta até ele. Há apenas uma pitada de suspeita de que Sanders, ao interpretar Jesus como o judeu fiel (assim como, em outros escritos, também interpretou Paulo como um judeu cumpridor de seus deveres, mas um tanto excêntrico) descartou com demasiada facilidade ou não deu importância ao material ofensivo entre cristãos e judeus.

Mesmo assim, as evidências sugerem que Jesus aceitava a Lei judaica. Mateus (5:17-18) registra estas palavras de Jesus: "Não penseis que vim abolir a Lei ou os Profetas; não vim abolir mas consumar. Pois em verdade vos digo, até passar o céu e a terra, não passará um jota ou um til da Lei sem que tudo se cumpra." É bem possível que Jesus tenha dito algo como a segunda sentença dessa citação. Tal frase poderia ser hiperbólica, mas não irônica. Jesus cresceu acreditando que a Lei era uma dádiva e uma bênção. Ele a interpretou, mas não a abandonou. Contudo, sua interpretação era radical.

Ele foi particularmente radical na interpretação do mandamento sobre a higiene (Marcos 7:1-16; ver também Mateus 15:1-11). Essa é uma passagem curiosa, pois Jesus acusa os fariseus de não observarem a Torá e depois parece anular o ensinamento da Torá. Talvez Jesus, nesse ponto, estivesse mais próximo dos saduceus conservadores do que dos fariseus, aos quais acusa de se prenderem às tradições humanas e não aos mandamentos de Deus. Sendo assim, a questão agora é como interpretar a Lei, não como solapá-la e revogá-la.

Provavelmente é equivocado alegar, como fazem muitos, que Jesus põe o povo acima das exigências da Lei. Considerando que os judeus daquela época acreditavam que a Lei era uma dádiva de Deus, o mais provável seria Jesus ter assumido que o povo a interpretava erroneamente. Sua analogia, bem básica e terrena, com as funções corporais (Marcos 7:14-15) mostra que ele reconhecia que a mera observância da Lei nada significava: "Ouvi-me todos e entendei. Nada há fora do homem que, entrando nele, possa manchá-lo. O que mancha o homem é o que sai do homem." Na verdade, a Lei precisa ser recebida e vivida de uma maneira que reforme e melhore seus fiéis; ela não pode ser simplesmente observada. Com bastante freqüência Paulo mostrou-se um astuto intérprete de Jesus, ao afirmar que "a letra mata e o espírito vivifica" (II Coríntios 3:6). Foi precisamente isso que Jesus deu a entender, uma idéia que teria antagonizado muitas pessoas sinceras que, da perspectiva dele, confundiram os meios com o fim.

Há outros exemplos da atitude flexível de Jesus ante as questões de higiene. Na cura da mulher com o sangramento, Jesus não se sentiu embaraçado quando ela o tocou. Presumindo que essa mulher sofria de hemorragia vaginal, ela estava ritualmente impura (Levítico 15:25-30).

Essa atitude para com a higiene e a pureza sugere que Jesus diferia dos fariseus na opinião sobre o alcance da graça de Deus e as reações das pessoas a ela. Poderíamos dizer que os fariseus ergueram uma barreira em volta da Torá. Dentro do "campo" delimitado por essa barreira, a vida judaica poderia florescer de maneira identificável. Jesus acreditava que todas as pessoas poderiam e deveriam tornar-se sagradas: "Sede perfeitos, portanto, como o Pai celeste é perfeito" (Mateus 5:48).

Mas Jesus certamente não era o único judeu que pregava o amor a Deus. A parábola do bom samaritano é narrada depois que um doutor da Lei confessa que a vida eterna é herdada por aqueles que amam a Deus e ao próximo como a si mesmos (Lucas 10:25-37). O escândalo dessa parábola está na sua interpretação do alcance e distribuição do amor a Deus e, portanto, do amor a si próprio. O amor a Deus age por meio do samaritano, quando o sacerdote e o levita deixam de cumprir sua obrigação. Os Evangelhos registram muitas ocasiões em que Jesus ofendeu as suscetibilidades religiosas de alguns dos seus contemporâneos: por exemplo, curar no *Shabat* (Marcos 3:1-6; Mateus 12:9-14; Lucas 6:6-11). Pode-se duvidar do relato de Marcos e Mateus (os fariseus teriam decidido matar Jesus depois desse incidente), mas não é intrinsecamente impro-

130 / Jesus – uma pequena biografia

vável que pessoas muito escrupulosas achassem inaceitável, ou mesmo ameaçadora, a sua interpretação da Lei. Vamos tentar resumir esse ponto. Jesus estava de muitas maneiras próximo dos fariseus. Um e outros desejavam santificar a vida cotidiana, e o fizeram no contexto de uma vida de fé dentro da Torá. Mas Jesus, ao interpretar a Lei, mostrava-se extraordinariamente livre. Ele via que o propósito da Lei era transformar a vida das pessoas, não tornar-se um fardo: se a Lei era uma dádiva divina, tratava-se de uma dádiva para o bem e não para o mal, para ampliar a vida das pessoas e não para reduzi-la. Não resta dúvida de que muitos fariseus e outros judeus também pensavam assim. Ainda outros, sem dúvida, irritaram Jesus com suas interpretações pedantes da Lei, as quais tornavam a mecânica da Lei mais importante do que a sua meta de transformar a vida das pessoas por meio do amor generoso e misericordioso de Deus.

Muitos, não só os pedantes, podem ter achado que Jesus interpretava e vivia a Lei de modo demasiado livre, soberano e irrestrito. Teria ele realmente dito, "ouvistes o que foi dito (...) mas eu vos digo", ou essas palavras foram criadas pelas primeiras tradições, à medida que os relatos de sua autoridade iam aumentando? Qualquer que seja o caso, Jesus tratou a Lei com liberdade soberana: restringindo-a em alguns aspectos (especialmente o divórcio), mas flexibilizando-a em outros. O fato de ele ter concordado com os saduceus em certas questões, discordando dos fariseus, é um exemplo de que a interpretação da Lei era uma ocupação essencial para muitos intelectuais judeus, a tal ponto que estava enraizada nas realidades e possibilidades da vida das pessoas. Ninguém teria se preocupado com o princípio de interpretação da Lei; alguns teriam se preocupado, e muito, com os detalhes da maneira pela qual a Lei era interpretada.

Pelo que conhecemos dos Evangelhos, grande parte do material sobre as relações de Jesus com os fariseus reflete as controvérsias da geração seguinte à destruição do Templo no ano 70. Mesmo assim, não há por que duvidar que Jesus tivesse sérios desentendimentos com muitos de seus contemporâneos sobre o objetivo e a distribuição da graça proveniente da Aliança com Deus; Jesus interpretava a Torá maximizando o amor misericordioso e generoso de Deus. Outros teriam sido mais cautelosos, embora não tenhamos motivo para ver todos os seus oponentes na questão da Lei como fariseus e exclusivistas extremados. Muitos desses antagonistas, porém, teriam sido fariseus, para quem a Lei era da maior importância. A raiva de alguns judeus (incluindo muitos fariseus) por Jesus pode ser subestimada na mesma medida em que é possível exagerá-la ou caricaturá-la.

A MORTE DE JESUS E OS SADUCEUS

O relato da Paixão, da prisão ao sepultamento, forma a mais longa narrativa da vida de Jesus em cada Evangelho. Alguns estudiosos sustentam que esse foi o primeiro relato ordenado a circular sobre Jesus, bem antes que o Evangelho de Marcos fosse escrito. É bem possível que estejam certos, devido à importância central da morte de Jesus para a pregação apostólica e também para a teologia de Paulo.

O patos dessa morte foi registrado nas artes, no drama e na música. Milhões de cristãos comuns vêem nela o centro de sua vida espiritual, evocando a prece, a meditação e o maravilhamento. A morte de Jesus ofereceu aos teólogos cristãos, especialmente aos das igrejas ocidentais, o mais fértil terreno para a reflexão.

Esse processo de reflexão teológica pode ser visto nos relatos dos evangelistas. Marcos e Mateus mostram Jesus como aquele que foi abandonado pelos seus seguidores (Marcos 14:50; Mateus 26:56) e até mesmo, poderia parecer, pelo próprio Deus (Marcos 15:34; Mateus 27:46). Mas ainda assim ele é o Messias (Marcos 14:61-62; Mateus 26:63-64) e, por estar disposto a beber até a última gota do cálice do sofrimento (Marcos 14:36; Mateus 26:39), ele é resgatado por Deus, como afirmam os relatos da ressurreição.

O Evangelho de Marcos, que sublinha consistentemente o fracasso dos seguidores mais íntimos de Jesus em compreendê-lo, enfatiza esse fracasso no relato da Paixão e mesmo no da ressurreição. No momento da prisão de Jesus, fogem não só seus discípulos mas também um jovem cujo nome não é mencionado (14:51-52); e as mulheres fugiram ao ver a sepultura vazia, porque sentiram medo (16:1-8). É provável que os leitores de Marcos conhecessem o sofrimento e mesmo o fracasso. Eles precisavam ter a confiança renovada por meio do compromisso de Jesus, por sua angústia e sensação de abandono. E também precisavam ser desafiados, para se tornarem tão indômitos quanto fora seu Senhor.

O relato de Mateus é obcecado pela necessidade de saber quem foi o responsável pela morte de Jesus. Judas, que o traiu, tenta fugir da responsabilidade devolvendo as trinta moedas de prata. Os sacerdotes as uti-

132 / *Jesus – uma pequena biografia*

lizam para comprar o "Campo do Sangue", tentando assim se distanciar daquele dinheiro sujo de sangue (27:3-10). A mulher de Pilatos, assustada por um pesadelo, diz ao marido para não fazer nada contra "este inocente", Jesus (27:19). Pilatos lava as mãos eximindo-se da responsabilidade da execução (27:24). A multidão responde: "Que o sangue dele caia sobre nós e sobre nossos filhos" (27:25). Ninguém pode fugir da culpa, mas a responsabilidade real recai sobre "o povo como um todo". Fica bem claro que o relato de Mateus foi, em grande parte, resumido e criado pelas preocupações apologéticas do seu tempo, à medida que ele e seus ouvintes tentavam compreender por que a maioria dos judeus não acreditara que Jesus era o Messias e expulsava os cristãos das sinagogas, como dissidentes da fé de Israel. Mateus acreditava que eles eram perversamente responsáveis pela morte do Messias inocente. Mateus sem dúvida acreditava que a destruição do Templo, em 70, era a justa punição de um povo recalcitrante. O que ele não sabia era que sua condenação dos judeus iria repercutir, aterradora, ao longo dos séculos.

Lucas interpreta Jesus como um mártir, disposto a morrer por uma causa justa. Jesus confia que Deus o resgatará. Ele acha tempo para perdoar os que o crucificaram, e ao ladrão penitente supliciado ao seu lado (23:34 e 23:39-43). Ele morre, não em abandono, mas com estas confiantes e serenas palavras: "Pai, em tuas mãos entrego o meu espírito" (23:46). Lucas é o único dos evangelistas a registrar um julgamento diante de Herodes Antipas (23:6-12) bem como de Pilatos, assim como Paulo seria levado diante de um rei judeu e de um governador romano (Atos 24:6). Nesse paralelo, talvez Lucas esteja dando um indício a seus leitores de que Paulo (a quem os Atos deixam aprisionado em Roma) suportaria serenamente o martírio, como antes dele fizeram Jesus e Estêvão (Atos 7:54-60). Mesmo sendo um tanto romanceado, o relato de Lucas não é sentimental: trata-se, afinal de contas, de uma história de martírio, escrita para pessoas que precisavam que lhes lembrassem de "tomar a cruz cada dia" (Lucas 9:23).

Se Lucas retrata o Jesus agonizante como sereno e cheio de confiança (ao contrário dos retratos de Mateus e especialmente de Marcos, nos quais vemos um Jesus angustiado e abandonado), o Jesus do relato de João mostra-se em pleno controle das coisas. Ele diz a Pilatos: "Nenhum poder terias sobre mim se não te fosse dado do alto" (19:11). Suas últimas palavras são: "Tudo está consumado" (19:30), significando tanto o fim da sua vida terrena quanto a concretização do propósito dessa

Jesus, o judeu / 133

vida; ou seja, que "eu, quando for levantado da terra, atrairei todos os homens a mim" (12:32). E assim ele morre, não só sereno mas também triunfante.

Esse pequeno resumo não faz justiça às sutilezas teológicas dos diferentes relatos da Paixão. Sua finalidade é sublinhar que esses relatos contêm uma riqueza de meditação teológica. Neles, tanto ou mais do que nas outras partes dos Evangelhos, história e reflexão religiosa se juntam numa simbiose criativa, dramática e comovente. Vejamos agora uma importante questão histórica: quantos julgamentos houve? Combinando todos os relatos dos Evangelhos, teríamos um julgamento diante do Sinédrio, depois diante de Pilatos, que o enviou a Herodes, o qual, por sua vez, devolveu Jesus a Pilatos. É incerto que Jesus tenha sido levado à presença de Herodes. Lucas talvez preserve a memória de um acontecimento real (23:6-12). Herodes provavelmente teria sido informado de que Jesus fora um seguidor de João Batista, cuja morte ele, Herodes, ordenara. Os seguidores de Herodes conspiravam, havia muito, para eliminar Jesus (Marcos 3:6 e 12:13). Se Herodes estava em Jerusalém para a festa da Páscoa, é natural que Pilatos lhe tivesse enviado Jesus, pois este, como galileu, estaria sob a jurisdição de Herodes.

Mais problemático ainda é verificar se Jesus foi levado ante o Sinédrio; essa questão tem produzido os mais amplos desacordos entre os estudiosos. A palavra "sinédrio" (em hebraico, *san'hedrin*) vem do grego *synedrion*, "assembléia reunida em sessão". Fontes judaicas indicam que se tratava de uma Suprema Corte de setenta (ou 71) membros que se reunia na "câmara da pedra entalhada" em Jerusalém até o ano 70, e depois em várias outras cidades.[14] (Porém alguns estudiosos, tanto judeus quanto cristãos, levantam dúvidas se essa "suprema corte" se reunia no período pré-70 e, caso afirmativo, quem dela participava, representando quais grupos.)[15]

Narrando a morte de Jesus, os relatos dos Evangelhos sinópticos contam histórias diferentes. O sumo sacerdote, em seu palácio, preside a reunião que condena Jesus (Marcos 14:53-65; Mateus 26:57-68; Lucas 22:66-70). Até recentemente, cristãos e judeus alegavam que o seu próprio ponto de vista era o correto e que o do outro lado era errado. Hoje em dia, parece mais convincente pensar que ambos preservam antigas tradições de uma assembléia legislativa suprema que antes existiu no judaísmo, embora cada lado tenha projetado nela suas próprias idéias e preocupações.

134 / *Jesus – uma pequena biografia*

No Evangelho de João, porém, não há nenhum julgamento diante de uma assembléia. Em vez disso, Jesus é interrogado por Anás, ex-sumo sacerdote, que depois o envia a Caifás, seu genro e sumo sacerdote desse ano (18:13 e 19-24). Se essa fonte for confiável e independente, ela indicaria que Jesus compareceu primeiro diante dos saduceus, representantes informais do grupo dominante no Templo. Há razões para acreditar que esse foi o caso, e não que Jesus teria sido submetido ao interrogatório de uma corte religiosa formalmente constituída. Vejamos: embora a prisão de Jesus certamente tenha sido planejada, é difícil imaginar que um grupo grande de pessoas, incluindo talvez alguns simpatizantes de Jesus, estivesse à mão no meio da noite para julgá-lo.

Ainda mais revelador é o fato de Jesus ter morrido na cruz, pois a crucificação era uma punição romana e não judaica. Embora seja difícil saber exatamente o que aconteceu diante de Pilatos, é praticamente certo que o confronto mais importante foi entre Jesus e o governador romano. O que provavelmente aconteceu, depois de Jesus ter sido preso à noite, é que ele foi interrogado por uma ou mais autoridades do Templo, as quais então o arrastaram para diante de Pilatos, e este aplicou-lhe uma punição pronta e severa.

Já observamos que o Evangelho de Mateus envolve os judeus na morte de Jesus, deixando implícito que foram eles os principais culpados. Na época em que os Evangelhos estavam sendo escritos, era do interesse de cada evangelista enfatizar o envolvimento dos judeus, não dos romanos, na morte de Jesus. Inúmeras razões teriam movido os evangelistas: explicar o escândalo (no entender deles) da resistência judaica em acreditar que Jesus era o Messias; distanciar-se dos judeus que haviam se rebelado contra o domínio de Roma; e estabelecer a posição dos cristãos como leais cidadãos do Império Romano.

No entanto, historicamente, as autoridades romanas tinham pelo menos tanta razão quanto certos judeus para querer Jesus morto. Ele entrara em Jerusalém cercado de matizes messiânicos e causara um tumulto escandaloso no Templo numa época em que muitos judeus estavam na cidade para a festa da Páscoa. Pilatos pensaria, sem dúvida, que o melhor seria matar imediatamente aquele homem capaz de pôr em evidência o descontentamento político e religioso das multidões enraivecidas. Assim, o governador romano executou um "desordeiro" palestino: ocorrência bastante comum. Alguns estudiosos sugeriram que Pilatos, no cumprimento de suas funções específicas, tinha amplos motivos para ordenar a execução, porque Jesus seguia um programa absolutamente político: a derrubada da autoridade imperial romana e sua substituição por um governo teocrático judeu. Mas essa idéia não avalia corretamente as aspirações de Jesus.

Seria possível avaliar a atitude de Jesus em relação à soberania política, na sua última semana de vida, quando fariseus e herodianos (Marcos 12:13-17 e Mateus 22:15-22), ou agentes dos sacerdotes e escribas (Lucas 20:20-6), lhe perguntaram se era lícito pagar tributo a César? Jesus parecia estar num beco sem saída. Ou ele condenava o domínio romano, arriscando-se a sofrer prisão imediata e morte, ou se declarava conivente com a odiada ocupação estrangeira. Conhecendo a malícia de seus interlocutores, ele pede que lhe mostrem uma moeda e então pergunta de quem é a efígie e a inscrição. Quando lhes responderam: "De César!", Jesus lhes disse: "Pois dai a César o que é de César e a Deus o que é de Deus." Estritamente falando, toda gravação ou entalhe com semelhança humana era ofensiva às crenças judaicas; mas os oponentes de Jesus carregavam essas moedas com uma efígie humana. Jesus deu uma resposta brilhantemente evasiva a uma pergunta maliciosa, da qual pouco se pode deduzir.[16] Mas Lucas registra a acusação contra Jesus, no julgamento diante de Pilatos, de que ele proibia o povo de pagar impostos ao imperador. É bem possível que isso tenha acontecido.

Jesus não tinha uma estratégia política coerente para substituir o poder romano pelo judaico. Mas sua mensagem sobre o reino de Deus, e sobre o seu papel nesse Reino, era subversiva: tanto para o *status quo* político quanto para os ideais dos patriotas judeus que esperavam substituir o domínio de Roma pela autonomia política.

Dentre os grupos judaicos, quem mais trabalhou para a destruição de Jesus foram certos saduceus que tinham interesses investidos no Templo e um profundo compromisso com o culto ali praticado. É significativo que as narrativas da Paixão não registrem nenhum confronto com os fariseus. Os saduceus praticamente desapareceram depois do ano 70. Sem o culto no Templo e carregando a nódoa da associação com um poder estrangeiro conquistador e vingativo, eles caíram no esquecimento histórico. Mas, na época de Jesus, foi exatamente essa disposição dos saduceus em colaborar com os romanos, bem como seu envolvimento no culto do Templo, que os levou a silenciar Jesus, pela morte, se necessário.

Alguns estudiosos argumentaram que, em termos políticos, a Galiléia e a Judéia eram dois barris de pólvora esperando apenas um estopim para detonar a rebelião contra o governo romano. Isso parece exagerado.

136 / *Jesus – uma pequena biografia*

Mas todos os atos de Jesus que tivessem implicações políticas poderiam destruir o delicado equilíbrio que as autoridades do Templo haviam alcançado com os governantes romanos. Os colaboradores só eram aceitos enquanto servissem aos mais profundos interesses do poder vigente na manutenção da paz e na destruição dos dissidentes, tanto reais quanto potenciais. Os saduceus sabiam disso e estavam dispostos a destruir Jesus. É provável que alguns deles tenham apresentado a Pilatos acusações contra Jesus com matizes políticos.

Além disso, o ensinamento de Jesus sobre o Templo afetava suas crenças a respeito do centro da fé judaica. Derrubar as mesas dos cambistas foi um gesto de Jesus para simbolizar o fim da adoração no Templo e que também era uma crítica das práticas imorais ali realizadas. Em seu julgamento diante do conselho judaico (mais provavelmente, como sugeri, diante de uns poucos líderes, dentre os quais talvez se incluísse Caifás), Marcos e Mateus afirmam que falsas testemunhas o acusaram de ter dito que destruiria o Templo e construiria outro em três dias (Marcos 14:57-58; Mateus 26:59-61). Essa passagem parece uma defesa especial por parte dos dois evangelistas. Afinal de contas, eles e Lucas registram que Jesus predissera a destruição do Templo aos seus discípulos (Marcos 13:1-2; Mateus 24:1-2, Lucas 21:5-6). Jesus provavelmente acreditava que quando Deus interviesse e trouxesse o Reino em toda a sua plenitude, o Templo não sobreviveria, pois deixaria de ser necessário em vista da glória da presença de Deus (tal como a visão do autor do Livro do Apocalipse em 21:22). Ou, por outro lado (se a referência aos três dias for autêntica, e não criada para sugerir a ressurreição), Jesus poderia ter esperado por um novo Templo, mais perfeito. Considerando que muitas pessoas religiosas confundem os meios com o fim, essa esperança iconoclasta as teria chocado. Teria certamente perturbado os chefes saduceus, cuja autoridade religiosa derivava da manutenção do Templo existente. Para sermos justos, aceitemos que eles teriam ficado genuinamente chocados com as opiniões de Jesus e também, sendo a natureza humana aquilo que é, preocupados com sua própria posição social e importância.

Jesus morreu, executado por ordem do procurador romano, porque era uma ameaça ao domínio pacífico. Mas alguns judeus conspiraram para a sua morte, porque ela servia às suas mais profundas convicções e também aos seus interesses. Isso não quer dizer que todos os judeus daquela época — menos ainda todos os judeus desde então — sejam culpados pela morte de Jesus.

Uma maneira bem mais aceitável para os cristãos interiorizarem e reviverem o drama da morte de Jesus, como muitos fazem na Semana Santa que precede o domingo de Páscoa, é vê-la como uma história dirigida a cada homem, a cada mulher. Há um hino religioso que começa perguntando: "Estavas lá quando crucificaram o meu Senhor?" A resposta óbvia é "não". Tudo isso aconteceu há muito tempo, em outras épocas e lugares. Mas as pessoas que devotamente revivem esse drama, como fazem muitas, conseguem envolver-se com seus significados mais profundos quando colocam a si mesmas, e não os judeus pérfidos, como as personagens centrais do drama. Afinal de contas, os judeus não podiam deixar de estar lá, tendo em vista o local e as circunstâncias! Essa é uma narrativa sobre a natureza humana, não sobre tipologia racial. E, de uma perspectiva teológica cristã, mesmo que *alguns* judeus tenham entregado Jesus ao procurador romano para ser executado, esse ato estava dentro dos objetivos eternos de Deus (ver, por exemplo, a Primeira Epístola de Pedro 1:17-21), que redimiu o mundo por meio de um judeu crucificado.

RESPOSTAS JUDAICAS AO ANTIJUDAICISMO CRISTÃO

Para a maioria dos judeus, Jesus é irrelevante como expoente autêntico do judaísmo. Os rabinos rejeitaram a interpretação da fé judaica que os cristãos extraíram da vida, morte, ressurreição e ensinamentos de Jesus. Partindo do Novo Testamento, os cristãos freqüentemente vêem a morte de Jesus como um erro censurável. Mas não é assim que o judaísmo rabínico vê as coisas. Para eles, a crença cristã em Jesus como Filho de Deus — nos sentidos dados pelo Novo Testamento, mas particularmente na maneira como essa crença se desenvolveu nas fórmulas oficiais e trinitárias da igreja primitiva — é incompatível com as crenças judaicas. Assim ocorre com a crença de que Jesus é o Messias. No Talmude, os seguidores de Jesus são chamados *minim,* "sectários", mas o mesmo nome também é dado a todos os grupos cismáticos. É muito raro existir, por parte de um ou mais judeus, um ataque direto a Jesus ou à crença cristã.

Esse silêncio é espantoso, como se a maioria dos judeus simplesmente virasse as costas a essa interpretação dissidente da verdadeira fé. E combina com a ausência de uma primitiva reflexão judaica, em muitas partes da herança religiosa judaica que os cristãos usaram para iluminar o significado de Jesus. Por exemplo, as passagens sobre o Servo

138 / *Jesus – uma pequena biografia*

sofredor (particularmente Isaías 52:13 e 53:12), embora representando potencialmente um fértil recurso para a compreensão dos sofrimentos de Israel, não chegaram a ser exploradas pelos judeus até o período medieval. A explicação mais convincente disso é que essas passagens eram usadas pelos cristãos para definir o significado de Jesus (ver, por exemplo, Marcos 10:45; Atos 8:26-40) e, portanto, o judaísmo rabínico mantinha-se longe delas.

Na Idade Média e início da Era Moderna, os séculos da cristandade européia, se os judeus chegavam a pensar em Jesus era apenas como o senhor e mestre dos cristãos que em seu nome os perseguiam. Embora o iluminismo europeu tenha tirado os judeus dos guetos onde viviam, nem sempre lhes garantiu ampla aceitação. Muitos deles se converteram ao cristianismo para poderem ser aceitos pela sociedade cristã mais refinada. Por exemplo, o compositor alemão Mendelssohn (1809-47) e o político britânico Disraeli (primeiro-ministro em 1868 e de 1874 a 1880) vieram de famílias convertidas. Mas, no geral, essa tentativa fracassou. O anti-semitismo continuava a ser uma força poderosa em grande parte da Europa. Muitos cristãos de origem judaica, incluindo membros do clero cristão, acabaram perdendo a vida nos campos de extermínio de Hitler. Por isso, a religião de Jesus, o judeu, não chega a ser uma opção atraente para a maioria dos judeus.

Mesmo assim, a história de Jesus encontrou fortes ressonâncias em muitos judeus. Não há dúvida de que muitos deles se converteram ao cristianismo por motivos religiosos, e não por motivos econômicos ou sociais. Nos anos recentes, muitas pessoas de origem judaica têm-se convertido sinceramente ao cristianismo, passando a acreditar que Jesus foi o Messias. São os chamados "judeus para Jesus" ou "judeus messiânicos". Diz-se que em Israel há quatro mil deles (incluindo muitos imigrantes da Rússia), que hesitam em usar o título "cristão" devido ao imenso passado de anti-semitismo na cristandade.[17] Há muitos mais desses judeus convertidos nos Estados Unidos, na Grã-Bretanha e em outros países. Para os outros cristãos, eles levantam algumas questões pastorais. Por exemplo, se eles são rejeitados como judeus pela grande maioria dos outros judeus, devem os cristãos tratá-los como judeus ou como cristãos que antes foram judeus?

Recentemente, alguns judeus observantes, e também alguns convertidos, estudaram a vida e as obras de Jesus. A primeira biografia de Jesus feita por um estudioso judeu moderno, Joseph Klausner, foi publica-

Jesus, o judeu / 139

da em 1925 (sua tradução em língua inglesa tem o título *Jesus of Nazareth*). Nele, Klausner observa que

> Em seu [de Jesus] código ético, há um aspecto sublime, definido e original de uma forma que não encontra paralelos em qualquer outro código ético hebreu; tampouco há paralelos para a arte admirável de suas parábolas. A perspicácia e sutileza de seus provérbios e seus fortes epigramas servem, num grau excepcional, para popularizar as idéias éticas. Se chegar o dia em que esse código ético seja despojado de seu invólucro de milagres e misticismo, o Livro da Ética de Jesus será um dos tesouros favoritos na literatura de Israel de todos os tempos.

Generosamente, de fato, Klausner admite que "Jesus foi além de Hillel [o principal mestre da Palestina no primeiro século AEC] em seus ideais éticos", passando a Regra de Ouro de uma forma negativa ("Não faças aos outros aquilo que não queres que te façam") para a forma positiva ("Faze aos outros somente aquilo que gostarias que te fizessem"). Mas Klausner observa que o ensinamento ético de Jesus "não se mostrou possível na prática". (Menos de dez anos depois da publicação do seu livro, Hitler subiu ao poder na Alemanha, ironicamente reforçando a opinião de Klausner.) Klausner argumenta, como também o fizeram muitos judeus (e alguns muçulmanos, como veremos no Capítulo 5), que Paulo distorceu a mensagem de Jesus, helenizando-a.[18]

Alguns aspectos dessa "teoria da helenização" se baseiam numa ramificação dos estudos bíblicos do começo do século XIX, a qual mostrava Paulo como fundador de um cristianismo que traía os ideais de Jesus de Nazaré, ou pelo menos deles se desviava. A teoria não foi particularmente convincente na época, e hoje perdeu ainda mais terreno. Embora desaprovando Paulo, Klausner reconheceu que ele abriu caminho para que a vontade de Deus fosse revelada a todas as pessoas. Mas ele acreditava que o judaísmo, e não o cristianismo, se tornaria a religião universal.

Esse não é o ponto de vista de Pinchas Lapide. Dentre os escritos judaicos recentes sobre Jesus, o dele é um dos mais interessantes, de uma perspectiva cristã. Lapide, mesmo sendo judeu ortodoxo observante, acredita que a ressurreição realmente ocorreu. Ele não se deixa convencer pelas "estranhas paráfrases" de muitos teólogos cristãos modernos sobre a ressurreição. Acredita que "todos eles são abstratos e

140 / Jesus – uma pequena biografia

eruditos demais para explicar como foi que sérios trabalhadores braçais da Galiléia, mortalmente entristecidos com a crucificação muito real de seu mestre, em curto período de tempo se transformaram numa jubilosa comunidade de fiéis". Somente a ressurreição poderia ter realizado essa mudança. Lapide baseou-se nas idéias de Franz Rosenzweig, um judeu humanista agnóstico do início do século XIX. Para ambos, o cristianismo é a "judaização" dos pagãos. Lapide cita, assinando em baixo, as palavras do teólogo católico Clemens Thoma: "Com a ressurreição de Jesus, abriu-se aos gentios um acesso à fé no Deus Único de Israel, até então desconhecido." Jesus é o caminho para os gentios; os judeus, que já conheciam Deus, não precisam de Jesus.[19] Essa convicção não recebeu ampla aceitação nem entre judeus nem entre cristãos, embora seja fascinante.

Martin Buber (1878-1965), autor do clássico *I and Thou* (cuja primeira edição em língua inglesa foi publicada em 1937), que interpretava a Bíblia e as relações com Deus de uma maneira pessoal e existencial, exerceu um profundo impacto sobre a teologia protestante moderna, embora seja bem menos influente nos círculos judaicos. Num de seus livros, intitulado *Two Types of Faith*, Buber argumentava que a fé judaica, *emunah*, está na história de uma nação, enquanto a fé cristã, *pistis*, está na história pessoal de cada indivíduo. Essa distinção não chega a ser especialmente convincente, mas o livro de Buber tornou-se memorável por evitar toda tendenciosidade apologética. Buber escreveu:

> Desde a minha juventude tenho encontrado em Jesus um irmão mais velho. O fato de o cristianismo tê-lo visto como Deus e Salvador sempre me pareceu da maior importância, e isso, por ele e por mim mesmo, é algo que preciso tentar compreender. (...) Estou certo, mais do que nunca, de que pertence a Jesus um lugar muito importante na história da fé de Israel.[20]

Nem Klausner, Lapide ou Buber se deixaram persuadir pelas alegações doutrinais cristãs sobre Jesus, apesar de todas as coisas positivas que eles três encontraram em vários aspectos de seu ensinamento.

Tampouco Geza Vermes se deixou persuadir. Seu livro, *Jesus the Jew*, publicado pela primeira vez em 1973, abriu os olhos de muitas pessoas para a natureza judaica de Jesus, a quem Vermes mostra como um *chassid* (homem santo) galileu e não como um fariseu, essênio, zelote ou gnóstico. Mais problemático para os cristãos foi o cuidadoso exame dos títulos concedidos a Jesus: profeta, Senhor, Messias, Filho do Homem e Filho de Deus. Criando uma controvérsia, Vermes concluiu que nenhuma das alegações e aspirações de Jesus o ligam ao Messias; que nenhum uso do título "Filho do Homem" é declarado na literatura judaica; e que "profeta", "Senhor" ou mesmo, em sentido figurado, "Filho de Deus" poderiam facilmente ser aplicados a homens santos no judaísmo da época de Jesus. Em dois livros posteriores, *Jesus and the World of Judaism* (1983) e *The Religion of Jesus the Jew* (1993), Vermes desenvolveu seu retrato de Jesus como um mestre carismático, agente de cura e profeta.

O que dizer então da Igreja ou igrejas cristãs, do fenômeno do próprio cristianismo? Segundo Vermes, esse fenômeno deve mais às teologias helenizantes de João e de Paulo do que a Jesus, o judeu; deve mais à sua migração para o mundo greco-romano, pagão, do que às suas origens judaicas. Mas Vermes observa que, por meio dos três antigos testemunhos de Mateus, Marcos e Lucas, o Jesus judeu emerge para desafiar a variedade paulina-joanina do cristianismo tradicional. Na opinião de Vermes, o declínio no número de judeus observantes da Torá que seguiam os ensinamentos de Jesus, sem acreditar no nascimento virginal ou na divinização de Cristo, deu rédeas livres ao cristianismo helenizado dominante. Com efeito, no início do século V, importantes figuras da Igreja decretaram que era heresia os cristãos de origem judaica observarem a Torá. Vermes comenta:

> Apesar disso tudo, é mais do que justo enfatizarmos que o cristianismo, não obstante todas suas forâneas características dogmáticas e eclesiásticas, ainda possui os elementos fundamentais da piedade de Jesus, tais como sua ênfase na pureza de intenção e generosidade de coração, exemplificadas num Francisco de Assis, que renunciou à riqueza para servir aos pobres e, mesmo no nosso século, um Albert Schweitzer, que renunciou à fama para cuidar dos doentes naquela terra de Lambaréné esquecida por Deus e uma Madre Teresa que, já idosa, atendia os agonizantes nas ruas imundas de Calcutá.[21]

A visão de Vermes, ao apresentar o significado de Jesus, é inspirada. Seu trabalho também pode ser interpretado, até certo ponto, como uma brilhante obra polêmica: ele próprio se converteu ao cristianismo, ordenou-se padre católico romano e, por fim, voltou ao judaísmo. Seus livros constituem uma resposta implícita à tradicional pretensão cristã de

142 / *Jesus – uma pequena biografia*

saber como a fé judaica deveria ser, e que os judeus a entenderam mal, insinuando que os judeus sabem qual seria a fé de Jesus e que os cristãos a entenderam mal. Apesar de suas nuanças confrontadoras, o trabalho de Vermes sobre a natureza judaica de Jesus tem exercido profunda influência em escritores cristãos, como seu ex-colega de Oxford, E. P. Sanders, cuja obra já citamos e que, sem dúvida, terá vida longa. Os cristãos, bem como outras pessoas que pretendem estudar Jesus contra seu pano de fundo histórico, têm bons motivos para ser gratos aos livros de Vermes sobre Jesus.

Entretanto, outras respostas judaicas a Jesus, tinham mais veneno de escorpião na cauda. Alguns judeus dos nossos tempos que estudam a vida de Jesus parecem mais motivados pela polêmica do que por outros propósitos mais dignos. Hyam Maccoby é um ótimo exemplo. Em seu recente (1992) e estimulante livro *Judas Iscariot and the Myth of Jewish Evil*, Maccoby esboça o crescente papel de "executor sagrado" desempenhado por Judas na mitologia cristã; os defeitos de Judas: a inveja, a avareza e a deslealdade final, foram transferidos para todos os judeus. Mas esse é um exagero especulativo. Além disso, tal como Vermes, Maccoby usa a mesma distinção controversa de que a igreja de Jerusalém representava o ensinamento de Jesus mas se tornou uma minoria perseguida, cujos vestígios ainda podem ser encontrados no século X, apesar de ter desaparecido, como corpo efetivo e organizado, no século V. As obras de Maccoby, por fim, ignoram os laços positivos que existem entre cristãos e judeus: o que, afinal de contas, estiveram os judeus cristianizados fazendo e dizendo a seus correligionários sobre as relações entre essas duas crenças, nesse longo período de tempo?

É bem melhor para os cristãos receberem as interpretações dos "doutores comentaristas" judeus, importarem um termo político, do que terem o campo aberto para seus próprios preconceitos e sua raiva. Mas é difícil imaginar que os aspectos polêmicos do trabalho de Maccoby, e mesmo de Vermes, sejam um substitutivo adequado dos esforços acadêmicos mais pacientes e imparciais, deles mesmos e de outros estudiosos.

Está claro que a história cristã deve muito ao seu passado judaico, ponto esse enfatizado fortemente por muitos estudiosos. Afinal de contas, os cristãos "tomaram emprestado" dos judeus as Escrituras, a história da antiga Israel, a idéia da Aliança e assim por diante. Às vezes, parece que todo esse empréstimo seguiu um caminho de mão única. Mas o rabino Michael Hilton, em seu livro *The Christian Effect on Jewish Life*, argumenta que também os judeus aprenderam tanto, ou até mais, com os cristãos quanto estes com os judeus. Na verdade, pode-se até pensar que se trata de grupos minoritários aprendendo mais com os grupos maioritários do que o contrário. Os exemplos de Hilton são fascinantes. Como é que judeus e cristãos compartilham as mesmas Escrituras hebraicas, se o cristianismo surgiu antes que o cânone judaico fosse fixado? A maioria dos estudiosos cristãos é de opinião que a rejeição marcionista às Escrituras hebraicas, em meados do século II, encorajou os cristãos a aceitá-las. Em vez disso, Hilton argumenta que cristãos e judeus precisavam de uma base textual consensual para os muitos desacordos que os dividiram nos primeiros séculos da Era Comum.

Hilton também afirma que o *seder* de Pessach — o jantar cerimonial da Páscoa judaica — surgiu como resposta à celebração cristã da ceia que Jesus partilhou com os discípulos na noite anterior à sua morte. Levanta-se aí a possibilidade espantosa e irônica de que todas as refeições feitas nas igrejas na Quinta-Feira Santa, imitando a festa judaica, estariam na verdade imitando uma refeição que, em certos detalhes essenciais, fora moldada como resposta à celebração cristã da Última Ceia de Jesus e incorporara os seus gestos. Esse e outros exemplos têm-se mostrado controversos, mas fascinantes.

RESPOSTAS CRISTÃS AO ANTIJUDAICISMO CRISTÃO

Desde o término da Segunda Guerra Mundial, as relações dos cristãos com o povo judeu passaram por grande transformação. A Igreja Católica Romana e muitas outras igrejas retiraram a antiga acusação de deicídio contra os judeus. As liturgias foram expurgadas de sentimentos antijudaicos. A questão da ética, e mesmo da necessidade da missão cristã junto aos judeus, tem sido debatida. Este não é o momento para darmos respostas fáceis às perguntas cristãs sobre a existência do povo judeu e sua religião. O importante, agora, é que essas questões tenham sido levantadas de maneira bem mais amistosa, conciliadora e colaboradora do que no passado.

Por exemplo, a grande maioria dos judeus não acredita que Jesus tenha sido o Messias. Na opinião deles, a Era Messiânica trará a adoração do Verdadeiro Deus, o fim das guerras e o reino da paz. Essas coisas sempre se notabilizaram por estarem ausentes do mundo, e o próprio destino de Jesus contrariava as crenças centrais do judaísmo. Um Messias sofredor é um ensinamento específico e único de Jesus.

144 / *Jesus – uma pequena biografia*

Mas Jesus desde cedo foi chamado de Cristo ou Messias, e a grande maioria dos cristãos acredita que ele seja essa figura. Alguns cristãos duvidam que Jesus tenha se referido a si mesmo como o Messias, mas isso dificilmente quer dizer que judeus e cristãos possam afinal concordar que ele não era o Messias. Esse seria um consenso trivial. É melhor admitir que judeus e cristãos não chegaram a um acordo a respeito de Jesus. É compreensível que muitos estudiosos cristãos da "velha guarda", que viveram na época do Holocausto, tenham a tal ponto se preocupado em melhorar as relações entre judeus e cristãos que às vezes buscaram harmonia onde não havia nenhuma ou simplesmente evitaram as questões mais difíceis. Pode ser que esta ou uma futura geração de estudiosos judeus e cristãos venha a analisar alguma outra interpretação mais emocionante do Jesus judeu e cristão, adequada às necessidades dos cidadãos do mundo do novo milênio.

Finalmente, permanece a questão de saber se o Novo Testamento em si, e não apenas muitos de seus intérpretes, é profundamente antijudaico. Os evangelistas certamente condenam os judeus por não acreditarem em Cristo. João (8:31-46) chega a mostrar Jesus dizendo "aos judeus que acreditaram nele" (e depois deixaram de acreditar?) que tinham como pai o diabo, um homicida desde o princípio, que não se mantinha na verdade. Alguns leitores verão essas palavras como um ensinamento implícito de que os judeus mataram Deus cerca de um século antes de Melito de Sardes lançar-lhes explicitamente a acusação de deicídio. Outros perguntarão: quem são os judeus no Evangelho de João? (Todos os judeus? Algum grupo específico, como os da Judéia ou os da Galiléia?) Além disso, acaso não era João um judeu como a maioria, senão todos, os autores do Novo Testamento? Sendo assim, faz sentido falar de antijudaísmo ou temos aí apenas um exemplo de uma briga em família da qual os cristãos sem origens judaicas deveriam se distanciar? Não há respostas fáceis, mas agora, pelo menos, as perguntas honestas e dolorosas estão sendo feitas.

NOTAS

1. Prefiro o termo "antijudaicismo" a "anti-semitismo", que é relativamente moderno e, falando em termos estritos, enfatiza um preconceito racial contra os judeus e não um preconceito religioso. Também o prefiro a "antijudaísmo", porque o preconceito não é apenas con-

tra uma religião, mas contra o "povo" (por mais difícil que seja definir esse termo) que pratica essa religião. O Prof. Yehuda Bauer e outros estudiosos argumentaram que a forma "antissemitismo" seria mais lógica do que o usual "anti-semitismo", porque não existe, nesse sentido, um fenômeno como "semitismo" ao qual opor o "anti". Ver O'Hare 1997, 5.

2. Fackenheim 1994, 12.

3. A lista de Hilberg é encontrada em Hilberg 1985, 11s.

4. Para uma avaliação solidária de Crisóstomo e os judeus, ver Kelly 1995, 62-6.

5. Seu livro *L'Enseignement du mépris* foi publicado em Paris em 1962; na língua inglesa, em 1964. A lista mais abrangente, com dezoito pontos, é detalhada em O'Hare 1997, 7-9.

6. Wilson 1986, 92s.

7. A. Christie, *Three Act Tragedy*. Londres, Fontana, 1935, 19, 21.

8. Klein 1978, *passim*.

9. Ver J. L. Martyn, *History and Theology in the Fourth Gospel* (edição revisada), Nashville, Abingdon, 1979; e R. E. Brown, *The Community of the Beloved Disciple*, Nova York, Paulist Press, 1979.

10. A compilação da Torá oral, organizada entre o final do segundo século e início do terceiro.

11. Na realidade, há dois Talmudes, contendo os ensinamentos dos rabinos na Babilônia e na Palestina, na forma de um comentário contínuo sobre a Mishnah. Suas datas são, respectivamente, por volta dos anos 500 e 400.

12. Sanders 1992, 494.

13. Sanders 1990, 90.

14. Jacobs 1995, 442.

15. Por exemplo, Sanders 1985, 311-18.

16. Bammel e Moule 1984, 241-63.

17. Coughlin 1997, 177-90.

18. Klausner 1928, 63s, 414, 397.

19. Lapide 1984, 129, 153.

20. Buber 1951, 12s.

21. Vermes 1993, 214.

22. Sua jornada espiritual está registrada na sua autobiografia, *Providential Accidents* 1998.

Capítulo 5

Jesus entre as religiões

Jesus está indelevelmente ligado a uma outra religião além do cristianismo: o Islã (ou islamismo). Jesus também encontrou um lar no hinduísmo e, em menor grau, no budismo e em outras religiões. Este capítulo examinará alguns aspectos da apropriação e avaliação de Jesus por outras religiões, especialmente o Islã, e sua importância na nossa "aldeia global" neste início do terceiro milênio da Era Comum. O difundido interesse moderno pela figura de Jesus esteve associado aos movimentos do imperialismo ocidental, particularmente nos dois últimos séculos. Os impérios britânico, francês e holandês conferiam alguns benefícios aos povos e terras que governavam: educação e lei, por exemplo. Mas o "império" mostrou ser um fenômeno controverso e talvez ainda seja muito cedo para avaliarmos sua importância, negativa e positiva, com uma atitude imparcial. Em grande medida, as opiniões sobre Jesus entre os povos de outras religiões que não a cristã (e mesmo entre muitos cristãos colonizados) foram matizadas por sua associação com as crenças dos membros de governos estrangeiros dominantes e freqüentemente arrogantes.

CRISTÃOS E MUÇULMANOS

As relações dos cristãos com o mundo do Islã têm sido particularmente tensas desde o início. Cinco anos após a morte do profeta Maomé, a cidade santa de Jerusalém caiu sob o domínio bizantino (cristão) e, exce-

Jesus entre as religiões / **147**

to pelo breve período de 1099 a 1187, permaneceu em mãos muçulmanas até o século XX. Esse curto período marcou o primeiro estágio do movimento das Cruzadas na Alta Idade Média, quando muçulmanos e judeus foram massacrados em nome de Cristo, por recompensa terrena e glória celestial. O período das Cruzadas e a moderna era imperial, quando muitas terras muçulmanas passaram para domínio cristão e ocidental, deixaram sua marca em muitos muçulmanos, os quais associam o cristianismo à violência, à traição e ao amargo ódio pelas religiões monoteístas suas irmãs.

Por outro lado, durante mais de mil anos a Europa cristã viveu dominada pelo medo da conquista muçulmana. Exatamente um século depois da morte do profeta Maomé, o imperador Carlos Martelo derrotou os exércitos muçulmanos na batalha de Poitiers, França, em 732. Se não fosse por essa vitória, é provável que a maior parte dos europeus fosse hoje muçulmana, como os habitantes do Oriente Médio e do Norte da África, cujos ancestrais um dia foram cristãos. Na verdade, ao longo de grande parte da Idade Média européia, regiões da Espanha estiveram sob domínio muçulmano. A antiga cidade cristã de Constantinopla foi dominada pelos muçulmanos em 1453. Mais tarde, em 1683, turcos muçulmanos cercaram as portas de Viena.

Uma espécie de paranóia apoderou-se de muçulmanos e cristãos, cada um temendo as más intenções do outro, e no nosso mundo pós-Guerra Fria é fácil para os cristãos retratar os muçulmanos como o grande inimigo, e vice-versa. Nos últimos duzentos anos, os estudiosos cristãos lançaram sobre o Islã o mesmo olhar frio e avaliador com que haviam analisado sua própria religião. Recentemente, muitos muçulmanos rejeitaram esse tipo de olhar como sendo um "orientalismo": *voyeurs* ocidentais romantizando e demonizando os modos e as crenças orientais.[1] Ao fazê-lo, descartaram de um só golpe toda e qualquer crítica como negativa e indigna de consideração.

Mas a figura de Jesus une cristãos e muçulmanos, quer eles o queiram ou não. Jesus não é apenas a figura central do cristianismo; é também reivindicado pelos muçulmanos como profeta e aparece na Escritura sagrada do Islã, o Alcorão. Daí a importância de descobrirmos se Jesus é uma figura com potencial de sanar as divisões entre essas duas religiões ou se ele apenas joga mais lenha na fogueira de seus desentendimentos. A história passada, infelizmente, sugere a segunda possibilidade.

148 / Jesus – uma pequena biografia

Kenneth Cragg, autor cristão e renomado estudioso do islamismo, em seu livro *The Call of the Minaret* (1956) identificou cinco áreas difíceis para a compreensão mútua entre cristãos e muçulmanos: a autoridade das Escrituras; a pessoa de Jesus; a crucificação de Jesus; a doutrina de Deus; a igreja e a sociedade cristãs. Todas essas áreas, explícita ou implicitamente, levantam questões sobre o significado controverso e causador de discórdias de Jesus e do Deus para quem ele está voltado (como diriam ambas as religiões) ou a quem incorpora (como afirmam somente os cristãos).

JESUS NO ALCORÃO

Bem, o que o Islã ensina sobre Jesus? Jesus aparece em quinze capítulos e em 93 *suras* [versículos] do Alcorão — "a leitura", livro que os muçulmanos acreditam ter sido revelado por Deus ao profeta Maomé, pouco a pouco, de mais ou menos 610 até 632, por intermédio do anjo Gabriel (em árabe, *Jibril*). Muitas informações importantes sobre Jesus são dadas no Alcorão.

Maria, sua mãe, era filha de Imran. A mulher de Imran, perturbada por ter dado à luz uma menina, implorou a Deus que protegesse Maria e sua descendência. Deus a ouviu e quando Maria cresceu, Zacarias foi escolhido, no jogo dos cálamos, para ser seu tutor e guardião. Sempre que ele a visitava no santuário, encontrava-a provida de alimentos e ela lhe dizia que Deus os fornecera (A3:33-37 e 3:44). O episódio da Anunciação é narrado duas vezes (A3:42-47 e 19:16-22). Maria se isolara da família num lugar voltado para o leste e ocultara-se atrás de uma cortina. Ou os anjos foram até ela, ou o espírito de Deus lhe apareceu sob a forma tranqüilizadora de um homem perfeito. Maria perguntou como poderia ter um filho se homem algum a tocara e ela nunca deixara de ser casta. A resposta é que Deus cria o que Lhe apraz, simplesmente ordenando que se cumpra, ou que essas coisas são fáceis para Deus, e que o filho dela seria um sinal para a humanidade, uma mercê de Deus e uma manifestação ordenada.

Maria se retirou para um lugar afastado. Quando as dores do parto a surpreenderam ao pé de uma tamareira, ela se queixou dizendo que preferia estar morta e esquecida. Uma voz lhe disse para não se afligir, para beber a água do regato que o Senhor colocara a seus pés e comer as tâmaras que cairiam da árvore quando ela a sacudisse (A19:22-25 e 23:50). A voz também lhe disse para não falar com ninguém. Depois Maria levou o bebê ao seu povo e eles a chamaram de "irmã de Aarão" e disseram que seu pai não fora um homem mau nem sua mãe uma libertina. Maria apontou então para o bebê, e este declarou que era, na verdade, um servo de Deus e que Deus lhe dera o Livro e o designara Profeta. Disse ainda que Deus o tornara abençoado e lhe recomendara a prece e o tributo dos pobres enquanto vivesse, e que a paz estava sobre ele no dia de seu nascimento, no dia de sua morte e no dia em que fosse ressuscitado (A19:26-33). A Maria foi anunciado que Jesus falaria aos homens, ainda no berço e quando adulto (A3:46). Ele foi fortalecido com o Espírito Santo e aprendeu o Livro, a sabedoria, a Torá e o Evangelho. Com a permissão de Deus, ele moldou com barro uma figura de pássaro, soprou sobre ela, dando-lhe vida; também, com permissão divina, curou os cegos e os leprosos e ressuscitou os mortos (A5:110). Testemunhou a verdade que fora revelada na Torá, mas tornou lícitas coisas que antes eram proibidas (A3:50). Advertiu que o Paraíso estava fechado para aqueles que se declaram associados a Deus (A5:72), numa incisiva condenação tanto do paganismo árabe quanto da doutrina trinitária cristã, e talvez, também da ênfase excessiva (no entender dos muçulmanos) dada pelos judeus aos detalhes da lei religiosa (A9:30). Ensinou que fora enviado para estabelecer a religião de Noé, de Abraão e de Moisés, a qual era também a de Maomé (A42:13), particularmente a unidade de Deus. Os cristãos erram e são descrentes ao designar Deus como o terceiro de três (A5:72-73). Quando Deus o questionou a respeito, Jesus negou ter dito aos homens que ele próprio e sua mãe eram deuses apartados de Deus, e disse que embora Deus soubesse o que estava em sua alma, ele não sabia o que estava na alma de Deus (A5:116). Jesus anunciou um Mensageiro que viria depois dele, chamado Ahmad, "o louvado" (A61:6).

Os discípulos de Jesus lhe perguntaram se Deus poderia mandar do céu uma mesa servida, pois queriam comer dela para saber com certeza que eles lhes dissera a verdade. Jesus pediu a Deus que o fizesse, tanto como uma festa para todos eles quanto como um sinal divino. Deus concordou, mas afirmou que puniria com castigo singular todo aquele que, depois, não acreditasse (A5:112-115).

No término da vida de Jesus, o Alcorão registra dois acontecimentos que são difíceis de interpretar: a morte de Jesus e sua volta para anunciar o Último Dia. A maioria dos muçulmanos acredita que Jesus não morreu, mas foi levado por Deus para o Paraíso e voltará como sinal do Último Dia. É provável que esse não seja o sentido do Alcorão, mas a maneira pela qual muitos muçulmanos o interpretaram.

Pode-se argumentar que o peso do Alcorão, opondo-se a muitas das suas interpretações, seja a favor de uma morte real. Por exemplo, a sura

150 / Jesus – uma pequena biografia

19:33 do Alcorão — "E a paz esteja sobre mim [Jesus] no dia em que nasci e no dia em que morrer e no dia em que for ressuscitado" — indica que Jesus morreu e que sua ascensão é a ressurreição geral de todas as pessoas quando o mundo terminar. O retorno de Jesus a Deus é mencionado nas suras 3:55 e 5:117, que naturalmente são interpretadas como referências à sua morte. Eis o que diz a primeira dessas passagens:

> Então Deus disse: "Ó Jesus, matar-te-ei e te elevarei até Mim, e te purificarei dos que descrêem, e colocarei teus seguidores acima dos descrentes até o dia da Ressurreição. Depois, a Mim voltareis e decidirei entre vós no que tiverdes divergido."

A palavra árabe *mutawaffika*, usada nessas passagens sobre Jesus, é usada em relação aos mortos na sura 2:240 e, na sura 6:60, em relação aos fiéis cuja alma Deus leva de noite, acorda-a até que se cumpra o termo fixado de sua vida e depois as faz retornar a Ele. A passagem sobre Jesus mais discutida entre muçulmanos e cristãos é a sura 4:157 ("... não o mataram nem o crucificaram; imaginaram apenas tê-lo feito"), que representa, para os primeiros, uma negação da crucificação. Isso, por sua vez, levou os muçulmanos a interpretar a sura 3:55 fora de seu sentido natural, pretendendo que ela indica que Jesus não morreu. A sura 4:157 é parte de uma seção (A4:155-159) que diz:

> Fizemo-los [aos judeus] porém, sofrer as conseqüências de seus atos quando quebraram a Aliança, rejeitaram os sinais de Deus e mataram sem justificação os Profetas (...) por causa de sua descrença (...) e por terem dito sobre Maria uma infâmia enorme, e por terem dito: "Matamos o Messias, Jesus, o filho de Maria, o Mensageiro de Deus", quando, na realidade, não o mataram nem o crucificaram: imaginaram apenas tê-lo feito. E aqueles que disputam sobre ele estão na dúvida acerca de sua morte, pois não têm conhecimento certo, mas apenas conjeturas. Certamente, não o mataram. Antes Deus o elevou até Ele. Deus é poderoso e sábio. Não há ninguém entre os adeptos do Livro que deixe de crer em Jesus antes de morrer. E ele será, no dia da Ressurreição, uma testemunha contra eles.

Entre os muçulmanos, a opinião mais amplamente aceita sobre essa passagem é que os judeus tentaram matar Jesus mas não conseguiram fazê-lo. Muitos acreditam na existência de um substituto que sofreu em

Jesus entre as religiões / **151**

seu lugar. Os Evangelhos canônicos afirmam que Jesus morreu realmente e nunca sugerem que houve uma figura que o substituísse. Contra eles, os muçulmanos têm o frágil apoio dos ensinamentos de Basilides, cristão gnóstico egípcio do século II, cujas opiniões sobrevivem apenas nas interpretações bastante diversificadas de seus opositores. A idéia de um substituto — talvez Judas Iscariotes ou Simão de Cirene — tem sido aceita por alguns notáveis comentadoristas muçulmanos do Alcorão. Por exemplo, Tabari (falecido por volta do ano 923) acreditava que um chefe judeu chamado Josué, a quem Deus dera a forma e a aparência de Jesus, morreu em seu lugar. Contudo, a passagem dificilmente exige essa interpretação e sua importância não me parece evidente. Traduzi o árabe *shubbiha la-bum* como "somente uma semelhança lhes foi mostrada". É possível que as palavras árabes mencionadas se referissem à crucificação e não a Jesus. Então o significado dessa passagem tão difícil poderia ser o de que os judeus não mataram Jesus, em vez de indicar que Jesus não morreu. Essa interpretação poderia talvez levar a um diálogo interessante entre muçulmanos e cristãos.

O muçulmano Kamel Hussein, cirurgião e educador egípcio, argumentou que:

> Hoje em dia, nenhum muçulmano culto acredita nisso [que alguém tenha substituído Jesus na cruz]. Entende-se que o texto significa que os judeus pensaram ter matado Cristo, mas Deus o ergueu para Si de uma maneira que podemos deixar sem explicação entre os muitos mistérios aceitos pela fé pura e simples.[2]

Os cristãos, é claro, não seriam capazes de deixar que essa questão permanecesse simplesmente um mistério. Como Paulo, a maioria dos cristãos acredita que "em Cristo, Deus reconciliou o mundo, não levando mais em conta os pecados dos homens; foi ele quem pôs em nossos lábios a mensagem da reconciliação" (II Coríntios 5:19). Estudiosos cristãos como Kenneth Cragg e Geoffrey Parrinder, que examinaram os relatos corânicos da morte de Jesus, naturalmente oferecem seus próprios cálculos das vantagens de um diálogo sobre esse tema entre cristãos e muçulmanos.

Cragg, em especial, oferece muito alimento para reflexão. Ele afirma que Maomé é um profeta, porém as necessidades mais profundas da humanidade não podem ser satisfeitas por um profeta, mas somente por

152 / *Jesus – uma pequena biografia*

um Messias sofredor. Sua afirmação mostra como uma avaliação de Jesus entre essas duas religiões poderia ser feita independentemente de uma interpretação cristã de Maomé, que hoje está ausente, em parte porque Maomé não tem seu lugar nas Escrituras cristãs, enquanto Jesus aparece no Islã. A ausência de uma visão cristã de Maomé não se deve apenas a esse motivo. A difícil história entre cristianismo e Islã não levou o primeiro a ser generoso em relação ao segundo. Além disso, como o próprio Cragg se aventurou a sugerir: "Como irá o cristão considerar um reconhecimento positivo de Maomé, se a importância profética de Maomé [para os muçulmanos] envolve tamanho repúdio das verdades cristãs [e não só da crença em Jesus como o Messias sofredor]?"[3]

Os muçulmanos relutam em se deixar atrair por esse diálogo. Embora figura importante, Jesus em si não é o centro de sua fé. Seu centro é Maomé, e tanto este quanto o Jesus corânico enfatizaram, em relação à fé e à prática religiosa, atitudes bem diferentes daquelas preconizadas pelo Jesus do Novo Testamento e da doutrina cristã ortodoxa.[4]

O JESUS CORÂNICO OU O JESUS SINÓPTICO?

Vimos que grande parte dos estudos ocidentais modernos sobre o Jesus histórico utilizaram os conhecimentos do saber iluminista para desvendar sua vida e seu significado. O saber do Islã é diferente. A esmagadora maioria dos muçulmanos sempre acreditou — e ainda acredita — que o Alcorão é exatamente a palavra de Deus. Maomé é o veículo por intermédio do qual a palavra de Deus fluiu para a humanidade, durante as duas últimas décadas de vida do Profeta. O significado contextual do Alcorão foi então estabelecido por meio das tradições (em árabe, *ahadith;* singular, *hadith)* das palavras e dos atos do Profeta, os quais foram registrados por seus primeiros e mais devotos seguidores, compilados e freqüentemente incorporados a biografias e a outros trabalhos sobre ele, e também por intermédio de vários comentários (alguns dos quais ainda estão sendo escritos).

O que dizer, então, das diferenças entre os Evangelhos sinópticos e os relatos do Alcorão sobre Jesus? Para os autores do Novo Testamento, Jesus foi o mais importante dos seres humanos, a figura central nas relações misericordiosas de Deus com a humanidade. O mesmo não acontece no Alcorão. Para dizer a verdade, no Alcorão Jesus é uma figura muito honrada, mais do que qualquer outra do passado. É chamado de Jesus, Messias, Filho de Maria, Mensageiro, Profeta, Servo, Verbo e Espírito de

Deus. Mas Maomé é "o selo dos profetas" (A33:40). Abraão e talvez também Moisés são figuras corânicas mais importantes do que Jesus. Além disso, os títulos pelos quais Jesus é chamado são vazios de qualquer sentido teológico significativo. Por exemplo, o Alcorão não contém o menor indício das interpretações, judaicas ou especificamente cristãs, do que possa ser "o Messias".

As ironias se acumulam à medida que acadêmicos cristãos e muçulmanos vão interpretando Maomé em vários livros e colóquios eruditos. Para muitos cristãos, o valor histórico e mesmo teológico do nascimento virginal de Jesus é questionável, ao passo que os muçulmanos defendem enfaticamente esse ponto, pois o interpretam segundo o ensinamento do Alcorão. Nesse exemplo, são os céticos cristãos que estão tratando o material historicamente (mesmo que nem todos aceitem suas conclusões), enquanto os muçulmanos adotam um envolvimento piedoso e inquestionável, com base numa leitura direta e acrítica de seu texto sagrado.

Além disso, muitos cristãos duvidam do valor das fontes do retrato corânico de Jesus. Por exemplo, o relato de Jesus fazendo pássaros de barro pode ser encontrado no Evangelho Infantil Árabe e em outras obras não-canônicas. É também encontrado no *Toledot Yeshu*, uma obscena avaliação judaica da vida de Jesus. Os cristãos consideram essas obras sem valor como fontes históricas ou mesmo teológicas para a compreensão de Jesus, podendo até sugerir possíveis equívocos do Alcorão nos relatos da vida de Jesus. Por exemplo, o Alcorão diz que Maria (Mariam em árabe, Miriam em hebraico) é irmã de Aarão. Trata-se acaso de uma confusão com a história bíblica de Moisés, que tinha um irmão chamado Aarão e uma irmã chamada Miriam? Alguns muçulmanos entendem que a expressão quer dizer "descendente" de Aarão e não sua "irmã" propriamente dita. Outros sustentam que era comum dar às crianças o nome de alguma grande e piedosa figura do passado. No meu entender (não com a intenção de criar polêmicas, mas por se tratar da leitura mais óbvia do texto), o Alcorão está equivocado nesse ponto e confunde diferentes histórias. De todo modo, para a maioria dos muçulmanos não há como nem por que questionar a verdade da narrativa corânica, porque ela foi transmitida por Deus, e constitui erro manifesto considerar outras fontes do Alcorão que não sejam o próprio Deus.

Mesmo quando existe um amplo acordo entre a Bíblia e o Alcorão sobre acontecimentos da vida de Jesus — como o fato de ele fazer milagres e curar os doentes —, os detalhes dos relatos apontam para imensas

154 / *Jesus – uma pequena biografia*

diferenças entre os dois Livros. Às vezes, um acordo aparente acaba revelando não ser nada disso. Por exemplo, os cristãos acreditam que Jesus agia em obediência a Deus; coisa bem diferente é a insistência do Alcorão em afirmar que Jesus nada fazia sem a permissão de Deus. O Alcorão deixa implícito, e às vezes até insiste explicitamente nesse ponto, que Jesus é apenas um ser humano e não Deus. Esse, provavelmente, é um ponto anticristão. Não são nada convincentes aqueles estudiosos que tendem a dividir os comentaristas cristãos da visão corânica de Jesus em polemistas ou apologistas, mas perdem de vista o caráter apologético ou mesmo polemístico das opiniões islâmicas; ironicamente, esses estudiosos chegaram perto de ser, eles mesmos, apologistas e polemistas.[5] Minimizar as diferenças entre as duas religiões não irá melhorar as relações entre elas. Qualquer melhora só começará a ser alcançada por meio de uma atitude de respeitosa honestidade.

Como escreveu Julian Baldick, muçulmanos e cristãos têm pontos de vista completamente diferentes sobre a historicidade de suas fontes originais. De modo provocativo mas direto, ele escreve:

> A biografia padrão muçulmana de Maomé, composta bem mais de cem anos depois de sua morte e organizada no século IX [a revisão feita por Ibn Hisham (morto em 833 ou 828) do trabalho de Ibn Ishaq (morto por volta de 767)], é a primeira narrativa ampla que possuímos. Hoje em dia, nenhum estudioso sério do cristianismo primitivo iria imaginar que seus primórdios pudessem ser reconstruídos, ou que a vida de Jesus pudesse ser convincentemente recontada, se um intervalo tão longo existisse entre nossas fontes e o período a que elas se referem.[6]

Os cristãos devem respeitar as atitudes muçulmanas em relação às Escrituras deles, mas é fútil e nada sincero harmonizar as diferentes visões. Se um cristão acredita que suas próprias Escrituras foram escritas por seres humanos, então ele nunca poderá, com integridade, aceitar que as Escrituras do Islã tenham sido totalmente escritas por Deus. Se a metodologia histórica é um instrumento usado para descobrir a nossa própria fé, esse instrumento não pode, dentro da lógica, ser rejeitado na avaliação da fé de outras pessoas. Mas acontece, com surpreendente freqüência, que estudiosos cristãos e muçulmanos comparem Maomé ou o Alcorão, à medida que os muçulmanos vão descobrindo um ou outro, com o Jesus que vai sendo revelado pelos estudos modernos.[7] Esse procedimento corresponde — pode ser um exagero, mas quero enfatizar esse ponto — a comparar o Jesus da história com o Maomé/Alcorão da fé. Não se pode comparar o que não é comparável.

O fato de haver, numa perspectiva cristã, fontes humanas das Escrituras (e de simplesmente não dar certo privilegiar as informações das Escrituras como algo transmitido por Deus) levaria a maior parte dos cristãos a negar que o Alcorão tenha qualquer valor histórico como fonte de informações sobre Jesus. O Alcorão surgiu, falando em termos da história humana, mais de quinhentos anos depois dos Evangelhos sinópticos. Ele parece refletir os pontos de vista de grupos e obras à margem do cristianismo, os quais não foram aceitos como parte do cânone cristão.

Havendo honestidade quanto a essa distinção central, e admitindo que existe um caminho, como podem cristãos e muçulmanos seguir em frente? Os muçulmanos acreditam que a Escritura autêntica provém inteiramente de Deus; os cristãos acreditam que, embora inspirada pelo espírito de Deus, ela teve como intermediários seres humanos falíveis. Por esse motivo, não soam convincentes as tentativas de alguns muçulmanos de argumentar que o "cristianismo de hoje é uma 'máscara' colocada sobre a face de Jesus (...) o muçulmano acredita no Jesus histórico e se recusa a aceitar essa 'máscara'".[8] O retrato muçulmano de Jesus não provém da disciplina histórica acadêmica, mas é o produto de uma teologia específica da revelação, que os cristãos não compartilham; e não uma teologia, como acreditam muitos muçulmanos, que os cristãos ignoram.

Alguns muçulmanos estão começando a ampliar a definição de revelação. Alguns poucos chegam a acreditar que, em certo sentido, o Alcorão é obra de Maomé (e de seus muitos intérpretes) tanto quanto de Deus.[9] De todo modo, nem todos os muçulmanos que defendem a origem divina do Alcorão argumentariam em favor da exatidão histórica de suas narrativas. As histórias podem ser dadas por Deus – mas como histórias e não como narrativas históricas! A Bíblia e o Alcorão surgiram dentro de um contexto criativo de "contar histórias e criar mitos", visando transformar a vida das pessoas. As parábolas do Novo Testamento são um bom exemplo disso. E talvez também os dois relatos do Alcorão, bastante diferentes entre si, sobre a Anunciação. O que transmite o significado mais profundo de uma narrativa nem sempre é o seu sentido literal, e muito menos o fato de ela ter realmente acontecido ou não. Na verdade, se eu me concentro em julgar a historicidade de um relato, posso estar apenas fugindo do seu propósito básico de julgar a mim!

156 / Jesus – uma pequena biografia

É claro que a História é importante, mas ela não pode se tornar um monarca absoluto que não tolera quaisquer rivais. Às vezes a imaginação criativa nos encoraja a ser humildes diante de mitos e relatos que desnudam a condição humana tanto ou mais do que qualquer análise racional é capaz de fazer.

Pode-se argumentar que falta a alguns estudiosos do Novo Testamento aquela percepção da reverência com que os fiéis, ao longo dos séculos, trataram os textos sagrados. É verdade que às vezes essa reverência foi supersticiosa ou, pior ainda, levou os fiéis a perseguir os que defendiam outros pontos de vista. Também pode ser que a piedade popular tenha confundido a placa de sinalização com a meta para a qual ela aponta, dando às Escrituras a veneração devida apenas ao próprio Deus. É certo que muitos estudiosos cristãos tiveram o cuidado de apontar, com base em João 1:1-18, que Jesus é basicamente o Verbo (Palavra) de Deus e que as Escrituras cristãs são testemunhas secundárias desse Verbo primordial. Talvez seja assim, mas a afirmação de alguns acadêmicos cristãos sobre suas Escrituras pode dar a impressão de que suas conclusões mais importantes são, no melhor dos casos, desrespeitosas para com um documento numinoso, ou ímpias, no pior dos casos.

Tomemos uma afirmação do tipo: "Assim como a Bíblia em sua totalidade, os Evangelhos são produtos humanos e não divinos. Portanto, podem ser estudados da mesma maneira que se estudam os outros documentos antigos."[10] Essa afirmação, escrita por um membro do Jesus Seminar, talvez seja verdadeira até certo ponto. Os outros documentos antigos, porém, não formaram e sustentaram uma vida de fé para os cristãos durante dois milênios. Eles não são, portanto, objetos apropriados de maravilhamento e gratidão; nem são icônicos, janelas de salvação no coração e na mente de Deus. Os estudiosos bíblicos cristãos deveriam talvez ouvir as vozes das outras religiões, quanto à maneira pela qual reverenciam seus escritos sagrados. Os muçulmanos tratam o Alcorão com o maior respeito. Ele costuma ser mantido à parte dos outros livros e jamais se coloca algo sobre ele. Os muçulmanos nunca o chamam simplesmente de "o Alcorão", mas sempre usam adjetivos que denotam honra, como "o Ilustre Corão", "o Nobre Alcorão" ou "o Glorioso Alcorão". Lavam as mãos antes de tocá-lo e de lê-lo. Sabem da importância de ler o Alcorão na língua árabe original, em vez de ler traduções. É claro que isso pode se transformar numa disciplina formal e estéril. E, do mesmo modo, transformar o Alcorão num ídolo que substitui Deus no centro da adoração muçulmana. Mas não é necessário assim. Os muçulmanos sabem que suas Escrituras são uma obra de espécie diferente de todas as demais, porque nelas está registrada a vontade de Deus e elas têm sustentado a fé e a devoção de milhões de fiéis ao longo de muitos séculos.[11]

Isso não quer dizer que os cristãos devam abandonar o método histórico-crítico. Mas eles não devem ver esse método como um fim em si mesmo. Em vez disso, devem considerar a possibilidade (ou mesmo a probabilidade) de que Deus, por intermédio dos recursos da metodologia histórica, acenda e mantenha acesa a chama da fé. Isso certamente iria encorajar a reverência pelo texto sagrado. Aí então talvez os cristãos pudessem encorajar os muçulmanos a terem mais atenção e respeito pelas ferramentas históricas e de outra natureza, que desvendam os significados do texto sagrado. Embora seja bem provável que cristãos e muçulmanos continuem a discordar sobre os aspectos da vida de Jesus e seu significado, os muçulmanos achariam mais fácil levar a sério as descobertas das pesquisas sobre o Jesus histórico se acreditassem que se tratava de um empreendimento reverente, e não de uma iniciativa ímpia.

JESUS ENTRE CRISTÃOS E MUÇULMANOS

As rotas traçadas pelo cristianismo e pelo Islã entre este mundo e o além são, em alguns aspectos, bem diferentes. Embora haja muita coisa em comum entre as duas religiões, há também muitas outras divergências. Por esse motivo, alguns estudiosos dos Evangelhos questionaram se, na concepção de Deus, haveria suficientes pontos em comum entre cristãos e muçulmanos que permitissem o uso da mesma palavra. Parece mais legítimo argumentar, não que acreditamos em diferentes Deuses, mas que acreditamos de maneiras diferentes no Deus Único. Esse argumento também está mais próximo da convicção muçulmana de que judeus, cristãos e muçulmanos são "o povo do Livro", compartilhando algumas coisas em comum mesmo que haja divergências significativas a respeito de certas crenças e práticas.

Não causa surpresa, portanto, que cada religião molde seus heróis e heroínas em conformidade com suas crenças fundamentais. Para os muçulmanos, Jesus ensina a unidade de Deus e a certeza do juízo final. Para os cristãos, esses conceitos também são importantes, mas sua definição é bem diferente; desse modo, o Jesus que apóia a visão muçulmana desses conceitos freqüentemente se assemelha a um intruso forâneo e

158 / Jesus – uma pequena biografia

não a um porta-voz autêntico. Além disso, embora os muçulmanos honrem Jesus, ele não é tão amado e reverenciado quanto Maomé, o último dos profetas. Sir Muhammad Iqbal (falecido em 1938), o grande poeta muçulmano do sul da Ásia, sintetizou nestas palavras o que a maioria dos muçulmanos vem sentindo sobre Maomé ao longo dos séculos: "O amor pelo Profeta corre como sangue nas veias de seu povo."[12]

De um ponto de vista cristão, a honra concedida a Jesus pelos muçulmanos é menor que a estima deles por Maomé e, portanto, enganosa quanto à importância de Jesus. Tomemos um exemplo da rica e profunda tradição mística sufi do Islã: Ibn al-Arabi (1165-1240; conhecido como "o Maior dos Xeiques"), que está associado com o conceito sufi da "Unidade do Ser", chamou Jesus de "selo dos Santos". Essa designação é enigmática, embora encontre claro paralelo na descrição corânica de Maomé como "selo dos Profetas". No Islã, a palavra "santo" tem um significado bastante diferente daquele do cristianismo. Neste último, sugere uma santidade ou consagração com endosso oficial. No Islã, indica a pessoa que é apadrinhada ou protegida por Deus e que protege os muçulmanos "menores". Temos aí um bom exemplo de como uma palavra (às vezes devido a uma tradução inepta, lingüística ou conceitual, de uma religião para outra) pode transmitir impressões bem diferentes, embora não totalmente desconexas, a membros de diferentes religiões. Além disso, embora o misticismo islâmico preste grande honra a Jesus, geralmente não considera Jesus igual a Maomé (ou, como prefeririam os cristãos, superior a Maomé). Por exemplo, o poeta místico persa Iraqi escreveu, no século XIII, que:

Uma pitada de seu [de Maomé] nobre ser
foi colocada no alento de Jesus
e da radiância da vela de sua [de Maomé] face
acendeu-se o fogo de Moisés.[13]

Encontramos nesses versos a crença de que os profetas anteriores foram aspectos parciais da luz de Maomé: aspectos parciais, com certeza; porém não mais do que isso. Dirini (falecido em 1297) expressou, em termos diretos e amorosos, a superioridade de Maomé em relação a seus grandes predecessores:

Adão, por certo, é o amigo especial de Deus.
Moisés, aquele que conversou com Deus.

Jesus é até o espírito de Deus.
Mas tu [Maomé] és algo bem diferente.[14]

É perfeitamente natural para um muçulmano expressar esse ponto de vista. Mas não se pode esperar que os cristãos partilhem os sentimentos deles a respeito de Jesus. É muito freqüente os muçulmanos manifestarem seu descontentamento pelo fato de os cristãos não honrarem Maomé, enquanto eles respeitam profundamente Jesus. O problema é que Maomé não tem espaço na visão cristã da realidade última e, da perspectiva cristã, a visão muçulmana de Jesus é inadequada, no melhor dos casos, e pode ser considerada seriamente enganosa. Este é um tema sério para o diálogo entre as duas religiões.

AVALIAÇÕES DE JESUS POR DISSIDENTES MUÇULMANOS

Embora Jesus seja honrado pela maioria dos muçulmanos, alguns o criticam. Os ahmadis são um grupo islâmico heterodoxo fundado no norte da Índia por Mirza Ghulam Ahmad (cerca de 1836-1908), que declarava que Jesus não tinha morrido na cruz, mas fora salvo pelos discípulos e fugira para a Cashemira, onde morrera e estava enterrado. Ghulam Ahmad proclamava ser ele próprio o espírito e poder de Jesus. Os ahmadis o aceitam como Messias e *Mahdi* (em árabe, "aquele que é divinamente guiado"), contrariando a visão islâmica ortodoxa de Jesus como Messias e de Maomé como o último e maior dos profetas. Em 1959, escrevendo sobre a presença dos ahmadis na Nigéria, o inglês Geoffrey Parrinder, estudioso das religiões, observou que eles

se tornaram extremamente ativos nas áreas de literatura, educação e propaganda, reivindicando conversões entre cristãos e também entre animistas. (...) Em Lagos, imprimem livros e jornais; uma coluna semanal, na edição das sextas-feiras do principal jornal em inglês (o *Daily Times*, com circulação diária acima de 80.000 exemplares), é escrita pelo Imam dos ahmadis e freqüentemente contém propaganda anticristã, voltada para os literatos.

É provável que o empenho missionário dos ahmadis tenha estimulado Parrinder a escrever o livro *Jesus in the Qur'ân*, refutando suas alegações.[15]

Uma figura mais no centro do islamismo foi o juiz indiano Syed Ameer Ali (1849-1928). Ele argumentou que Maomé, ao contrário de Je-

160 / *Jesus – uma pequena biografia*

sus e de todos os outros profetas precedentes, completara a vontade de Deus fundando uma comunidade obediente. Baseando seu argumento em certos escritores cristãos do início do século XIX, como H. H. Milman, mas chegando a conclusões bem diferentes das deles, Ameer Ali afirmava que a influência de Jesus teria sido mínima entre sua família e os seguidores mais chegados. Por outro lado, a família e os amigos de Maomé teriam dado enorme e caloroso apoio a ele (o que não é inteiramente verdadeiro). Ameer Ali pensou ter provado satisfatoriamente que Maomé foi a maior figura religiosa de todos os tempos. Ele também argumentou (baseando-se no sentimental retrato de Jesus traçado por Ernest Renan, escritor francês do século XIX) que o fracasso de Jesus em desenvolver seus ensinamentos de maneira sistemática abrira caminho para Paulo incorporar idéias neopitagóricas e outros indesejáveis elementos helenísticos ao seu simples ensinamento da unidade de Deus. Desse modo, os ensinamentos de Jesus, postos em prática nos de Maomé, foram dificultados e corrompidos pelo cristianismo.[16]

Embora a garimpagem seletiva de Ameer Ali pelas páginas do Novo Testamento faça referência a estudiosos cristãos e seculares, seu retrato de Jesus é controlado pelas convicções centrais muçulmanas na unidade de Deus, no Islã como religião final e em Maomé como o selo dos profetas.

As convicções de Ameer Ali foram adotadas por outros muçulmanos. Em especial, sua noção de que Jesus fracassou no cumprimento de sua missão — seja por ter morrido cedo demais ou porque a vida de Maomé foi intrinsecamente mais meritória — tem sido reproduzida com freqüência nos escritos de outros muçulmanos do sul da Ásia. Esses escritores às vezes chegam a condenar Jesus de uma maneira que soa inadequada a muitos muçulmanos, para os quais todos os profetas devem ser honrados. Um escritor relativamente recente, Azhar, lançou objeções veementes ao Sermão da Montanha: não apenas como algo "patético e escapista", mas também reacionário, por tentar aplacar o conquistador romano e transformar em virtude o sofrimento e a opressão, oferecendo esperança no outro mundo e não neste. Para Azhar, oferecer a outra face demonstra uma "covardia absoluta". A irracionalidade e impraticabilidade desse ensinamento teria feito surgir toda uma história de torturas e matanças na cristandade, porque "com a repressão total de um instinto, você lança sólidos alicerces para o instinto oposto".[17]

Jesus entre as religiões / **161**

O FUTURO DE JESUS NO ISLÃ

O que podemos prever quanto ao futuro de Jesus no Islã, agora que chegamos aos umbrais do terceiro milênio? Talvez a coisa mais óbvia a ser dita é que isso cabe aos muçulmanos determinarem, não aos cristãos ou outros estranhos ao Islã. Os cristãos não precisam concordar com essa determinação, mas toda tentativa de controlá-la ou mesmo influenciá-la poderá ser interpretada pelos muçulmanos como outro exemplo de neocolonialismo e "orientalismo".

Pode-se presumir que, para muitos muçulmanos, Jesus continuará sendo o que sempre foi: um profeta importante, mas não tão importante quanto outros, especialmente Maomé. Jesus continuará a ser visto por muitos muçulmanos como uma testemunha anticristã, devido à crença cristã em conceitos não-islâmicos tais como a doutrina da Trindade. Se o atual clima de "islamofobia" continuar no Ocidente, irá naturalmente encorajar um medo semelhante na cristandade que vive em terras muçulmanas. E isso não encorajaria os muçulmanos a considerarem para Jesus um papel que oferecesse liberdade de ação para um diálogo mais proveitoso entre cristãos e muçulmanos.

Mas tanto se pode ser pessimista demais como otimista em excesso. A difundida migração de muçulmanos para os países ocidentais, desde o fim da Segunda Guerra Mundial, fez com que muitos deles (mas não todos) se afeiçoassem ao país em que viviam, embora conservando-se fiéis à sua fé. Hoje, muitos muçulmanos com altos níveis de escolaridade vivem no Ocidente. É possível que dentre eles possam surgir intérpretes criativos do Islã, os quais afirmarão sua relação com o cristianismo e seu fundador.

Os colóquios eruditos, apesar de suas limitações, também servem para unir os acadêmicos cristãos e muçulmanos num diálogo respeitoso. A voz das mulheres tem estado ausente na maior parte dessas conversações entre cristãos e muçulmanos. Essa omissão parece significativa e deveria ser corrigida. O futuro se mostra emocionante. A questão de Jesus para os muçulmanos, bem como a de Maomé para os cristãos, talvez se torne bem diferente e muito mais interessante daqui a uns vinte anos.

AVATAR E ENCARNAÇÃO

Enquanto a fé islâmica proíbe tradicionalmente a idéia da encarnação divina (porque somente Deus é Deus), muitos cristãos argumentariam que Deus é capaz de encarnar à Sua vontade, já que nada Lhe é proibido. Não

162 / *Jesus – uma pequena biografia*

é provável que cristãos e muçulmanos cheguem a um acordo sobre essa questão, embora seja irônico que o mesmo desejo de deixar Deus ser Deus leve a conclusões tão diferentes. Mas os cristãos e os hindus concordariam quanto ao aparecimento de Deus sob forma humana. Um dos mais interessantes pontos de contato possíveis entre hindus e cristãos é a doutrina hinduísta do *avatara*. Segundo o Bhagavad-Gita, quando a justiça declina e a injustiça cobre a Terra, Deus desce (*avatara* significa "descida") para restabelecer a ordem. Como humano ou como animal, Deus (geralmente Vishnu) desce e resgata os necessitados. É assim que Ele, como um peixe, guia Manu durante o grande dilúvio; como homem-leão, destrói um demônio e salva o jovem Prahlada; como Rama, renuncia ao seu reino e, exilado, mata os demônios da floresta; como Krishna, enche de amor seus devotos.

Entrando num lar hindu, a pessoa vê um espaço reservado para *puja* (adoração) e descobre, nas paredes, retratos de Rama, Krishna e Jesus. Um cristão poderia ficar chocado com essa justaposição. Mas o hindu também se escandalizaria com a idéia cristã de que a Encarnação ocorreu uma única vez, há muito tempo e num lugar distante — não seria isso uma restrição ao amor misericordioso de Deus?

Geoffrey Parrinder enumera doze características da doutrina do *avatara*:

1. Na crença hinduísta, o Avatar é real.
2. Os Avatares humanos passam por um nascimento terreno.
3. A vida dos Avatares mescla o divino e o humano.
4. Os Avatares finalmente morrem.
5. Pode haver historicidade em alguns Avatares.
6. Os Avatares aparecem de tempos em tempos.
7. O exemplo e o caráter dos Avatares são importantes.
8. O Avatar desce com uma missão a cumprir.
9. Os Avatares mostram alguma realidade no mundo.
10. O Avatar é uma garantia de revelação divina.
11. Os Avatares revelam um Deus pessoal.
12. Os Avatares revelam a graça de Deus.

Parrinder preparou a lista acima para mostrar aos teólogos cristãos as possíveis semelhanças existentes entre os ensinamentos do hinduísmo e do cristianismo. Considerando que a Epístola aos Hebreus (onde aparece a frase "uma vez para sempre") insere Cristo na sucessão dos profetas e mensageiros angélicos, Parrinder acha que existiu uma base para

Jesus entre as religiões / **163**

compará-los.[18] Sua lista certamente sugere algumas semelhanças importantes entre o Avatar e a Encarnação cristã. Ele também reconhece que têm havido críticas hinduístas às doutrinas do *avatara*, vendo-as como filosófica ou teologicamente ingênuas ou contraditórias, ou simplesmente impróprias enquanto representação do Ser Divino e Seus caminhos. Talvez haja mais possibilidades de comparação entre as doutrinas hinduístas do *avatara* e a crença cristã na Encarnação do que sugere Parrinder. Na *Suma Teológica*, Tomás de Aquino (1225-1274), o grande teólogo cristão medieval, considera a possibilidade de múltiplas encarnações divinas nas mais diversas formas. Ele argumenta que o Pai ou o Filho ou o Espírito Santo poderiam encarnar em uma natureza humana ou em vários indivíduos.[19] Mas Aquino acreditava que Deus, na realidade, encarnara uma única vez: em Jesus. Sua discussão, no entanto, não era puramente teórica. O que está em debate é o poder de Deus de agir conforme Sua vontade. Tomás de Aquino nada conhecia das crenças da Índia. Poderíamos especular o que um teólogo tomista daquela época, largado no sul da Ásia para explorar essa idéia de seu mestre Aquino, pensaria do Avatar e da Encarnação.

Parrinder, que é ministro metodista e não um católico tomista, embora aprecie os propósitos e instintos do *avatara*, afirma a crença cristã na singularidade de Cristo. Ele acredita que os hindus têm menos senso do pecado que os cristãos. Para o hindu, o poder do *karma* (o efeito cumulativo dos nossos atos em vidas passadas e na vida presente) é uma cadeia que precisa ser rompida, mas não uma queda que avilta nossa natureza íntima e exige um salvador.[20] Talvez fosse mais correto dizer que o hindu localiza a origem e superação do mal e do sofrimento na transcendência de Deus, enquanto o cristão localiza a derrota do mal e do sofrimento na imanência da Encarnação e na vitória do Jesus crucificado sobre o pecado e a morte. O que temos aqui é um impasse ou, como acreditam os hindus, as duas faces de uma mesma realidade última?

Os hinduístas, é claro, têm uma visão da realidade bem diferente da dos cristãos. *Karma* e *dharma* (virtude, correção, moralidade) estão ligados numa visão cíclica da História e os Avatares tradicionalmente surgem quando um ciclo produziu destruição e injustiça. Todas as criaturas — incluindo os seres humanos — estão presas a um processo de renascimento. Os cristãos acreditam numa visão linear da História e numa única vida, depois da qual são julgados por Deus. Diante dessas duas compreensões tão discrepantes da existência, qualquer comparação fácil irá

164 / *Jesus – uma pequena biografia*

vacilar. Mas seria tolo sustentar que não se pode fazer alguma comparação. Qualquer cristão que tenha um amigo hindu sabe como as comparações são difíceis, se bem que não impossíveis. E neste mundo tão diversificado, mas cada vez mais interligado, ninguém pode construir boas relações humanas se se recusar a considerar as opiniões dos outros só porque elas provêm de matrizes históricas ou filosóficas diferentes das suas.

APROPRIAÇÕES HINDUÍSTAS DE JESUS

Um fato intrigante é que foram os hindus, e não os cristãos da Índia, os primeiros a se apropriarem de Jesus e refletirem sobre seu significado dentro do contexto indiano. No início do século XIX, o Brahma Samaj (como foi chamado depois de 1843, embora suas origens remontem a 1814 e tenha sido novamente reformado na década de 1860), um movimento reformista hindu com base em Calcutá, foi o pioneiro no estudo de cristologias indianas por meio dos trabalhos de Rajah Ram Mohun Roy (1774-1833), Keshub Chunder Sen (1838-1884) e outros. O Brahma Samaj respondeu à atividade missionária cristã, não convertendo as pessoas ao cristianismo, mas depurando o hinduísmo de tudo aquilo que seus membros acreditavam ser crenças e costumes antiquados e ultrapassados. Jesus tornou-se uma inspiração para eles. Para Ram Mohun Roy, Jesus era o Guia Supremo para a felicidade humana, enquanto Keshub Chunder Sen mostrava Jesus como o verdadeiro Iogue e a Divina Natureza Humana.

Esses e outros hindus incorporaram Jesus ao seu mundo de filosofia, crença e ação. Talvez os dois mais famosos expoentes hindus de Jesus tenham sido o Swami Vivekananda (1863-1902) e Mohandas Karamchand Gandhi. O discurso de Vivekananda no Parlamento Mundial das Religiões, em Chicago, no ano de 1893, deu forte impulso a uma visão vedântica e abrangente do hinduísmo, que só agora está começando a ser questionada na Índia por outros pontos de vistas mais exclusivos de sua herança religiosa. O envolvimento de Gandhi com o Sermão da Montanha o fez acreditar em Jesus como o supremo *satyagrahi,* um guerreiro das forças da verdade.[21] Essas apropriações hinduístas de Jesus levantam dois problemas sobre esses "empréstimos" na nossa aldeia global. O primeiro é que, no delicado equilíbrio entre fidelidade ao ponto de vista nativo e conformidade a outro ponto de vista do mundo, há muitas armadilhas para os incautos (voltaremos a esse ponto no Capítulo 6). O segundo problema é que uma pessoa ou grupo pode se apropriar não só do que há de nobre e bom em outra tradição, mas também dos seus aspectos mais discutíveis e indesejáveis. Por exemplo, Vivekananda aceitou sem maiores discussões a interpretação cristã de que o judaísmo do primeiro século se encontrava num estado de estagnação e sofrimento do qual Jesus iria libertá-lo; e que os fariseus e saduceus foram insinceros e fizeram coisas que não deveriam ter feito.[22] É por isso que as discussões entre os dois partidos, no diálogo moderno, podem afetar negativamente as impressões de outro ou de outros grupos!

Nem todos os hindus se convenceram de que Jesus era uma figura atraente. Dayananda Sarasvati (1824-83) fundou um movimento reformista hindu em 1875, cujas metas são bem diferentes das do grupo Brahma Samaj. O movimento de Sarasvati, o Arya Samaj, voltou-se contra a superstição e a adoração de ídolos, colocando a moralidade e a racionalidade no centro da religião. Embora influenciado pelo cristianismo protestante, Sarasvati atacou a fé cristã como "artigo importado" e agente da opressão colonialista. Jesus, portanto, sofre sérias críticas e é até mesmo ridicularizado. Sarasvati cita o relato de Mateus sobre as palavras de Jesus na Última Ceia ("Tomai e comei, isto é o meu corpo [...] bebei todos, pois isto é o meu sangue") e comenta:

> Algum homem culto faria semelhante coisa? Somente um selvagem ignorante a faria. Nenhum homem esclarecido jamais diria que a comida de seus discípulos é sua carne ou que sua bebida é o seu sangue. Isso é chamado de Ceia do Senhor pelos cristãos dos dias de hoje. Eles comem e bebem imaginando o tempo todo que seu pão é a carne de Cristo e que sua bebida é o sangue dele. Não é horroroso? Como poderiam eles, que sequer conseguiam afastar-se da idéia de que sua comida e bebida eram a carne e o sangue do seu salvador, abster-se da carne e do sangue de outras pessoas?

Além disso, com relação ao último discurso de Jesus, no capítulo 14 de João, Sarasvati comenta:

> Então ninguém chegou até Deus antes de Cristo? Toda essa jactância sobre as muitas moradas da casa de seu Pai, sobre ir preparar um lugar para seus seguidores, e ele dizendo, com seus próprios lábios, que era o caminho, a verdade e a vida, tudo isso não passa de mistificação e portanto, nunca poderá ser verdade.[23]

166 / Jesus – uma pequena biografia

Até certo ponto, esse veredicto é sem dúvida produto da raiva que Sarasvati sentia pelo sistema imperialista e sua conexão com o cristianismo. Contudo, as faces da Índia hinduísta apontam em muitas direções. Nem todas as interpretações de seus caminhos são vistas com generosidade, nem mesmo por algumas interpretações hindus que alegam ter buscado seu sentido nas escrituras védicas da Índia. A imagem de Jesus tem sido aceita e transformada por muitos hindus, mas rejeitada e ridicularizada por outros.

JESUS E BUDA

Um bom exemplo da capacidade da Índia hinduísta de aceitar, marginalizar e adequar outros pontos de vista aos seus está no tratamento dado ao budismo. Embora o budismo tenha nascido no norte da Índia e logo se espalhado para as áreas adjacentes e, depois, para as mais distantes, foi praticamente extinto na sua terra natal. Mas Buda passou a ser venerado por muitos hindus como uma encarnação do deus Vishnu; uma ironia, porque Buda era cético quanto à capacidade de Deus, ou dos deuses, para libertar o ser humano de seus sofrimentos.

O budismo está crescendo no mundo ocidental. Uma razão para isso é que ele oferece uma alternativa genuína ao cristianismo. Para os convertidos, o caminho de Buda parece uma rota mais aceitável para ser seguida pelo ser humano do que o caminho de Jesus. Cerca de seis séculos antes de Jesus, Sidarta Gautama, o Buda ("o iluminado", em sânscrito), seguiu muitos caminhos em busca do Significado. E então, meditando sob a figueira (a árvore *bodhi*, "da iluminação"), ele despertou para o mais pleno significado da vida. Fez seu primeiro sermão no Parque do Cervo em Sarnath, nos arredores de Benares, a cidade mais sagrada da Índia hinduísta. Falou sobre as quatro nobres verdades. A primeira verdade é *dukkha*, geralmente traduzida como "o reconhecimento do sofrimento", mas com conotações de impermanência e imperfeição. A segunda verdade é a causa do sofrimento, que é nosso apego ao ego ou nosso anseio pelo ego, um "eu" permanente que existiria entre os destroços da vida; esse ego não existe. A terceira nobre verdade é a superação ou transcendência do sofrimento: *nirvana*, ou iluminação, quando nos concentramos no momento presente e conhecemos a vastidão da mente iluminada. A quarta verdade é o caminho que leva ao fim do sofrimento e ao estado do *nirvana*, a Senda Óctupla. Dos oito caminhos da Senda, os dois primeiros — compreen-

Jesus entre as religiões / 167

são correta e pensamento correto — indicam o entendimento do caminho budista e a intenção de segui-lo. Depois vêm a palavra correta, a conduta correta e a ocupação correta, que se referem ao modo correto de viver. O esforço correto, a atenção correta e a concentração correta se referem aos níveis mais elevados de empenho espiritual e meditação.

O budismo theravada acredita em uns poucos Budas passados e em alguns ainda por vir, com um único Buda — Gautama — para a atual era do mundo. O budismo mahayana acredita em numerosos Budas e Bodhisattvas (seres destinados à iluminação). Alguns cristãos e budistas encontraram bases proveitosas para avaliar Jesus dentro dessa matriz de crenças.

Entretanto, as bases filosóficas do budismo e do cristianismo são bem diferentes. Nascido do hinduísmo, o budismo aceita a idéia de muitos renascimentos e uma visão cíclica da História. Essa idéia, na verdade, é fundamental para a compreensão do ensinamento de Buda. Ela pode ser ilustrada com a noite do despertar ("a iluminação") de Sidarta Gautama. Na primeira vigília da noite, ele recordou suas vidas anteriores dentro do *samsara*, a roda da vida, sempre em movimento. Na segunda vigília, ele compreendeu que as experiências presentes dos indivíduos são causadas pelo *karma*, suas ações anteriores.

Na visão budista das coisas, também Deus e os deuses estão presos à roda de *samsara*. Eles não são capazes de libertar as pessoas. Cada indivíduo precisa exercitar seu próprio *nirvana*. Alguns cristãos protestantes vêem esse ensinamento como uma justificação pelos atos, mas isso implica desconsiderar as diferentes molduras conceituais das religiões cristã e budista, bem como interpretar mal e banalizar o ensinamento de Buda. Outros estudiosos cristãos argumentam que o budismo não deixa de ser teísta, pois não nega a existência de Deus ou dos deuses. Mas muitos pensadores budistas sustentam que sua religião é praticamente, senão teoricamente, ateísta. De um ponto de vista cristão, talvez se possa manter um diálogo proveitoso sobre o Deus que nem a si mesmo foi capaz de salvar (Marcos 15:31; Mateus 27:41-42; Lucas 23:35). Aos olhos da maioria dos budistas, porém, o que condena o cristianismo, e mesmo Jesus, é a crença em Deus. Por exemplo:

Enryo Inoue, estudioso budista japonês do século XIX, observou certa vez: "Não é nem por ser favorável a Sakya-muni [Buda Gautama] nem por ter preconceitos contra Jesus que eu defendo o budismo e rejeito o cristianismo. É simplesmente porque eu amo a verdade e detesto a inverdade.[24]

168 / Jesus – uma pequena biografia

Ainda desafiadora, mas com menos provocação, Lily de Silva escreve:

> Uma das principais razões que me fazem apreciar o budismo em detrimento de alguma religião teísta, é a sua franca liberalidade mental. O Kalamasutta exorta o discípulo a não aceitar como verdadeira uma proposição apenas com base na autoridade do mestre, das escrituras ou da tradição. Mesmo a lógica tem valor limitado. A pessoa é aconselhada a exercitar inteligentemente o seu próprio poder de julgamento para ver se um comportamento, quando cultivado, a leva à felicidade ou ao sofrimento. Ser verificável é um critério importante da verdade. Proposições inverificáveis sobre o mundo e os seres humanos — se o mundo é finito ou infinito, eterno ou não, se o mundo e o ser humano foram criados por um Deus ou não — para as quais nunca se encontrarão respostas, são prudentemente deixadas de lado como inúteis indagações especulativas. Essa atitude pragmática me agrada, e muito.[25]

Geoffrey Parrinder sugeriu que toda religião, quer acredite num Deus pessoal ou não, possui figuras do tipo salvador. Há alguma coisa que "pede" essa figura, mesmo nas formas de fé mais austeras. Parrinder acha que Buda funciona desse modo para muitos budistas. Buda seria efetivamente divino, tendo sido divinizado por uma espécie de culto da personalidade.[26] No nível da religião popular ou de massas, há algo a ser considerado nessa opinião. Essa idéia, claro, poderia ser estendida além do budismo e até mesmo ao Islã, considerando como alguns devotos muçulmanos celebram e afirmam o Profeta Maomé.

Mas uma coisa é detectar figuras importantes e veneradas em cada religião; outra coisa, bem diferente, é se essas figuras são modelos da "salvação". Edward Conze (falecido em 1979), renomado estudioso budista, mostrou como é difícil fazer comparações significativas entre os termos aparentemente semelhantes da linguagem sagrada de outra religião e da nossa própria. Em Bengala, quando o missionário batista William Carey e seus colegas traduziram o Novo Testamento para o sânscrito, em 1808, eles usaram o vocábulo *trana* para "salvação" e *tratur* para "salvador" — a raiz dessas duas palavras é *trai*, "proteger". Mas a terminologia budista não tem um equivalente exato para a concepção cristã de salvador; certamente a palavra *tratur* nunca é usada para traduzir quaisquer das figu-

Jesus entre as religiões / **169**

ras do "tipo salvador" do budismo. Conze afirmou que as crenças budistas sobre essas figuras são de várias maneiras

> tão semelhantes aos pontos de vista cristãos, que os missionários freqüentemente viam nelas um evangelho falsificado, criado deliberadamente pelo Diabo para enganar os fiéis. Ao mesmo tempo, quando as palavras exatas dos originais são traduzidas fielmente para o nosso idioma, fica evidente que não existem equivalentes exatos para os termos-chave; que as mais sutis nuanças de significado e os sabores e meios-tons emocionais diferem completamente; que grande parte desse ensinamento deve parecer estranho aos cristãos; e que, na verdade, a lógica que está por trás dele está em desacordo com todas as pressuposições básicas do cristianismo.[27]

A força do argumento de Conze está aqui: quando as pessoas de fé insistem em exportar as palavras e os termos por meio dos quais compreendem a própria religião, elas correm o sério risco de interpretar mal a fé do outro. Partindo do desejo natural de compreender o que não conhecem, com base apenas no que conhecem, essas pessoas poderão traduzir uma palavra ou conceito do vocabulário religioso do outro por um termo que existe na sua própria religião; mas esse termo, mesmo tendo certa semelhança superficial com o original, na verdade explora um universo de significado bem diferente.

Conze acreditava que não eram apenas as fórmulas doutrinais que dividiam as religiões, mas também o tipo ideal de pessoa buscado por cada uma delas. Ele escreveu:

> Li certa vez toda uma coleção sobre a vida dos santos da Igreja Católica Romana, e não havia um só deles a quem um budista pudesse aprovar sem restrições. Isso não quer dizer que esses santos fossem pessoas indignas, mas que, apesar de bons cristãos, eram maus budistas.[28]

Conze apontou inúmeras diferenças aparentemente irreconciliáveis entre budistas e cristãos, duas das quais são particularmente apropriadas em relação a Jesus. Em primeiro lugar, os budistas desejam multiplicar os salvadores, não restringi-los. Em segundo, o budismo mahayana afirma que "todos os salvadores, tanto Budas quanto Bodhisattvas, são meras ficções e imagens num sonho; eles saíram do Vazio e são projeções da consciência interior do homem"[29], enquanto os santos cristãos têm uma vida moldada, no todo ou em certas partes, pela vida de Jesus, uma figu-

170 / *Jesus – uma pequena biografia*

ra histórica. Se Conze estiver correto, então cristianismo e budismo, Jesus e Buda, enfatizam como particularmente virtuosas qualidades humanas bem diferentes.

Contudo, há algumas possibilidades positivas. É crescente o número de casamentos entre cristãos e budistas. Isso pode levar a uma avaliação mais integrada dessas duas religiões e de seus fundadores humanos. Além disso, alguns estudiosos cristãos mais jovens, livres da contaminação imperialista, se embrenharam no budismo e são capazes de explicar suas próprias crenças cristãs ao mesmo tempo que aprendem sobre as crenças dos outros.

AQUI NESTE MUNDO

Jesus está neste mundo. Ele, naturalmente, é adaptado às diferentes visões de mundo em que as pessoas o inserem. No Islã, ele é um profeta muçulmano que se submete ao Deus Único e aponta para a vinda de um Mensageiro final. No hinduísmo vedântico, cuja maior característica é a liberalidade mental, Jesus é aceito como uma expressão dentre as muitas manifestações do divino entre os seres humanos. No budismo, ele tem sido aceito por alguns como mestre de uma ordem menor, comprometido pelo seu teísmo. O contexto imperialista levou muitas pessoas a condená-lo como agente de governos estrangeiros: isso é bastante irônico em vista do contexto original do homem de Nazaré, súdito e finalmente vítima de uma poderosa potência estrangeira colonizadora.

Poderíamos apresentar outros exemplos da influência de Jesus em muitas culturas e religiões, bem como da transformação a que elas o submeteram, fazendo-o assumir formas irreconhecíveis a muitos cristãos: por exemplo, na integração da fé cristã com as religiões tradicionais africanas. Muitos cristãos aplaudiriam esse crescimento de Jesus até a estatura de figura universal, mas ficariam perplexos e mesmo perturbados ao verem que Jesus é adaptado às perspectivas das outras religiões, em vez de estas o aceitarem e serem transformadas por ele.

Os ensinamentos de Gandhi ilustram uma interação fértil e criativa entre duas, senão três, religiões do mundo moderno. Os instintos pacifistas de Gandhi foram encorajados pela leitura de alguns ensinamentos de Jesus e pela troca de correspondência, em 1910, com o famoso romancista russo Leon Tolstoi. Seu pacifismo também foi influenciado pela religião hinduísta na qual nascera e por uma interpretação pessoal do Bhagavad-Gita (não talvez a leitura mais óbvia dessa obra, pois seu contexto é um campo de batalha). Além disso, Gandhi cresceu numa região do Gujerat, província indiana que sofria fortes influências das crenças jainistas no *ahinsa*, a prática da não-violência para com todos os seres vivos. Mais tarde, muitos movimentos pacifistas — dentre os quais o Movimento pelos Direitos Civis, de Martin Luther King, nos Estados Unidos — foram profundamente inspirados na visão de Gandhi. Nessa extraordinária interação, a figura de Jesus mostrou ser uma fonte de inspiração, seja explícita ou implicitamente, tanto para pessoas religiosas que não eram cristãs quanto para pessoas de boa vontade mas sem fé religiosa.

Como também ilustra o esboço acima, mesmo quando Jesus é adaptado a outra visão de mundo, ele conserva a capacidade de inspirar as pessoas e de desafiá-las a voltar suas vidas para a realidade transcendente, mesmo que expressada de maneira estranha a muitos cristãos. Na verdade, o significado de Jesus se desenvolveu dentro da cultura grega, bem distante de sua terra natal. Essa cultura não era tão estranha ao Jesus histórico como pretendem alguns estudiosos. A civilização grega foi sentida na Palestina desde o quarto século AEC e o judaísmo da Diáspora sempre a observou, viveu no seu seio e foi por ela influenciado. Não é necessário, nem particularmente proveitoso, sustentar que os credos do quarto século EC deturpam ou distorcem a mensagem simples de Jesus. As mensagens raramente são tão simples quanto algumas pessoas afirmam ou querem que sejam. Esses credos constituíram uma aculturação notavelmente sofisticada de Jesus a uma nova situação, e as convicções que eles guardam sobre Jesus mostraram ser capazes de trazer muitas pessoas para a fé, a esperança e o amor.

Entretanto, não seria moralmente apropriado para os cristãos ocidentais modernos, cuja visão de Deus foi moldada na matriz dessa interpretação greco-romana de Jesus, proibirem culturas diferentes e mesmo outras religiões, de buscar transplantar Jesus e, até certo modo, adaptá-lo ao contexto delas. Isso não quer dizer, é claro, que os cristãos precisam concordar com os relatos que os outros fazem de Jesus. Quer dizer, isso sim, que os cristãos não deveriam proibir os outros de interpretarem Jesus da maneira que julgarem melhor; na verdade, os cristãos nem poderiam razoavelmente esperar fazê-lo. É possível que os cristãos venham a aprender alguma coisa dessas visões diversas sobre o fundador humano de sua fé.

Ainda assim, os cristãos vão querer partilhar com os outros seus pontos de vista sobre Jesus. Neste mundo pós-imperialista e pós-moderno, como deverão fazê-lo? Esse tema forma a substância do nosso próximo e último capítulo.

NOTAS

1. Ver, por exemplo Said 1978, *passim*.
2. Hussein 1994, 231.
3. Cragg 1984, 11; Cragg 1985, 212-214.
4. Para maiores detalhes, ver Forward 1997, 66-72.
5. Ver, por exemplo, N. Robinson 1991, 1s e 8-14.
6. Clarke 1990, 9.
7. Um exemplo particularmente bom — ou melhor, mau — é o recente trabalho de William Phipps (1996).
8. 'Ata ur-Rahim em seu livro, *Jesus, Prophet of Islam* (1991), citado em Zebiri 1997, 59.
9. Arkoun 1994, 35-40; Forward 1997, 33-35 e 110-116.
10. Borg 1997, 129.
11. Ver a contribuição de Martin Forward sobre o "Islã", em J. Holm e J. Bowker, *Themes in Religious Studies. Sacred Writings*, Londres, Pinter, 1994, 103-106.
12. Schimmel 1985, 256.
13. *Ibid.*, 63.
14. *Ibid.*, 64.
15. Forward 1998a, 131.
16. Forward 1998b, capítulo 3.
17. Seu livro foi escrito por volta de 1968 e um sumário de suas idéias sobre o Sermão da Montanha é apresentado em Zebiri 1997, 66.
18. Parrinder 1987, 68s; Parrinder 1997, 120-127.
19. Ver a discussão de Julius Lipner, em Scott e Selvanayagam 1996, 131.
20. Parrinder 1997, 238s.
21. Para excertos de seus próprios trabalhos, consultar Griffiths 1990, 204-227.
22. *Ibid.*, 207.
23. *Ibid.*, 201.
24. DiNoia 1992, 109.
25. Forward 1995, 72.
26. Parrinder 1987, 13s.
27. Brandon 1963, 67s.
28. *Ibid.*, 80.
29. *Ibid.*, 79.

Capítulo 6

Jesus
no terceiro milênio

No ano 1, Jesus era provavelmente uma criancinha de seus 4 anos e a paz do imperador Augusto descera, mesmo que superficialmente e odiada por alguns, sobre grande parte do mundo mediterrâneo. No ano 1000, o papa francês Silvestre II, criatura do imperador alemão Oto II, conferia o título de Majestade Apostólica ao rei Estêvão da Hungria. O cristianismo alcançava a Islândia e a Groenlândia. Leif Ericson, filho de Eric, o Ruivo, supostamente aportava em terras que hoje são a Nova Escócia, embora o cristianismo ainda fosse demorar alguns séculos para alcançar as Américas. Na Inglaterra, os saxões se estabeleciam em Bristol e Ethelred II devastava o condado de Cumbria e rumava para o sul, até o País de Gales, para destruir o condado de Anglesey. Em muitos lugares, difundia-se o medo do Fim do Mundo e do Juízo Final.

De modo curioso, o ano 1 parece mais próximo a muitos cristãos de hoje do que o ano 1000. A história de Jesus tem sido ponderada, interiorizada e imitada. Ele parece, portanto, fazer parte do nosso mundo, tanto quanto do seu próprio mundo. Embora mil anos mais perto de nós, esse mundo de invasões vikings e de papas ansiando realisticamente por ampla autoridade, temporal além de espiritual, parece em muitos aspectos além da nossa capacidade de compreensão. O fato, claro, é que o mundo de Jesus é tão enigmático, estranho e distante do nosso quanto o mundo da Europa pagã lutando para se transformar na Cristandade. Como então pode Jesus, do seu mundo, falar ao nosso mundo?

174 / *Jesus – uma pequena biografia*

UM MUNDO COMO ESTE

Os cristãos freqüentemente pensam que Jesus tem verdades atemporais para contar. Não é esse o caso. Todas as verdades que ele revela sobre e para a condição humana precisam ser inseridas no contexto. Vejamos o último verso de uma canção de Natal:

Sacred Infant, all divine,
What a tender love was thine,
Thus to come from highest bliss
Down to such a world as this!

[Sagrado Menino, todo divino,
quão meigo o foi teu amor
para teres, da mais alta bem-aventurança,
descido a um mundo como este!]

Que tipo de mundo é este? As mudanças do passado recente foram de escala sem precedentes. O historiador Geoffrey Barraclough afirma que coisas como o impacto do avanço técnico e científico, o encolhimento da Europa e a revolta contra o domínio e os valores ocidentais resultaram não só em mudança estrutural como também numa diferença qualitativa em relação ao passado.[1] Em decorrência disso, Barraclough defende a designação de "história contemporânea", em vez de "história moderna", para o período que vem desde o início do século XX, ou pelo menos desde 1945 até os nossos dias.

As transformações políticas, sociais e econômicas têm sido acompanhadas por amplas mudanças religiosas. Embora as formas tradicionais de observância religiosa, ou mesmo as crenças, possam estar declinando na Europa Ocidental, as religiões estão passando por um processo de desenvolvimento e mesmo de renovação em muitas partes do mundo. Em 1948, uma pátria foi estabelecida para os judeus em Israel; as tradições budistas e hinduístas sofreram muitas transformações, tanto nas suas terras de origem quanto nos países para onde seus devotos emigraram e se estabeleceram; o Islã rejuvenesceu com o fim do imperialismo; e novos movimentos religiosos floresceram, especialmente na África e no Japão, mas também no Ocidente.

Assim sendo, quais são as perspectivas para Jesus no novo milênio? Muitos teólogos cristãos sustentam que uma teologia cristã das religiões,

Jesus no terceiro milênio / **175**

relevante e vendo com toda a seriedade o pluralismo religioso, é urgentemente necessária no mundo atual. Acreditam eles que estamos atravessando um período no qual houve uma significativa mudança de paradigma — pegando de empréstimo o termo cunhado por Thomas Kuhn, filósofo da ciência.[2] Kuhn argumenta que chega um ponto em que as novas informações sobre um tema ou sobre uma área da ciência forçam os cientistas a abandonar velhos modelos e a encontrar novos modelos para descrever como as coisas agora parece que são. Quando aplicado por teólogos a um mundo de crenças diferentes, o conceito de mudança de paradigma faz perceber que o nosso conhecimento dos dados relativos às outras fés não pode mais ser contido dentro de velhas teorias. Em vez delas, o que precisamos é uma teoria que lide de maneira mais adequada com os fatos da experiência.

UM MUNDO PLURALISTA: JESUS À MARGEM?

Nos últimos vinte anos, tem havido um notável consenso sobre os parâmetros do debate a respeito de Jesus e das religiões do mundo. Esse consenso foi apresentado com especial clareza no livro de Alan Race, *Christians and Religious Pluralism,* publicado em 1983. Seu subtítulo, "Os padrões da teologia cristã das religiões", chama a atenção para os três temas básicos discutidos no livro: exclusivismo, inclusivismo e pluralismo. Explicando esses padrões da maneira mais simples possível: a pessoa exclusivista sustenta que a salvação só é dada a quem faz um compromisso explícito com Jesus Cristo; a pessoa inclusivista afirma que a salvação é concedida a outros que não só os cristãos, por causa de tudo o que Deus fez por intermédio de Jesus Cristo; e a pessoa pluralista afirma que os seres humanos encontram a salvação dentro das tradições de suas próprias crenças, e não (exceto no caso dos cristãos) por causa da pessoa e das obras de Jesus.

Quem tem liderado esse debate são os pluralistas, com os outros grupos respondendo. É natural que seja assim, porque os pluralistas estão na vanguarda dos que esperam uma mudança de paradigma, com mais tolerância e com atitudes liberais em relação aos outros, deixando de lado as noções tradicionais de salvação e cristologia.

Um dos pluralistas mais influentes tem sido John Hick (nascido em 1922). Ele descarta a idéia de uma única religião mundial como algo improvável de ser alcançado, além de indesejável, porque algumas religiões

176 / Jesus – uma pequena biografia

sempre interpretarão a realidade suprema como uma coisa pessoal, enquanto outras a definirão como não-pessoal. Hick argumenta, usando uma analogia astronômica, que o velho paradigma ptolomaico colocava Cristo no centro do universo religioso; embora com freqüência, na prática, Cristo fosse substituído pelo cristianismo:

> Diz o dogma tradicional que o cristianismo está no centro do universo das religiões, com todas as outras religiões orbitando a distâncias variadas da Revelação na pessoa de Cristo e sendo classificadas de acordo com sua proximidade ou afastamento em relação ao cristianismo. Durante os últimos cem anos, porém, temos feito novas observações e percebido que há profunda devoção a Deus, verdadeira santidade e intensa vida espiritual dentro dessas outras religiões.[3]

Assim, precisamos é de uma revolução copernicana nas atitudes cristãs em relação às outras religiões. As descobertas de Copérnico transformaram o mapa ptolomaico do Universo, de tal maneira que depois dele as pessoas souberam que a Terra não era o centro do mundo, mas que ela e os outros planetas giravam em volta do Sol. O que hoje necessitamos é de uma mudança de paradigma para colocar no centro a realidade transcendente, tenha ela o nome que tiver, seja ela pessoal ou não-pessoal. A fé cristã, ou mesmo o próprio Jesus, não está no centro das coisas. Junto com as outras religiões, também elas verdadeiras, o cristianismo depende dessa realidade transcendente e é dignificado por ela.

Essa visão tem se mostrado liberadora para muitos cristãos ocidentais sérios que estão conscientes — e envergonhados — da história de atitudes superiores e mesmo destrutivas do cristianismo em relação aos outros grupos religiosos: por exemplo, os judeus na Europa medieval e moderna, ou os habitantes nativos das Américas. Essas pessoas observam que muitos dos seus correligionários não são moralmente melhores do que os membros das outras religiões, sendo às vezes bem piores. Mesmo assim, esses cristãos talvez sintam uma pontada de dúvida quanto a certos aspectos da abordagem pluralista. Trata-se de uma interpretação ideológica, que vai além do fato simples e obviamente verdadeiro de que há muitas religiões na Terra, buscando um compromisso com a convicção de que essa variedade é uma coisa boa e criativa. Mas alguns aspectos talvez não sejam tão bons. Geoffrey Parrinder observou:

Jesus no terceiro milênio / **177**

A posição pluralista não é satisfatória quando se pretende que ela quer dizer que as religiões correrão para sempre em paralelo umas às outras, sem quaisquer efeitos mútuos, pois uma característica importante dos dias de hoje é que todas as religiões possam ser afetadas pelas demais. (...) Também é insatisfatória quando se pretende que ela quer dizer que todas as religiões são uma única e mesma coisa, o que elas claramente não são, ou que não importa em que as pessoas acreditam. As questões da verdade e da bondade são importantes. A religião dos antigos astecas, que seguravam diante do Sol o coração ainda pulsante de suas vítimas, certamente não era uma fé tão boa quanto o caminho pacífico de Buda.[4]

Muito bem. Poderíamos acrescentar que esses julgamentos podem ser feitos dentro das religiões, bem como entre elas. Os ensinamentos do pacífico Buda, por exemplo, têm sido maculados por algumas atitudes violentas e exclusivistas de um punhado de budistas do Sri Lanka contra os hindus e cristãos que lá vivem. Alguns métodos missionários do cristianismo não têm se mostrado de acordo com os ensinamentos de Jesus sobre o amor a Deus e ao próximo.

Os pluralistas tendem a enfatizar o exclusivismo cristão. Os livros de Hick mencionam freqüentemente o Concílio de Florença (1438-45), que definiu o axioma *extra ecclesiam nulla salus* (não há salvação fora da Igreja), indicando que todos os que estão fora da Igreja estavam excluídos da salvação. Esse foi o ensinamento oficial da Igreja Católica Romana até as reformas iniciadas pelo Concílio Vaticano Segundo (1961-5). Contudo, os pluralistas nem sempre mencionam que o Concílio de Florença dirigiu-se mais às fissuras internas da cristandade medieval do que ao mundo das outras religiões em geral. Além disso, essa posição exclusivista não foi a única tradição dentro da Igreja. Justino Mártir (c.100-c.165) foi o primeiro a articular a doutrina do *logos spermatikos* (a palavra portadora de semente ou "os germes do Verbo"), que lhe permitia afirmar que Deus preparara o caminho para Jesus não só por meio da Bíblia hebraica mas também por meio da filosofia grega. Sua frase, "Tudo o que tenha sido bem expresso em palavras pertence a nós", foi desenvolvida, principalmente no seio da Igreja Ortodoxa do Oriente. Essa idéia pode parecer um inclusivismo crasso, mas não é necessariamente assim. Ela poderia pretender, pelo menos até certo ponto, uma atitude generosa para com o mundo mais amplo das crenças. Além disso, um elemento de inclusivismo é parte necessária de toda atitude para com "o outro";

178 / *Jesus – uma pequena biografia*

ironicamente, mesmo os pluralistas no fundo são inclusivistas, em maior grau ainda por não reconhecerem, como todos nós precisamos fazer, que cada pessoa vê a partir de sua própria perspectiva.

JESUS SALVA?

Um bom exemplo do paroquialismo cultural do Ocidente é sua ênfase na salvação. Joe DiNoia observou que "na sua maior parte, as posições predominantes no campo da teologia das religiões focalizam suas energias em admitir a possibilidade de salvação fora do âmbito do cristianismo".[5] Hick acredita que todas as religiões são caminhos mais ou menos igualmente válidos para a salvação ou libertação. Ele desenvolve sua idéia com base na distinção do filósofo Immanuel Kant entre número e fenômeno: a "coisa em si" e a percepção que temos dela. Ou seja: a verdade existe tal como realmente é, mas ela também é apropriada (claro que de modo fragmentário) dentro de contextos culturais, de uma maneira adequada a cada contexto. Não podemos conhecer as coisas (incluindo a realidade transcendente, mesmo que expressada) diretamente; só as conhecemos como as percebemos ou como apreendemos seu impacto. Temos aí um reducionismo sedutor, porém excessivamente racional: os místicos das várias religiões poderão ter relatos diferentes para contar, relatos que enfatizariam uma união direta com a realidade última. Esse é também um modo de pensar muito ocidental, com sua ênfase na aguda distinção entre sujeito e objeto, levando ao que os outros vêem como um individualismo extremo e, às vezes, fanático. Hick responde aos seus críticos ampliando sua definição de salvação:

> Vamos supor agora que definimos salvação de uma maneira muito concreta, como uma troca real nos seres humanos, uma troca que pode ser identificada — quando isso é possível — por seus frutos morais. Veremos então que estamos falando de algo que está no próprio âmago de cada uma das grandes religiões do mundo. Cada uma delas, à sua própria maneira, nos exorta a transcender o ponto de vista do ego — que é a fonte de todo egoísmo, de toda ganância, exploração, crueldade e injustiça — e novamente nos centrar naquele mistério último para o qual nós, na nossa linguagem cristã, usamos o termo Deus.[6]

Ironicamente, essa definição, pode ser o tipo de "acréscimo explanatório à tese básica" que Hick condena nas crenças dos outros. (Ele condena quem acrescenta epiciclos às próprias cosmovisões ptolomaicas, exclusivistas.) Além disso, sua perspectiva ocidental, kantiana, "sujeito-objeto", não se coaduna facilmente com a transcendência do ego. E mais, essa definição de salvação permite que ele a confunda com libertação, de modo que Hick atualmente prefere o termo híbrido salvação/libertação.[7] Os dois conceitos, no entanto, são bem diferentes. Beverley Clack apresentou argumentos persuasivos:

> Nessa conjuntura (...) é necessário mudar da linguagem da salvação para a linguagem da libertação. Parece-me que o desafio do pensamento feminista foi ter exposto a compreensão negativa do mundo natural, e o lugar da humanidade nesse mundo, assumida por grande parte da linguagem da salvação. Além disso, a linguagem da salvação depende do relato da Queda, no Gênesis, uma história que vem sendo usada contra as mulheres, categorizadas por muitos dos principais teólogos da tradição como "filhas de Eva" e, portanto, responsáveis pelo perigoso estado da humanidade caída.[8]

Não há dúvida de que a salvação, como muitos teólogos a descrevem, é um termo desgastado e inexato. Em linhas gerais, pode ser resumida da seguinte maneira: a graça de Deus está em toda parte e cada ser humano a percebe em graus diversos. Mas o mal persegue o coração e as estruturas humanas e, por isso, Deus elege um povo, Israel, e depois uma pessoa, Jesus, para vencer o mal. O triunfo de Jesus sobre a morte oferece a esperança de que Deus irá ressuscitar os seres humanos para a vida eterna. Deus o faz por meio de pessoas escolhidas, a Igreja, que é o sinal e o primeiro fruto do propósito divino de salvar a todos. No fim, todos serão julgados por Deus e os resultados de Seu veredicto trarão surpresas. Logo, é muito importante que cada pessoa considere sua própria posição e resposta, e não as dos outros.[9]

Na verdade, essa interpretação baseia-se apenas numa leitura específica de parte do material bíblico. Por exemplo, embora a linguagem da salvação seja significativa no Novo Testamento, ela não é de suprema importância, e diferentes autores a interpretam das mais variadas maneiras. A palavra *soter* (que significa "salvador") é utilizada oito vezes para Deus (incluindo seis ocorrências nas Epístolas Pastorais). Ela também é usada dezesseis vezes para Jesus, na maioria das vezes nos livros mais tardios.

180 / Jesus – uma pequena biografia

Nos Evangelhos, há apenas uma referência em João (4:42) e duas em Lucas (1:47 e 2:11).

A maior parte da linguagem soteriológica do Novo Testamento não aponta para a interpretação ideológica esboçada acima. Por exemplo, aquele versículo tão estudado — Atos 4:12 — não tem seu maior interesse no veredicto sobre o destino de toda a humanidade. Esse versículo fala da cura de um paralítico por Pedro, e poderia ser traduzido assim: "Não há salvação (*soteria*) em nenhum outro [além de Jesus], pois nenhum outro nome foi dado aos homens sob os céus, pelo qual possamos ser salvos (*sothenai*)." Geoffrey Lampe escreveu que "essas palavras devem ser lidas no contexto apropriado da reconstrução, feita por Lucas, da polêmica antijudaica na igreja primitiva, e não generalizadas além desse contexto".[10]

Os Evangelhos estão bem cientes de que Jesus lidava indiscutivelmente com seus correligionários judeus, mas todos eles indicam que sua mensagem tinha valor universal. Por exemplo, embora Mateus (15:24) registre que Jesus disse: "Eu fui enviado apenas para as ovelhas perdidas da casa de Israel", essas palavras ocorrem no contexto do relato sobre uma mulher cananéia e sua filha, onde Jesus na verdade responde à fé de uma pagã (como veremos a seguir). Além disso, o Evangelho de Mateus começa com a visita dos astrólogos ou magos do Oriente (2:1-12) e termina com Jesus dizendo aos discípulos para batizarem todos os povos em nome do Pai e do Filho e do Espírito Santo (28:16-20). Esses são lembretes de que a graça de Deus se estende além de Seu povo eleito, os judeus, para tocar outros povos por meio daquilo que Ele faz na vida, na morte e na ressurreição de Jesus.

E qual era a atitude de Jesus quanto aos membros de outras religiões? A pergunta talvez seja anacrônica, porque sempre se pode argumentar que definir as religiões como sistemas fechados é um vício ocidental e moderno.[11] De todo modo, algo pode ser vislumbrado no relacionamento de Jesus com pessoas de outras religiões que não o judaísmo. O interesse básico de Jesus era despertar nas pessoas a confiança num Deus paternal, criativo e providencial. Nas raras ocasiões em que Jesus entrou em contato com pagãos, o elemento de fé ou confiança continuava a ser de suprema importância para ele. Por exemplo, quando se defrontou com a fé do centurião romano que lhe suplicou para curar o servo, Jesus se espantou e observou que nunca antes encontrara tamanha fé, nem mesmo em Israel (Mateus 8:5-13; Lucas 7:1-10). Esse comentário não representa uma contribuição de Jesus ao antijudaicismo cristão (a ênfase do relato está na fé do romano, não na falta de fé dos judeus, embora Mateus, meio século depois, aproveite a oportunidade de contar esse episódio para refletir o antagonismo de sua comunidade para com os grupos judaicos). Jesus partilhava a atitude negativa e geralmente desinformada dos judeus de sua época para com as religiões pagãs, e suas palavras mostram o espanto de encontrar fé na pessoa inesperada.

Outro bom exemplo é a atitude de Jesus em face da cura da filha da mulher cananéia (Marcos 7:24-30; Mateus 15:21-8). Primeiro, ele se recusou a curar, dizendo que não era correto tirar o pão dos filhos e dá-lo aos cães; um comentário indelicado e até insolente. A cananéia respondeu que também os cães comem as migalhas que caem da mesa de seus donos. Essa resposta, cheia de imaginação e esperança, tanto impressionou e desarmou Jesus que ele curou-lhe a filha.

O que a ênfase de Jesus sobre a fé em Deus, nos encontros com judeus e outros, sugere ao cristão dos dias de hoje? A principal impressão é que a linguagem da soteriologia não chega a ser apropriada. Certamente, qualquer visão estreita de que "Jesus salva" parece um reflexo banal daquilo que acontece nesses encontros. Na verdade, Jesus faz com que a fé em Deus, e mesmo em seus próprios poderes, tenha a sua recompensa; mas nem o destino da humanidade como um todo, nem a aceitação de outras tradições religiosas têm importância fundamental. O que está em jogo é a fidelidade de Deus para com aqueles que, na sua necessidade, se voltam para Ele. Além disso, Jesus usou muitos termos para se referir a Deus: o mais notável é "Pai", que, em vez de "Salvador", era a Sua designação característica. A linguagem do relacionamento, da confiança e do amor não cai bem ao lado da crença de que a condenação é a atitude básica de Deus para com pessoas de outras religiões que não a cristã. Quando aceitou a fé do centurião romano e da mulher cananéia, Jesus descobriu que a fé não está amarrada a uma tradição religiosa específica, nem contida dentro dela.

O fato de Jesus descobrir que a fé era potencialmente uma qualidade humana universal, não amarrada a um grupo ou grupos específicos, põe em questão a atitude proposta por alguns cristãos diante das outras religiões: aparentemente tolerante, essa atitude é na verdade bem reprovadora. Argumentam eles que somente Deus sabe quem aceitará a fé daqueles que não a centralizam na graça salvadora de Jesus. Isso não serve. Os cristãos estão profundamente interessados em saber que tipo de di-

182 / Jesus – uma pequena biografia

vindade é Deus, porque Jesus é a Sua face humana. Se o amor está no cerne da fé cristã, então parece ambíguo uma pessoa afirmar ser agnóstica quanto ao alcance e generosidade do afeto e compaixão de Deus pela Sua família humana. Outro argumento a favor da limitação do uso da linguagem da salvação em relação às outras religiões pode ser o de perguntar se essa linguagem faz sentido para elas. De modo geral, a resposta é não. Uma característica das outras religiões é que elas não perguntam se são salvas por Deus. No Islã, por exemplo, a palavra árabe para "salvação" é encontrada uma única vez no Alcorão (A40:41). Os muçulmanos sunitas, mais especificamente, querem obedecer à vontade revelada de Deus seguindo o *sunna* (caminho trilhado) do Profeta Maomé. Os budistas querem despertar do egoísmo ilusório e entrar na liberdade do momento presente e na esperança do *nirvana*. Nenhuma dessas soluções às desgraças do mundo (nem as respostas oferecidas por muitas outras religiões) ficaria melhor, ou seria mais apropriada, se fosse enquadrada na linguagem da salvação. Esse é um ponto ao qual retornaremos.

Uma brava tentativa de preservar a centralidade de um modelo salvífico, num ambiente pluralista, foi feita por Mark Heim. Ele alega que salvação só faz sentido se no plural: há inúmeras "salvações", cada uma delas apropriada a metas e aspirações específicas. Comentando o difundido modelo trino, Heim observa que:

> Essas três dimensões são coerentes em cada tradição e uma não exclui a outra. Se "salvação" quer dizer a conquista de alguma meta religiosa desejada, então — como os pluralistas — podemos afirmar que inúmeros caminhos levam às salvações: há um sinal de "qualquer direção" em muitos entroncamentos da jornada religiosa. Se "salvação" significa a satisfação religiosa de alguma natureza determinada, então podemos — como os exclusivistas — afirmar que ela é formada de certas características com a exclusão de outras: há um sinal de "direção única" em muitas curvas. Qualquer que seja o caso, devemos — como os inclusivistas — admitir que todos esses caminhos se ligam uns aos outros, que o "tráfego cruzado" é uma possibilidade real. Muitos caminhos também ligam os itinerários e levam os viajantes pelo mesmo chão para destinos diferentes.[12]

Essa é uma extensão fecunda do modelo, que ajuda a aguçar as diferenças genuínas. Minha objeção a ela é que não sei se ela vai suficien-

Jesus no terceiro milênio / **183**

temente longe. Já argumentei que a salvação, embora categoria conveniente pela qual compreender as outras religiões, ofusca mais do que revela — das outras religiões, com certeza, e até certo ponto, mesmo do próprio cristianismo. É verdade que cada religião tem um arcabouço soteriológico: cada uma delas define a condição humana e faz suas prescrições; mas esses arcabouços variam consideravelmente de uma religião para outra e, por isso, como vimos no Capítulo 5, budismo e cristianismo são fenômenos tão dessemelhantes. O conceito de salvação tende a presumir que uma visão bastante estreita da meta (ou metas) cristã é apropriada para as outras buscas religiosas. Assim, esse modelo deve ser abandonado e não modificado.

Resumindo: a salvação não é necessariamente um conceito cristão de importância central; não, pelo menos, quando sua definição estreita pretende determinar se as pessoas de outras fés são ou não aceitáveis a Deus.

JESUS NO CENTRO?

O modelo exclusivista/inclusivista/pluralista é controlado pela questão da salvação: os adeptos de outras religiões, fora do cristianismo, serão salvos ou não? Os pluralistas assumiram a centralidade dessa questão mas, excentricamente, abandonaram a cristologia ou, pelo menos, a submeteram a um reducionismo radical. A peregrinação cristã do próprio Hicks viu suas mudanças: do cristianismo no centro das coisas, mudou para Jesus, para Deus, para o "realmente real" kantiano.

A questão gira em torno da maneira pela qual apreendemos a realidade transcendente. Os cristãos, desde os primeiros tempos, afirmavam que Jesus revelara o Deus invisível. Assim, Paulo declara: "Pois Deus, que disse 'das trevas brilhe a luz', foi quem fez brilhar a luz em nossos corações para darmos a conhecer a glória de Deus na face de Jesus Cristo" (II Coríntios 4:6). O autor da Epístola aos Hebreus começa declarando: "Muitas vezes, e de modos diversos, falou Deus outrora a nossos pais pelos profetas; mas nestes últimos dias nos falou pelo Filho, a quem nomeou herdeiro de tudo, por quem criou também o mundo" (1:1-2). E também o Evangelho de João registra que "o Verbo se fez carne e habitou entre nós" (1:14).

Num trabalho recente, *The Metaphor of Deus Incarnate*, Hick desenvolve as visões cristológicas apropriadas a uma posição pluralista. Ele ar-

184 / *Jesus – uma pequena biografia*

gumenta que, embora a fé cristã tradicional sustente que Jesus de Nazaré era o Deus encarnado que se tornou homem, morreu pelos pecados do mundo e fundou uma Igreja, Jesus na verdade não ensinou isso. Diz ainda que as afirmações doutrinais sobre as duas naturezas de Cristo, humana e divina, são incoerentes. A doutrina da Encarnação tem sido usada para justificar e perpetrar grandes males, incluindo o anti-semitismo, a opressão das mulheres pelos homens e a profunda arrogância e hostilidade diante das outras religiões. Para Hick, Jesus "personificou um amor humano que é reflexo do amor divino". Ele propõe uma fé "que aceite Jesus como nosso guia espiritual supremo (mas não necessariamente o único) [...] e veja o cristianismo como um dentre outros contextos autênticos de salvação/libertação [...] atuando de maneiras mutuamente criativas com os outros grandes caminhos".[13]

Há problemas com essa proposta do ponto de vista histórico. Vimos que não há certeza alguma de que o Jesus histórico meramente apontasse para Deus. "De onde lhe vem tudo isso?" (Marcos 6:2) ainda é uma pergunta a ser ponderada pelos cristãos. Além disso, é por demais simplista culpar a visão tradicional da Encarnação pelos grandes males; esse modelo também inspirou muitas pessoas a fazer o bem.

A definição de Hick da Encarnação como metáfora levanta seriamente a questão de até que ponto uma religião pode ser reinterpretada até evoluir para algo bem diferente. Os desenvolvimentos acontecem, com toda a certeza. No cristianismo, eles aconteceram bem cedo. Nos Evangelhos, Jesus pode ser percebido como um homem que não se adapta a nenhuma fórmula. Embora muito cedo lhe tenham dado títulos, vimos como parece que ele nunca os aceitou ou, o que é mais provável, que os reinterpretou. A igreja primitiva, contudo, começou cedo a dar títulos honoríficos a Jesus, inspirados nos mundos judaico e pagão. Um título como "Filho de Deus", por exemplo, teria seu sentido modificado ao passar dos círculos judaicos da Palestina para o mundo helenizado e ao se transformar numa fórmula litúrgica assim como teológica. No século IV, um judeu da Galiléia foi descrito, nas palavras do Credo de Nicéia, como a segunda pessoa da Trindade, "o Filho unigênito de Deus". Estamos aqui, é claro, bem distantes da linguagem dos Evangelhos e bem mais distantes da maneira pela qual Jesus e seus seguidores originais o descreviam.

Uma questão importante é saber se essa linguagem distorce o significado de Jesus e sua mensagem, ou se, como sugeriu C. F. D. Moule:

Todas as várias estimativas de Jesus refletidas no Novo Testamento [deveriam ser vistas] como, em essência, apenas tentativas para descrever o que já existia lá desde o início (...) Elas representam vários estágios do desenvolvimento da percepção, mas não representam o acréscimo de quaisquer fatores forâneos que não estivessem inerentes desde o início.[14]

Seriam essas palavras um exagero? Como vimos ao analisar o título "Filho do Homem", é possível que diferentes desenvolvimentos de uma passagem comum sejam elaborações legítimas, ou pelo menos aceitáveis, do original, apesar de estabelecerem ênfases bem diferentes e pouco se parecerem umas com as outras.

Quer a tese do Prof. Moule seja convincente ou não, certamente é empreendimento necessário de cada geração desenvolver uma cristologia e dar-lhe contexto, a fim de preservar e transmitir fielmente a mensagem evangélica de fé, esperança e amor. A interpretação de Moule certamente chama a atenção para o fato de Jesus ter sido uma figura tão admirável a ponto de atrair para ele, logo depois de sua vida e talvez mesmo durante ela, os mais elevados tributos daqueles que seguiram o seu caminho.

A teologia da Encarnação continua a ser, para o bem ou para o mal, uma característica da fé cristã. Embora alguns aspectos da linguagem da Encarnação possam ser metafóricos, a crença cristã central sempre rejeitou, desde os primeiros dias, qualquer tentativa de reduzir o mistério de Jesus, seja aceitando a idéia de que ele era Deus caminhando na Terra com um disfarce de ser humano, seja de que ele foi um homem de extraordinária integridade espiritual. Têm havido freqüentes tentativas de enfatizar uma ou outra dessas posições extremas, em vez do cuidadoso equilíbrio da teologia tradicional.

Hoje em dia, no Ocidente, a tendência é enfatizar a natureza humana de Jesus. Durante grande parte da história cristã, aconteceu exatamente o oposto. Essa visão desequilibrada acarreta perigos. O Jesus humano retratado em *The Metaphor of Deus Incarnate,* livre dos acréscimos do mito e da terminologia filosófica imposta pelo mundo antigo, tem muitas ressonâncias com os pontos de vista do Alcorão sobre Jesus, e também com outros pontos de vista muçulmanos mais desenvolvidas. (Curiosamente, as possibilidades de diálogo com os muçulmanos, com base nesse retrato de Jesus, não são discutidas, ou sequer mencionadas, por

186 / Jesus – uma pequena biografia

Hick.) Também no mundo do Islã, Jesus é um importante mestre espiritual e moral, um ser humano imenso. Mas não parece, ali, uma figura muito cristã! O problema é que os cristãos sempre pretenderam alegar que Jesus era mais do que uma pessoa superlativamente boa ou espiritualizada (como o viam alguns místicos muçulmanos) ou que ele apenas apontava para Deus (como afirma o Alcorão). Desde os primeiros tempos, essas opiniões não parecem corresponder a uma avaliação adequada da importância fundamental de Jesus.

Desse modo, o atraente apelo dos pluralistas em favor de uma teologia teocêntrica, em lugar de uma teologia cristocêntrica, poderia transformar-se num "canto das sereias" que leva à destruição. Esse apelo defende uma visão simplista, parcial e reducionista de Jesus — do Jesus histórico, diria eu, bem como do Jesus das primeiras reflexões teológicas cristãs. Trata-se de uma visão excessivamente racionalista, dominada pelo espírito dos nossos tempos e por certo paroquialismo ocidental ligado à arrogância típica de quem "sabe das coisas". Além disso, o que os cristãos sabem de Deus é aquilo que foi moldado por Jesus; do mesmo modo, o fato de os budistas saberem como as coisas realmente são é determinado pelo despertar de Sidarta Gautama para a compreensão delas. Nesse sentido importante, Jesus é o centro da fé para os cristãos, assim como Buda é para os budistas. Quando os pluralistas colocam a realidade transcendente (qualquer que seja o nome dado a ela) no centro das coisas, eles estão deixando de encarar seriamente esta questão: como as pessoas de fé apreendem esse mistério eterno por meio de seus enfoques particulares.

É possível que a ênfase das igrejas ortodoxas do Oriente nos ícones aponte um caminho mais proveitoso para o entendimento da Encarnação do que o uso da palavra "metáfora", tal como defendido por Hick. Muitos cristãos ocidentais cometem o erro de ver os ícones como ídolos. Essa é uma idéia muito simplista e enganadora. Vejamos:

> Deus tomou um corpo material, provando assim que a matéria pode ser redimida: "O Verbo feito carne divinizou a carne", disse João de Damasco [c.675-c.749]. Deus "divinizou" a matéria, tornando-a "portadora do espírito"; e se a carne tornou-se um veículo do Espírito, então o mesmo podem fazer — embora de maneira diferente — a tinta e a madeira. A doutrina ortodoxa dos ícones está ligada à crença ortodoxa de que toda a criação de Deus, tanto material quanto espiritual, será redimida e glorificada.[15]

Temos aqui um argumento profundamente sério e cristão em favor da tradicional doutrina cristã de que Jesus era o verdadeiro Deus tanto quanto um verdadeiro homem. Jesus aponta para a possibilidade de que toda a Criação possa ser divinizada e alcançar a imagem de Deus. Para que isso aconteça, Jesus precisa ser plenamente humano e plenamente Deus. Como disse Santo Atanásio (c.296-c.373): "Deus tornou-Se humano para que os humanos pudessem tornar-se divinos."[16] Somente Deus pode redimir a humanidade e fazê-la um pouco inferior a um ser divino (Salmo 8:6). Somente um ser humano pode ajudar os outros seres humanos a participar daquilo que Deus criou. Assim, Jesus forma uma ponte entre Deus e a humanidade, entre o céu e a terra, e faz os seres humanos se tornarem, pela graça, aquilo que Deus é por natureza. Jesus, por assim dizer, é o ícone absoluto.

É significativo que João Damasceno tenha sido, no começo da vida, um oficial da corte muçulmana em Damasco. Suas idéias sobre a natureza de Deus contrastavam profundamente com as dos muçulmanos e, até certo ponto, foram criadas em oposição a elas. Por exemplo, suas reflexões sobre o Gênesis 1:26 o levaram a uma visão do monoteísmo bem diferente daquela do Islã. Esse versículo afirma: "Deus disse, 'Façamos o homem à nossa imagem e segundo a nossa semelhança...'." Como a maioria dos Padres da Igreja gregos, João Damasceno não achava que as palavras imagem e semelhança quisessem dizer a mesma coisa. Ele escreveu: "A expressão *à nossa imagem* indica racionalidade e liberdade, enquanto a expressão *segundo a nossa semelhança* indica assimilação em Deus por meio da virtude."[17] A imagem (*eikon*, em grego) significa o nosso livre-arbítrio humano e todas as qualidades morais e racionais que nos distinguem do mundo animal e fazem de cada um de nós uma pessoa. Ela também significa que pertencemos à linhagem de Deus (Atos 17:28), de modo que entre Ele e nós há um ponto de contato e semelhança. E nós, se aproveitarmos esse ponto de contato, adquirimos a semelhança divina; tornamo-nos "semelhantes a Deus por meio da virtude".

No cristianismo ortodoxo oriental, a idéia de *teose* — deificação ou divinização dos seres humanos — faz forte contraste com o dualismo do Islã e da maioria dos modernos cristãos ocidentais; esse dualismo postula uma diferença qualitativa infinita entre os humanos e Deus. Às vezes, a idéia de diferença focaliza aquilo que realmente acreditamos estar em contraste com os outros, em vez de existir em comum com eles. Divergência e desacordo não são um problema insuperável, mas parte intrín-

188 / *Jesus – uma pequena biografia*

seca da nossa natureza humana; o que pode ser extremamente problemático é o nosso modo de lidar com esse problema.

Um autor moderno, depois de examinar vários comentários muçulmanos a respeito dos ensinamentos corânicos sobre o cristianismo, concluiu que:

> Depois do advento de Maomé, portanto, não se pode dizer que o cristianismo bíblico continua sendo um "caminho de salvação" plenamente válido. Na definição corânica de cristianismo autêntico — conforme é interpretada por esses dez comentários — é inconcebível que um "verdadeiro" cristão, depois de ser exposto à mensagem do Profeta, se recuse a tornar-se muçulmano. Não reconhecer Maomé como Profeta, o que foi claramente predito na puríssima versão do *Injil*,[18] constituiria um ato de traição ao "verdadeiro" cristianismo.[19]

Essa premissa do texto corânico, na verdade, representou enormes problemas para os diálogos entre estudiosos cristãos e muçulmanos. O mesmo ocorreu com cristãos como João Damasceno, que trabalhavam para patrões muçulmanos, e com muçulmanos que trabalhavam para cristãos. Essa idéia acentua uma ironia existente na posição pluralista. Esta, na verdade, não consegue lidar com as diferenças; procura enfatizar as crenças e práticas sustentadas em comum. Mais sábio é quem reconhece as dificuldades e as combate, do que quem as ignora ou não as percebe.

HÁ UMA MISSÃO?

O fato de Jesus ser o centro de uma compreensão cristã de Deus — fato esse, de certo modo, negado pelos muçulmanos e irrelevante aos membros de outras religiões — levanta a questão da missão. É freqüente os cristãos se verem como "enviados" por Deus para contar aos outros como Jesus interpretava a realidade última. Eles se baseiam em passagens dos Evangelhos tais como "a grande missão dos apóstolos" (Mateus 28:16-20). Geoffrey Parrinder ponderou se o empreendimento missionário cristão deveria ser restrito:

> Certamente ele não seria dirigido aos judeus, provavelmente não aos muçulmanos, talvez não aos budistas e hindus teístas e às atividades defendidas por idólatras e iletrados. (...) Mas parece improvável que qualquer das três grandes religiões missionárias (budismo, cristianis-

Jesus no terceiro milênio / **189**

mo e islamismo) venha a abandonar publicamente suas metas internacionais há muito sustentadas. (...) A aprovação que é freqüentemente concedida às missões médicas mas negada ao trabalho de propaganda, indica um profundo sentimento de que a fé deve ser expressada pelo serviço, e que uma pequena ajuda vale mais do que um debate estéril.[20]

É fato real que muitos cristãos ficaram impressionados com a qualidade da fé demonstrada por seus vizinhos de outra religião. Também é verdade que, na Índia e em outros lugares, o Evangelho sensibilizou profundamente as pessoas quando buscou melhorar o destino do homem. Mas o zelo missionário está longe de decrescer no mundo de hoje, e pode ser encontrado não só nas religiões missionárias tradicionais. Quero dar uma nota pessoal: em 1996, a serviço da BBC World Service, visitei os Estados Unidos e muitos países da África para fazer uma série radiofônica chamada "Os missionários". Meu objetivo não era simplesmente descrever as metas e atividades dos tradicionais missionários cristãos, mas também observar os esforços de membros de muitas religiões para transmitirem suas crenças às gerações mais novas e aos estrangeiros. Neste final do século XX, a emigração maciça de hindus, budistas, sikhs e outros, para países europeus e americanos, trouxe a eles muitas novas oportunidades de convencer os outros da verdade de suas respectivas religiões. Entre outros grupos, entrevistei hindus swadhys, que oferecem uma visão socialmente ativa da fé védica em muitas cidades americanas; grupos educacionais muçulmanos, decididos a desfazer muitas caricaturas ocidentais do Islã e conquistar convertidos; grupos de "judeus para Jesus"; grupos de judeus *lubavitch* [um movimento chassídico], que trabalha nas ruas de Nova York para persuadir os judeus seculares a retornarem às suas raízes religiosas; membros de grupos pentecostais africanos, bradando contra o racismo das igrejas ocidentais e tentando integrar uma visão do "Jesus agente de cura" que seja compatível com as crenças derivadas de suas crenças nativas; cristãos irradiando, para países muçulmanos, programas radiofônicos com a mensagem do Jesus cristão em oposição à do Jesus corânico; budistas oferecendo sua fé como solução para o ativismo do Ocidente ou para os problemas políticos e humanos da África do Sul atual.

Alguns desses entrevistados estavam tão convencidos da verdade de suas próprias convicções que mal paravam para pensar nas alegações dos

190 / *Jesus – uma pequena biografia*

outros ou simplesmente as descartavam. Outros entrevistados haviam refletido profundamente sobre a alegada verdade das outras religiões; ou as rejeitaram ou se sentiram comprometidos com algo tão bom ou (caso mais freqüente) melhor do que elas. Em sua maioria, eram pessoas interessantes, muitas vezes encantadoras e bem-humoradas, e sempre dedicadas. Muitas delas tinham consciência das dimensões éticas de seu trabalho. Por exemplo, os cristãos que transmitem programas radiofônicos para terras islâmicas sabiam que eventuais muçulmanos que se convertessem ao cristianismo enfrentariam a rejeição e mesmo a morte, porque a apostasia é crime punido com a pena capital em alguns países muçulmanos. Eles tomavam o cuidado de alertar e ajudar todas as pessoas que entrassem em contato com eles, mas também sentiam que a fé em Cristo é algo tão maravilhoso que justifica todos os riscos. Outros grupos tinham esse mesmo compromisso com uma visão da verdade, anulando todos os outros problemas e preocupações.

Pode parecer estranho, mas essa experiência não fez de mim um cínico na questão da busca humana por um significado transcendente. Foi um privilégio para mim, uma verdadeira escola, entrevistar pessoas tão vibrantes, talentosas e comprometidas. Eu as admirei, mesmo quando discordava totalmente delas, o que quase sempre acontecia. Essas entrevistas me fizeram refletir que grande parte do debate teológico cristão contemporâneo sobre Jesus está excessivamente concentrado numa história de idéias às quais as pessoas, mesmo que inadequadamente, se ajustam.

Assim, a missão parece ser parte integrante deste mundo tão diversificado, onde a diversidade é uma realidade cativante e estimulante, mesmo que combustiva, muito além das certezas rasas, racionalistas e limitantes dos proponentes de uma teologia pluralista das religiões. No supermercado divino da nossa era moderna ou pós-moderna, há muitas visões da realidade se acotovelando para chamar a nossa atenção. As diferenças, na verdade, são cruciais para a maneira pela qual as pessoas constroem seus próprios universos de significado; e assim tem sido sempre. Como então lidar com as diferenças num mundo de diferentes religiões e ideologias?

JESUS E UMA ÉTICA GLOBAL

Hans Küng, e alguns outros pensadores de várias religiões, argumentaram que não haverá paz no mundo enquanto não houver paz entre as re-

Jesus no terceiro milênio / 191

ligiões. Eles formularam uma Ética Global, com a qual esperam que todas as religiões possam concordar. Küng e seus colegas formularam as "quatro diretrizes irrevogáveis" para a criação de uma Ética Global: compromisso com uma cultura da não-violência e respeito pela vida; uma cultura da solidariedade e uma ordem econômica justa; uma cultura da tolerância e uma vida íntegra; uma cultura de direitos iguais e parceria entre homens e mulheres.[21] Temos aí metas dignas. Mas talvez fosse melhor batalhar por uma ética a ser discutida em conjunto do que impor diretrizes, mesmo que dignas.

Há dois outros problemas com esse ponto de vista de uma Ética Global. O primeiro é que ela assume, como faz grande parte do pensamento pluralista, a convergência e a concordância. É certo que as religiões tendem a aplaudir a bondade, a piedade e coisas do gênero. Mas há diferenças éticas entre elas — e também dentro delas — que precisam ser discutidas. O segundo problema é mais sério. A criação de uma Ética Global geralmente parece ser conduzida por um programa secular, como se a Carta das Nações Unidas pelos Direitos Humanos fosse uma base mais óbvia para os esforços éticos e a convergência do que os ensinamentos morais das grandes religiões do mundo. Inúmeros líderes de países muçulmanos, e outros também, têm expressado seu receio quanto à força motriz dessas tentativas — mesmo que bem-intencionadas — de impor uma Ética Global comum aos seres humanos no mundo de hoje. Talvez fosse mais proveitosa a criação de uma ONU religiosa, onde as diferenças pudessem ser ventiladas, mas no contexto de um fórum de discussão e respeito mútuo. Essa, porém, é uma visão ainda por se realizar.

Nesse meio-tempo, recai sobre cada religião o ônus de identificar seus recursos internos para possibilitar uma vida na fé, porém em termos amistosos, no mundo contemporâneo. É verdade que as religiões são um fator significativo em muitas das áreas problemáticas do mundo, tendo freqüentemente contribuído para os problemas. Para mencionar apenas o mundo cristão: Irlanda do Norte, Líbano, Israel e Sérvia são alguns dos locais onde os cristãos vivem em conflito real ou potencial, seja com outros cristãos ou com membros de outras religiões. Talvez eles pudessem identificar alguns valores em comum com os outros grupos e, desse modo, transformar suas vidas e as dos outros. É urgente que eles se identifiquem com o ensinamento de Jesus sobre o Reino, com seu Sermão da Montanha e com sua reiteração do mandamento de amar a Deus e ao próximo, para que a vida, incluindo a deles próprios, possa mudar para me-

192 / *Jesus – uma pequena biografia*

lhor. Um teólogo cristão pluralista contemporâneo que vem articulando essa necessidade é Paul Knitter. Das suas cinco teses sobre a singularidade de Jesus, a quarta adverte que essa necessidade "pode ser encontrada na insistência de Jesus ao afirmar que a salvação deve ser realizada neste mundo por meio de atos de amor e justiça".[22]

O FUTURO DE JESUS: UMA PERSPECTIVA CRISTÃ

Os teólogos que abraçaram o modelo pluralista de interpretar a diversidade religiosa tinham muitas coisas sensatas e pertinentes a dizer. Mas, como vimos, esse modelo contém problemas fundamentais e precisa ser substituído. E agora, o que temos além do modelo pluralista de compreender a diversidade religiosa a partir de perspectivas cristãs? Até este momento, não se construiu nenhum novo modelo cativante.

Quando aparecer, esse novo modelo terá de refletir sobre Jesus de Nazaré. Se a interpretação de Hick e de outros pluralistas acerca da importância de Jesus para o terceiro milênio triunfasse no cristianismo, Jesus se tornaria, na prática, uma figura bastante marginalizada. Isso ocorreria não só fora da cristandade, mas também dentro dela. Jesus seria apenas uma metáfora. E, como revela uma leitura atenta dos Evangelhos, Jesus não revelará seu pleno potencial dentro das limitações de uma metáfora.

Nesta seção, apresento a minha visão pessoal daquilo que Jesus poderia oferecer para o mundo que surgirá no terceiro milênio. Esse empreendimento possui duas limitações óbvias. A primeira é que o cristianismo não pode ser interpretado simplesmente como as obras e palavras de Jesus. As grandes religiões do mundo são fenômenos complexos, multifacetados. Jesus está na nascente do grande rio do cristianismo. Simplória e egocêntrica, na verdade, seria a pessoa que confundisse sua própria visão, ou mesmo a de Jesus, com a totalidade de uma grande fé mundial. Contudo, as visões podem mudar o ponto de vista de uma pessoa sobre uma grande fé, e ajudam a renovar e refocalizar seus significados.

A segunda limitação é saber se essa tentativa de "re-imaginar" Jesus para o terceiro milênio faz algum sentido. Podemos conhecer o bastante do Jesus histórico para realizar esse empreendimento? Vimos que ondas sucessivas de estudos ocidentais afirmaram, negaram e depois cautelosamente reafirmaram a possibilidade de localizar uma pessoa substancial por trás ou dentro dos dons de narradores dos evangelistas. Como ocorre com muitas biografias de Jesus escritas no século XIX, a articulação dessa visão poderá revelar tanto sobre o seu articulador quanto sobre o próprio Jesus. Talvez não seja uma coisa tão má, desde que confrontada com outros pontos de vista e com padrões eruditos. Além disso, a história dos dois séculos de estudos ocidentais sobre Jesus mostrou que, por razões de fé, são insustentáveis as opiniões austeras sobre a possibilidade de alcançar e interpretar o Jesus histórico. Parece que a fé cristã depende, até certo ponto, de Jesus ser localizado e interpretado. Por isso, os parágrafos seguintes representam uma interpretação historicamente arrojada, mas não, indefensável, no meu entender.

Jesus chamou a atenção dos homens para Deus e O incorporou; um Deus que Se localizava não apenas num lugar específico, embora sagrado e venerado, mas era espírito que sopra onde bem lhe apraz. Essa interpretação de João está ilustrada no seu relato do encontro de Jesus com a samaritana (4:24), narrativa que talvez reflita um encontro histórico e uma conversa genuína. O reino de Deus não é delimitado por áreas geográficas, mas é o contexto no qual a totalidade da vida, pessoal e comunitária, pode ter lugar.

Você entra na esfera do Reino quando conhece a sua necessidade de Deus. Essa necessidade, mais do que o fato de você ser bom ou digno, é o principal critério da fé. Quem está bem de saúde não precisa de médico; do mesmo modo, são os pecadores e não os justos que se voltam para Deus, como proclamou Jesus (Marcos 2:17). Conseqüentemente, você precisa ser como uma criancinha, confiante e esperançosa (Marcos 10:13-16). Ou você está no limite das suas forças, sem outro lugar para ir senão voltar para a casa do seu pai, como o filho mais novo na parábola da família desestruturada (Lucas 15:11-32); ou, como a mulher que inutilmente tentou de tudo para se curar, você acaba se voltando para Jesus (Marcos 5:25-34).

Essa necessidade desesperada e ansiosa é a fé, ou pelo menos o começo da fé. Essa fé suplanta todos os escrúpulos e considerações. Aquela mulher não parou para pensar se era apropriado que ela, como mulher e também mulher ritualmente impura, tocasse um homem. Todo mundo é capaz de praticar essa fé, sejam judeus ou gentios, como descobriu Jesus ao lidar com um centurião romano (Lucas 7:1-10) e uma mulher cananéia (Mateus 15:21-8). A fé é uma qualidade humana universal. Por essa razão, entre outras talvez, Jesus tinha uma atitude flexível em relação às leis da pureza; não porque desdenhava a pureza, mas porque con-

194 / Jesus – uma pequena biografia

siderava todas as pessoas e todas as coisas como potencialmente puras (Marcos 7:1-23; Lucas 11:37-41). Essa, claro, era literalmente a idéia de perfeição. Todos deveriam ser perfeitos, como o próprio Deus (Mateus 5:48), mas essa é a qualidade da vida na plenitude do Reino, e não no aqui e agora. Por isso há uma tensão, no ensinamento de Jesus, entre o Reino que estava até certo ponto presente naquele momento (também em suas palavras e atos) e o Reino que um dia viria em toda a sua plenitude. Jesus sentiu que sua obediência em subir até Jerusalém — como uma figura que até certo ponto poderia ser explicada, em linguagem religiosa, como o Messias, o Filho do Homem e o Servo Sofredor — produziria a consumação do Reino. É difícil determinar quando o Reino virá, e se significará a transformação da ordem mundial presente ou algo mais radical. De todo modo, tamanha convulsão cósmica nos faz lembrar que a transformação não é só pessoal, mas comunitária, até mesmo global. Talvez o próprio Jesus não tivesse uma idéia clara de como essa convulsão se produziria e de que exatamente ela seria constituída. Está na natureza da confiança, da fé, lançar-se para Deus, com esperança e obediência, sem conhecer todas as respostas. Além disso, Jesus foi uma figura extraordinariamente devota e intuitiva (Lucas 11:1-12). Ele não era irracional, mas (com o risco de escrever esta frase de maneira anacrônica) conhecia os limites do racionalismo. A confiança assume riscos porque intui que Deus, no tempo que bem Lhe aprouver, fará todas as coisas alcançarem Seu misericordioso propósito.

Jesus foi entregue à morte. A ressurreição veio como uma resposta atordoante, provavelmente sem ter sido percebida pelo próprio Jesus. Mas esse não é um "final feliz" vazio. Dos relatos do nascimento em diante, morte e vida estão ligadas na história de Jesus. Encontrar Deus é uma experiência transformadora; por isso, a pessoa não é mais aquilo que era e, sim, como diria Paulo, uma nova criação ou, pelo menos, uma pessoa no processo de se tornar criatura nova (II Coríntios 5:17).

Esta visão de Jesus poderia formar a base de uma teologia cristã apropriada a um mundo diversificado e interligado que entra no terceiro milênio desde que Jesus viveu, morreu e mais uma vez está vivo.

NOTAS

1. Barraclough 1967, 9-42.
2. Esse é o tema de seu livro, *The Structure of Scientific Revolutions*, segunda edição, Chicago, Chicago University Press, 1970.
3. Hick 1983, 82.
4. Parrinder 1987, 224.
5. DiNoia 1992, IX.
6. Hick 1995, 217.
7. *Ibid.* 1995, 17, 21.
8. English 1994, 161.
9. Ver, por exemplo, o sumário de Lesslie Newbigin em Wainwright 1989, 331-3.
10. Lampe 1997, 31.
11. Smith 1978, *passim*, especialmente 1-79.
12. Heim 1995, 6.
13. Hick 1993, IX, 162s.
14. Moule 1977, 2s.
15. Ware 1993, 264.
16. *Ibid.*, 21.
17. *Ibid.*, 219.
18. O *Injil* é uma espécie de proto-evangelho, que o Islã acredita ter sido trazido por Jesus e que contém dados coerentes com os do Alcorão. Os Evangelhos seriam, no melhor dos casos, versões corrompidas desse proto-evangelho.
19. McAuliffe 1991, 290.
20. Parrinder 1987, 205.
21. Küng 1996, 17-26.
22. Swidler e Mojzes 1997, 11.

Bibliografia

Addas, C. 1993. *Quest for the Red Sulphur.* Cambridge, Islamic Texts Society
Altizer, T.J.J. 1998. *The Contemporary Jesus.* Londres, SCM
Appleton, G. 1961. *On the Eightfold Path: Christian Presence Amid Buddhism.* Londres, SCM
Arkoun, M. 1994. *Rethinking Islam: Common Questions, Uncommon Answers.* Boulder e Oxford, Westview
Bammel, E. e C.F.D. Moule, orgs. 1984. *Jesus and the Politics of his Day.* Cambridge, CUP
Barraclough, G. 1967. *An Introduction to Contemporary History.* Harmondsworth, Penguin
Borg, M., org. 1997. *Jesus at 2000.* Colorado e Oxford, Westview
Bornkamm, G. 1960. *Jesus of Nazareth.* Londres, Hodder & Stoughton
Bowker, J. 1970. *Problems of Suffering in Religions of the World.* Cambridge, CUP
_____ 1978. *The Religious Imagination and the Sense of God.* Oxford, Clarendon Press
Brandon, S.G.F., org. 1963. *The Saviour God.* Manchester, Manchester University Press
_____ 1971. *The Trial of Jesus of Nazareth.* Londres, Paladin
Braybrooke, M. 1990. *Time to Meet. Towards a deeper relationship between Jews and Christians.* Londres, SCM
Brown, J.M. 1972. *Gandhi's Rise to Power. Indian Politics 1915-1922.* Cambridge, CUP
Brown, R.E. 1977. *The Birth of the Messiah.* Londres, Geoffrey Chapman
_____ 1994a. *An Introduction to New Testament Christology.* Londres, Geoffrey Chapman
_____ 1994b. *The Death of the Messiah.* Volumes 1 e 2. Londres, Geoffrey Chapman
_____ 1997. *An Introduction to the New Testament.* Nova York, Doubleday
Buber, M. 1951. *Two Types of Faith.* Londres, Routledge & Kegan Paul
Clarke, P., org. 1990. *The World's Religions: Islam.* Londres, Routledge
Cohn-Sherbok, D. 1993. *The Crucified Jew. Twenty Centuries of Christian Anti-Semitism.* Londres, Fount
_____ 1994. *Judaism and Other Faiths.* Houndmills, St. Martin's Press
Cohn-Sherbok, D., org. 1991. *Islam in a World of Diverse Faiths.* Houndmills, Macmillan
Coughlin, C. 1997. *A Golden Basin Full of Scorpions. The Quest for Modern Jerusalem.* Londres, Little, Brown & Co.
Cracknell, K. 1986. *Towards a New Relationship. Christians and People of Other Faith.* Londres, Epworth

Bibliografia / **197**

_____ 1995. *Justice, Courtesy and Love. Theologians and Missionaries Encountering World Religions 1846-1914.* Londres, Epworth
Cragg, K. 1984. *Muhammad and the Christian.* Londres, DLT
_____ 1985. *Jesus and the Muslim.* Londres, George Alien & Unwin
Crossan, J.D. 1991. *The Historical Jesus. The Life of a Mediterranean Jewish Peasant.* Edimburgo, T & T Clark
_____ 1995. *Who Killed Jesus? Exposing the Roots of Anti-Semitism in the Gospel Story of the Death of Jesus.* Londres, HarperCollins
Daniel, N. 1993. *Islam and the West. The Making of an Image.* Oxford, Oneworld
Davies, S. 1983. *The Gospel of Thomas and Christian Wisdom.* Nova York, Seabury Press
D'Costa, G., org. 1996. *Resurrection Reconsidered.* Oxford, Oneworld
Dillistone, F.W. 1984. *The Christian Understanding of Atonement.* Londres, SCM
DiNoia, J. 1992. *The Diversity of Religions.* Washington D.C., Catholic University of America
Dodd, C.H. 1961. *The Parables of the Kingdom.* Londres, Collins (edição revisada)
_____ 1973. *The Founder of Christianity.* Londres, Fontana
Drury, J. 1985. *The Parables in the Gospels. History and Allegory.* Londres, SPCK
Eck, D. 1993. *Encountering God. A Spiritual Journey from Bozeman to Banaras.* Boston, Beacon
Eliot, T.S. 1954. *Selected Poems.* Londres, Faber & Faber
English, D., org. 1994. *Windows on Salvation.* Londres, DLT
Fackenheim, E.L., org. 1994. *To Mend the World. Foundations of Post-Holocaust Jewisk Thought.* Bloomington e Indianápolis, Indiana University Press
Forward, M. 1997. *Muhammad: A Short Biography.* Oxford, Oneworld
_____ 1998a. *A Bag of Needments. Geoffrey Parrinder's Contribution to the Study of Religion.* Berna, Peter Lang
_____ 1998b. *The Failure of Islamic Modernism? Syed Ameer Ali's Interpretation of Islam as a Religion.* Berna, Peter Lang
_____ 1998c. *Gods, Guides and Gurus: Theological Reflections on Travels with my Aunt.* Swansea, Tŷ John Penri
Forward, M., org. 1995. *Ultimate Visions.* Oxford, Oneworld
Funk, R.W., R.W. Hoover e o "Jesus Seminar 1993". *The Five Gospels. What Did Jesus Really Say?* Nova York, Macmillan
Grant, M. 1994. *Saint Peter.* Londres, Weidenfeld & Nicolson
Grant, R.M. 1963. *A Historical Introduction to the New Testament.* Londres, Collins & Harper
_____ 1971. *Augustus to Constantine.* Londres, Collins
Grayston, K. 1990. *The Gospel of John.* Londres, Epworth
Griffiths, P.J., org. 1990. *Christianity Through Non-Christian Eyes.* Maryknoll, Orbis
Heim, S.M. 1995. *Salvations. Truth and Difference in Religion.* Maryknoll, Orbis
Heim, S.M., org. 1998. *Grounds for Understanding. Ecumenical Resources for Responses to Religious Pluralism.* Cambridge, Eerdmans
Hellwig, M. 1983. *Jesus the Compassion of God.* Wilmington, Michael Glazier
Hengel, M. 1986. *The Cross of the Son of God.* Londres, SCM
Hick, J. 1983. *The Second Christianity.* Londres, SCM
_____ 1993. *The Metaphor of God Incarnate.* Londres, SCM
_____ 1995. *The Rainbow of Faiths.* Londres, SCM
Hick, J. e P. Knitter, orgs. 1987. *The Myth of Christian Uniqueness.* Londres, SCM
Hilberg, R. 1985. *The Destruction of European Jews.* Volume 1. Nova York e Londres, Holmes & Meier
Hilton, M. 1994. *The Christian Effect on Jewish Life.* Londres, SCM
Hilton, M. e G. Marshall 1988. *The Gospels and Rabbinic Judaism. A Study Guide.* Londres, SCM
Hooker, M.D. 1991. *The Gospel According to St Mark.* Londres, A & C Black

198 / Jesus – uma pequena biografia

Hussein, M.K. 1994. *City of Wrong. A Friday in Jerusalem.* Oxford, Oneworld
Isaac, J. 1964. *The Teaching of Contempt.* Nova York, Holt, Rinehart & Winston
Jacobs, L. 1995. *The Jewish Religion. A Companion.* Oxford, OUP
Jeremias, J. 1972 (terceira edição revisada). *The Parables of Jesus.* Londres, SCM
_____ 1964 (edição revisada). *Unknown Sayings of Jesus.* Londres, SPCK
_____ 1966. *The Eucharistic Words of Jesus.* Londres, SCM
_____ 1971. *New Testament Theology*, volume 1. *The Proclamation of Jesus.* Londres, SCM
Jones, I.H. 1994. *The Gospel of Matthew.* Londres, Epworth
Josefo, Flávio (traduzido por L.H. Feldman) 1965. *Jewish Antiquities Books XVIII-XX.* Londres, William Heinemann Ltd.
Kee, H.C. 1990. *What Can We Know About Jesus?* Cambridge, CUP
Kelly, J.N.D. 1995. *Golden Mouth. The Story of John Chrysostom, Ascetic, Preacher, Bishop.* Londres, Gerald Duckworth & Co.
Keenan, J.P. 1989. *The Meaning of Christ. A Mahayana Theology.* Maryknoll, Orbis
Klausner, J. 1928. *Jesus of Nazareth.* Londres, George Alien & Unwin
Klein, C. 1978. *Anti-Judaism in Christian Theology.* Londres, SPCK
Knitter, P.F. 1996. *Jesus and the Other Names.* Oxford, Oneworld
Koester, H. 1990. *Ancient Christian Gospels.* Londres, SCM
Küng, H. org. 1996. *Yes to a Global Ethic.* Londres, SCM
Lampe, G. 1977. *God as Spirit.* Oxford, OUP
Lapide, P. 1984. *The Resurrection of Jesus.* Londres, SPCK
Lieu, J. 1997. *The Gospel of Luke.* Londres, Epworth
Lott, E.J. 1988. *Vision, Tradition, Interpretation. Theology, Religion and the Study of Religion.* Berlim, Mouton de Gruyter
Lott, E. 1998. *Healing Wings. Acts of Jesus for Human Wholeness.* Bangalore, Asian Trading Corporation
Lüdemann, G. e Özen, A. 1997. *What Really Happened to Jesus. A historical approach to the resurrection.* Londres, SCM
Maccoby, H. 1992. *Judas Iscariot and the Myth of Jewish Evil.* Nova York, The Free Press
Martin, R.C. e Woodward, M.R. com Atmaja, D.S. 1997. *Defenders of Reason in Islam.* Oxford, Oneworld
Martin, R.P. 1975. *New Testament Foundations. Vol.1: The Four Gospels.* Exeter, The Paternoster Press
McAuliffe, J.D., 1991. *Qur'ânic Christians. An Analysis of Classical and Modern Exegesis.* Cambridge, CUP
Meier, J.P. 1987. *A Marginal Jew. vol. 1.* Londres, Doubleday
Miller, J.M. 1997. *Jesus at Thirty. A Psychological and Historical Portrait.* Mineápolis, Fortress Press
Moule, C.F.D. 1966 (edição revisada). *The Birth of the New Testament.* Londres, A & C Black
_____ 1977. *The Origin of Christology.* Cambridge, CUP
O'Hare, P. 1997. *The Enduring Covenant. The Education of Christians and the End of Antisemitism.* Valley Forge, Trinity Press International
Parrinder, G. 1987. *Encountering World Religions.* Edimburgo, T & T Clark
_____ 1995. *Jesus in the Qur'ân.* Oxford, Oneworld
_____ 1997. *Avatar and Incarnation. The Divine in Human Form in the World's Religions.* Oxford, Oneworld
Pawlikowski, J.T. 1982. *Christ in the Light of the Christian-Jewish Dialogue.* Ramsey, Paulist Press
Perrin, N. 1974. *The New Testament: an Introduction.* Nova York, Chicago, São Francisco e Atlanta, Harcourt Brace Javanovitch Inc.
Phipps, W.E. 1996. *Muhammad and Jesus. A Comparison of the Prophets and their Teaching.* Londres, SCM

Bibliografia / **199**

Race, A. 1983. *Christians and Religious Pluralism*. Londres, SCM
Rahman, F. 1989. *Major Themes of the Qur'ân*. Mineápolis, Bibliotheca Islamica
Räisänen, H. 1997. *Marcion, Muhammad and the Mahatma*. Londres, SCM
Remus, H. 1997. *Jesus as Healer*. Cambridge, CUP
Riches, J. 1990. *The World of Jesus. First-Century Judaism in Crisis*. Cambridge, CUP
Robinson, N. 1991. *Christ in Islam and Christianity*. Houndmills, Macmillan
Robinson, J.M. 1959. *A New Quest of the Historical Jesus*. Londres, SCM
Rowland, C. 1982. *The Open Heaven*. Londres, SPCK
Ruthven, M. 1989. *The Divine Supermarket. Travels in Search of the Soul of America*. Londres, Chatto & Windus
Said, E.W. 1987. *Orientalism*. Londres, Routledge & Kegan Paul
Sanders, E.P. 1985. *Jesus and Judaism*, Londres, SCM
_____ 1990. *Jewish Law from Jesus to the Mishnah*. Londres, SCM
_____ 1992. *Judaism Practice and Belief 63BCE-66CE*. Londres, SCM
_____ 1993. *The Historical Figure of Jesus*. Londres, Penguin Press
Sanders, E.P. e Davies, M. 1989. *Studying the Synoptic Gospels*. Londres, SCM
Sanders, J.T. 1987. *The Jews in Luke-Acts*. Londres, SCM
Saperstein, M. 1989. *Moments of Crisis in Jewish-Christian Relations*. Londres, SCM
Schimmel, A. 1985. *And Muhammad is his Messenger. The Veneration of the Prophet in Islamic Society*. Chapel Hill, University of North Carolina Press
Scott, D.C. e Selvanayagam, I. 1996. *Re-Visioning India's Religious Traditions*. Delhi, ISPCK
Schottroff, L. 1995. *Lydia's Impatient Sisters. A Feminist Social History of Early Christianity*. Londres, SCM
Schweitzer, A. edição de 1954. *The Quest of the Historical Jesus*. Londres, A & C Black
Schweizer, E. 1971. *Jesus*. Londres, SCM
Shillington, V.G. org. 1997. *Jesus and His Parables*. Edimburgo, T & T Clark
Shorto, R. 1997. *Gospel Truth. The New Picture of Jesus Emerging from Science and History and Why it Matters*. Londres, Hodder & Stoughton
Smith, M. 1973. *The Secret Gospel. The Discovery and Interpretation of the Secret Gospel According to Mark*. Londres, Harper & Row
_____ 1978. *Jesus the Magician*. Nova York, Harper & Row
Smith, W.C. 1978. *The Meaning and End of Religion*. Londres, SPCK
Sparks, H.F.D. 1964. *A Synopsis of the Gospels*. Londres, A & C Black
Spong, J.S. 1996. *Liberating the Gospels*. São Francisco, Harper
Stauffer, E. 1960. *Jesus and His Story*. Londres, SCM
Stemberger, G. 1995. *Jewish Contemporaries of Jesus. Pharisees, Sadducees, Essenes*. Mineápolis, Fortress
Stuart, E. 1997. et al. *Religion is a Queer Thing. A Guide to the Christian Faith for Lesbian, Gay, Bisexual and Transgendered People*. Londres, Cassell
Suetônio, G.S. (traduzido por R. Graves) 1957. *The Twelve Caesars*. Harmondsworth, Penguin Classics
Sugirtharajah, R.S. org. 1993. *Asian Faces of Jesus*. Londres, SCM
Swidler, L. 1993. *Yeshua. A Model for Moderns*. Kansas City, Sheed & Ward
Swidler, L. e Mojzes, P. 1997. *The Uniqueness of Jesus. A Dialogue with Paul Knitter*. Maryknoll, Orbis
Tácito, Públio Cornélio (traduzido por M. Grant) 1971 (edição revisada). *The Annals of Imperial Rome*. Harmondsworth, Penguin Classics
Theissen, G. 1987. *The Shadow of the Galilean*. Londres, SCM
Theissen, G. e Merz, A. 1998. *The Historical Jesus. A Comprehensive Guide*. Londres, SCM
Thomas, M.M. 1969. *The Acknowledged Christ of the Indian Renaissance*. Londres, SCM
Trocmé, E. 1997. *The Childhood of Christianity*. Londres, SCM
Vermes, G. 1973. *Jesus the Jew*. Londres, Collins

200 / Jesus – uma pequena biografia

_____ 1993. *The Religion of Jesus the Jew*. Londres, SCM
_____ 1998. *Providential Accidents. An Autobiography*. Londres, SCM
Wainwright, G. org. 1989. *Keeping the Faith*. Londres, SPCK
Ware, T. 1993. *The Orthodox Church*. Harmondsworth, Penguin
Whittaker, M. 1984. *Jews & Christians: Graeco-Roman Views*. Cambridge, CUP
Wilson, S.G. org. 1986. *Anti-Judaism in Early Christianity. Volume 2 Separation and Polemic*. Ontário, Wilfrid Laurier University Press
Wright, N.T. 1996. *Jesus and the Victory of God*. Londres, SPCK
Zebiri, K. 1997. *Muslims and Christians Face to Face*. Oxford, Oneworld
Zeitlin, I.M. 1988. *Jesus and the Judaism of his Time*. Oxford, Blackwell